戦後日本の学知と想像力

〈政治学を読み破った〉先に

前田亮介［編著］

越智秀明
藤川直樹
村木数鷹
白石直人
澤井勇海
佐藤　信
佐々木雄一
川口航史
森川　想
斎藤幸平
川口喬吾
川野芽生
品治佑吉
熊谷英人
上村　剛
岡田拓也

吉田書店

戦後日本の学知と想像力——〈政治学を読み破った〉先に

目次

第Ⅱ部　戦後日本政治論をふりかえる——政治の未来を構想するために

第Ⅲ部　実存・カテゴリー・ことば——紐帯／桎梏としての「戦後」

＊各論稿での文献の引用にあたっては、中略箇所は〔…〕で表記した。また、読者の便宜を考えて、旧字体を新字体に、カタカナを平仮名に改めるなどの修正を加えたところがある。引用文中の〔　〕内は引用者による補注である。

序

前田　亮介

本書は、戦後日本における学知と想像力が「政治」をはじめとする人間世界の秩序をどのように構想し、方向づけたのか、それぞれの多様な展開のありように光をあてることを課題としている。この課題に取り組むべく、政治学・歴史学・法（史）学・哲学・文学・社会学・物理学、といった広範な専門分野の若手研究者が集うことになった。そもそも「戦後」という語には、とくに日本では、さまざまな時間感覚や長短の評価、さらに各人が歴史に托す自意識などが混在した側面があり、論者の数だけ「戦後」があるといえるかもしれない。ここではさしあたり、一九四五年の第二次世界大戦の終結から今日までいたる、時代区分としては冗長にすぎる期間を「戦後」（第三次大戦の次の戦争が始まっていないという消極的定義）とする。「戦後」概念そのものを論じる代わりに、この期間の学知と想像力が捕捉した秩序構想の豊かさと広がり（東京中心の限界はあるが）を注視することで、こうした観念複合体から「戦後」を解放する一助にしたいという狙いがこの背景にある。

戦争をめぐる時代区分としては、それぞれの戦争が戦後の政治体制の再編（民主化）を促したとする三谷太一郎の議論（同「戦時体制と戦後体制」『近代日本の戦争と政治』岩波書店、一九九七年）が広く知られており、令和まで筆がおよぶ御厨貴・牧原出『日本政治史講義』（有斐閣、二〇二一年）もこの枠組みを踏襲する。ただ日清戦争以降、大体一〇年に一度のペースで戦争があった戦前と異なり、第二次大戦後については、戦後体制論はやや概論的で、細やかな説明能力に欠けるものになってしまう（三谷も太平洋戦争後および冷戦後という二つの「戦後」を設けるものの、たとえば、朝鮮戦後体制やベトナム戦後体制、湾岸戦後体制は出てこない）。この学問的な検討対象としては長すぎる「戦後」の問題は、もちろん幸いに再び「戦前」が訪れなかったためではあるが、七七年もの歴史がややもすると一括りにされ、共感や否定のナラティヴが優先されることで、繊細な分節化の作業が後回しにされる傾向も招いてきたのではないだろうか。「戦後（日本）は……」という大きな主語で歴史の大勢（継承すべき過去から克服すべき宿痾まで）を語った気になる経験は、少なからぬ人にあるはずである。ただ、これは学問にとっても社会にとっても確実に不幸なことである。「戦後」的なるものを現代人の共感や否定のナラティヴに拙速に結びつけるのではなく、「戦後」の適切な論じ方（ないし分け方）の共有がまず必要だと筆者は考えている。なお近年、ヨーロッパ政治史の分野でも「戦後」性の再定位がなされており（網谷龍介「「戦後民主主義」を私たちは知っているか？」同・上原良子・中田瑞穂編『戦後民主主義の青写真――ヨーロッパにおける統合とデモクラシー』ナカニシヤ出版、二〇一九年）、日本研究でも照応する仕事がいずれ現れてくるだろう。

もっとも前述のとおり、本書の狙いは「戦後日本」像を刷新する体系的な議論を提示するといったものではなく、既存の戦後論よりも極力広い範囲で、またできるだけ直観に反した興味深い秩序構想を雑多に拾い上げようという、より慎ましいものである。各章の主人公は一見したところ実に多様である（ときに著者本人が秩序構想の担い手となっている）が、いずれも大学やジャーナリズムに活動拠点を置きつつ、同時代の中で高度な言語表象能力を共有し、その学知や想像力を尖鋭に研ぎ澄ましていた。こうした自らの知識や専門性によって、戦後日本の政治社会・市民社会にそれぞれの形で働きかけた知性（必ずしも業界の主流派だけではない）を共通テーマとした点に、扱う領域の多様性と背反しない、論集としての一定の凝集性を主張したいと思う。以下、本書の内容をやや詳しく紹介する。

第I部「分断の時代における知識人と歴史意識――様々なる「模範国」？」は、いずれも冷戦下の保革対立のもとでなされた日本の知識人たちの歴史叙述の営みを論じている。過去との対話を通じて戦後日本の再建を展望した彼らにとって、「模範国」（山室信一『法制官僚の時代』木鐸社、一九八四年）はおそらく重要な意味をもった。ここで取り上げられるのは、アメリカ、ロシア（＃ソ連）、ドイツ、イタリア（フィレンツェ）の四つの例である。

前田亮介「合衆国の「危機」と「革命」――一九六〇年代の坂本義和」は、冷戦期の日本の革新論壇を代表する坂本の仕事のうち、あまり注目されてこなかったアメリカ論を分析したものである。「理想主義者」とされる坂本がエドマンド・バーク研究から出発したことは注目されてきたが、この一八世紀英国の保守主義者への関心と、米留学を通じた現実主義者モーゲンソーへの関心の間に、著者は、国際政治において道徳や理念がはたす役割に愛憎半ばした期待を寄せる歴史家のゆれる自我を読みとる。アメリカ革命への憧憬から、坂本はケネディからキング牧師にいたる体制／運動のリーダーシップの可能性を追求したものの、じきにその空転に幻滅を深め、戦後日米関係史の研究は未完に終わった。アメリカの「現実主義」への坂本の評価が、同じく中立論に立っていた同僚のアメリカ政治史家・斎藤眞と対照的だったことも指摘している。

革新論壇と対峙した保守知識人の側の検討は、高坂正堯や永井陽之助を除いてあまり進んでいない。**越智秀明「自由主義者勝田吉太郎による民主主義批判――戦後保守思想の一起源としての近代ロシア」**は、戦後社会に浸透した「大衆民主主義」を憂慮し、教育改革を訴えつづけた保守論壇の闘士たる勝田の思考の原型が、学問的出世作『近代ロシヤ政治思想史』に出揃っていたという意外な知見を、周到に導いている。一九世紀ロシアの共同体理念「ソボールノスチ」にみられるスラヴ派の思想は、信仰と自由を結びつけつつ、西欧派の普遍人類的な世界観に対抗して発展していくが、やがて無神論や急進的民族主義に陥ってしまう。これらの困難を克服したのが「自由の探究者」たるドストエフスキーである。人間本性に内在する悪への傾向を、社会道徳的な制度で規制しようとしたこの文豪の「保守主義」を基点に、勝田は戦後日本のラスコーリニコフたちの「神なきヒューマニズム」を批判し、またソボールノスチに相当する伝統日本の「水墨画社会」の実現を夢見たのであった。

こうした「前近代」的なものの再評価は、敗戦以来、日本社会の「封建性」克服を掲げてきた近代主義的な諸学知が相対化される六〇年代以降の変化とも重なる。**藤川直樹「「家長個人主義」と「ポストモダン」の間――村上淳一のドイツ法研究」**は、「近代法」研究の爛熟期に法の社会史的研究を開始した村上が、ドイツ法文化に沈殿する「家長個人主義」の発見を通じて、「近代」の重層性という謎にヒトデが餌を捕食するがごとく挑んだ経緯を浮かび上がらせている。近代市民社会の基礎を

（「アトム的個人」などではなく）「家」を砦とする家長たちが国家共同体を担うヨーロッパ的伝統に見る村上にとって、家長の自律性が融解し個人が国家と直接対峙する事態は、むしろ権威主義と全体主義への道だった。ただ村上は、テクスト中に家・家長への言及がないイェーリング『権利のための闘争』にも「独立不羈の家長」を読みこむ反面、現実の日本についてはそうした歴史的古層を欠く「女性的文化」を受け入れざるをえなくなる。ここに予告された後期村上のポストモダン論への跳躍以降も、主体性を重視する秩序構想はなお一貫していたとの見立てが最後に示されている。

村木数鷹「岡義武とマキャヴェッリ――現代版『君主論』の彼方へ」は、マキャヴェッリ研究者の観点から、岡の名高い評伝集『近代日本の政治家』とそこに垣間見える『君主論』とのひそやかな共振を、未公刊史料も活用して読み解いたものである。岡の研究は近年盛んだが、著者はその歴史叙述に特徴的な「特殊なリーダーシップ論」が確立するまでの格闘と葛藤を説得的に跡づけている。今日も根強い、過去の偉大な政治家を称揚して指導者のあるべき資質を説く紋切り型と異なり、岡はむしろ範型たりえないような一個人の生涯の多様な諸側面――明暗や矛盾、逆説的な因果関係――を映しだし、それぞれの背後に近代日本の構造的な要因を覗き見るスタイルを意識的に採用した。当初こそ政治家の嫌悪すべき「マキアヴェリズム」（と裏返しの大義を備えた立派な政治家論）を強調していたが、やがていかなる政治家の戦略も限界づける「歴史の方向」（「運命」）や、「運命」を了知した政治家をうみだす成熟した市民社会の役割に目を向け、リーダーシップ論の裾野を格段に広げていく。通俗的な「マキアヴェリズム」理解に代わる歴史家マキャヴェッリとの遭遇こそ、岡の政治史の叙述に洗練をもたらしたのではないか、という著者の推論には迫力がある。

第Ⅱ部「戦後日本政治論をふりかえる――政治の未来を構想するために」は、現在と未来の読者が同時代の日本政治と真摯に格闘することに資するような、学知と想像力の束を集めたものである。前半の三つは、自民党政治と冷戦を基調とした戦後半世紀の日本政治史を複線的・立体的に再構成する試みとして、また後半の三つは、その後のグローバル化の時代に戸惑う現代日本（研究、市民社会、経済）の羅針盤として読むこともできよう。

澤井勇海「岡義達　行動論・象徴論から演技論へ」は、その難解さと寡作ぶりがしばしば秘教的《エソテリック》に語られてきた『政治』の作者（岡義武の歳の離れた弟でもある）の政治学の全体像を提示した、おそらくはじめての論考である。岡の各年の講義ノートまで渉猟することで、岡政治学の形成、変容、そして演技論の前景化と体系化の中断までを、視野に収めることに成功している。アメリカ政治学の行動論の影響から政治過程全体の検討を志向していた初期の岡は、近代主義的な前提で日本や西洋の事例を時系列に分析するスタンダードな手法をとっており、とくに各国の政党が権力と大衆の間ではたす役割を象徴論でとらえようとしていた。ただ政治の「擬制」性の擁護を呼びおこした大学紛争を一つの契機として、イメージを創出・操作する主体の「演技」概念を『政治』で導入した岡は、暴力論を政治論から追放し、むしろ体制や運動内外で異なる政治的立場の間に成立する「共演」の意義を強調していく。後年まで研鑽を続けたものの、演技論が未完に終わり、岡政治学が孤立した内在的な理由は「メタにメタを重ねる思考法」の困難にあったと結論づけられている。

岡の政党制の議論に触発されて独自の「五五年体制」論を発展させたのが、その名付け親と一般に目される升味準之輔である。佐藤信「「一九五五年体制」再考」は、人口に膾炙していながら研究者間でも高校教科書でも定義のゆれが大きいこのマジック・ワードについて、その基礎概念としての本質と外延を精査したうえで、升味政治学の批判的継承を通じて「戦後政治という山岳」の登攀ルートを大胆に多元化しようとしている。著者はまず「五五年体制」の初出やその定着過程について、それが升味の六四年論文ではなく七〇年代後半から浸透し、自社なれあいの二大政党制と同義の、「崩壊」を期待される対象だったという興味深い事実を紹介する。ただ、篠原一の多党制・連合型政治の構想と異なり、升味の枠組みは社会党の役割と二大政党の社会的基盤を決定的に重視していた。むしろ「産業化」「流動化」といった革新政党に有利な社会経済的変化のもと、政治社会を構成する各要素は動的ながら全体として一つの秩序を保ち続ける「動的平衡」こそ、升味の五五年体制にほかならない。したがって「体制」性の射程は国会内に限定されず、不安定な平衡を自己修復させる諸装置にも目配りが利いていた。後続者の視界を塞ぐ「霧」を奔放にうみだし、国際冷戦とジェンダー秩序という二つの鍵も山中を歩むうちに紛失した升味が、一応到達しえた山頂の眺望である。

佐々木雄一「一九九〇年代日本におけるリーダーシップ待望論の諸相――小沢一郎と佐々木毅」は、升味における「長い五五年体制」崩壊後、今日の政治過程を方向づける九〇年代の政治改革を駆動させた動因として、小沢『日本改造計画』、佐々木『いま政治に何が可能か』の二著を取り上げ、日本政治に持続的に現われる改革論の構造を、アイデアや言説の腑分けから解析している。冷戦終結と湾岸戦争の前後という無視できない刊行時期の違いがあったとはいえ、両者の議論には政治主導や政権交代の実現、大国の責任、中選挙区制批判など重なりが多く、語彙レベルの共有も進んでいく。

ただ佐々木が「地元の面倒」への政治の細分化・断片化によって「政治術」の担い手が失われたことを嘆き、「政治的意味空間」での説得や納得を促進しうる比例代表制を求めたのに対し、小沢が批判したのは国政中枢の談合やコンセンサス重視の社会であり、小選挙区制導入論にみられる政治的な対立・対抗創出の志向も佐々木の構想とは折り合いが悪かった。そして「経済大国」日本を前提とした二つの改革論は総括されないまま、九〇年代半ば以降はまた別の状況や論理に支えられる改革論が（おそらく今次の「令和臨調」まで）反復されていったのである。

リーダーシップ待望論が高揚していく時代はまた、一九八〇年代の日本経済の黄金期に国際的な訴求力を高めた日本（政治経済）研究の大きな曲がり角でもあった。川口航史「「失われた二〇年」の日本政治研究――困難と希望」は、自民党支配が〝ゆらぎ〟と下野を経て再安定する二〇〇三年衆院選まで分析した蒲島郁夫『戦後政治の軌跡』、また〇五年の自民党の地滑り的勝利と〇九年の民主党政権成立を視野に収めたローゼンブルース&ティースの*Japan Transformed*という、日米の代表的なモノグラフを比較検討する。蒲島の議論は海外のトップ・ジャーナルや『レヴァイアサン』に掲載された論文を基にし、政治学の理論による他国への一般化を明らかに追求していた。蒲島には日本型の分配や参加を評価する向きもあり、それが国内外で学術的な貢献と地域研究的魅力の発信を両立できた一因だったかもしれない。他方、ローゼンブルース&ティースは「文化」的説明を排した制度論による一般化を加速し、日本政治もまた「英米型」の二大政党間の政権交代に収斂していくとした。ただ英語圏で日本への関心が急減する中、日本の非特殊性の強調は固有名詞としての魅力を削ぎかねないディレンマもあり、むしろ二〇一〇年代に日英米の政党政治に生じていた制度論からの綻びが、今後豊かな比較事例研究につながる可能性が展望されている。

かつての「成功」モデルと過去形で語られがちな日本の参照事例としての新たな可能性を、インフラ開発の合意形成という別の側面から力強く示唆するのが、森川想「市民社会の構造的変異と政策過程——人口減少局面を迎えて」である。著者はここで、日仏の巨大インフラ整備をめぐる政治過程において、政治家間の交渉のみならず、意思決定に働きかけ、それを受け入れる市民社会の特徴に着目したアルドリッチ『誰が負を引きうけるのか』の議論を紐解きつつ、二つの問いを投げかける。一つはこれが先進国のみならず途上国の理解に資するかどうかである。実際はスリランカでも、コミュニティの紐帯が強いと市民社会が強くなり、それに伴って政府の社会統制手段が広がる（ソフトになる）、という相関関係が観察できる。紐帯の強弱を左右するのは人口動態（高齢者が多いと「弱い市民社会」になる）だが、このことは翻って日本の今後の政策過程はどのように変容するかという、もう一つの問いに連なってくる。生産年齢人口が増加していた戦後日本では、おそらくインフラ開発をめぐって市民社会と政府が相互刺戟によって相互に強化される好循環が存在したが、高齢化の波はそうした緊張感ある綱引きの現場を失わせうることになる。途上国を含め人口減少局面に入るアジアで、日本の今後の合意形成がなお貴重なモデルとなるゆえんである。

少子高齢化とともに日本が直面する社会経済的な難題は、深刻な財政赤字である。斎藤幸平「現代日本の借金論を論じる前に——神話・奴隷・負債」は、ＩＭＦの緊縮論もリフレ派の反緊縮論も退ける著者が、格差拡大と気候変動の時代に「別の社会が可能だという想像力を解放する思考」をもつグレーバーの『負債論』を、マルクスにひきつけて再解釈している。グレーバーは現代資本主義批判を究極的目標とし、その議論の力点を五〇〇〇年におよぶ人類史で資本主義がいかに特殊で、人間の本性に反するかの検討においた。物々交換の成立を前近代社会にみるアダム・スミスを「神話」と批判するグレーバーは、信用に基づき複雑にネットワーク化された交換や贈与が社会的紐帯を再生産していく「人間経済」の時代と、逆に暴力（戦争）によって人びとが社会的紐帯から引き離され（「奴隷」化）、金銀が支配的となる時代の入れ替わりとして歴史を叙述する。信用システムの先行性というマルクスと通じる認識をふまえ、グレーバーは負債が社会の原初的な本質などではなく、暴力による社会的紐帯の解体こそ信用を負債に転化し、強力な支配・従属関係を生んだと強調するのである。他方、信用と金銀の二項対立は、金（商品貨幣）ではなく信用貨幣が支えるブレトンウッズ体制崩壊以後の現代資本主義への説明を、やや難しくしたことも言及されている。

第Ⅲ部「実存・カテゴリー・ことば――紐帯／桎梏としての「戦後」」は、第Ⅱ部から時計の針を少し（ときに一世紀近く）を戻して、それぞれの時代を生きた人びとの未定形の情念やアイデンティティが、学問的カテゴリー（の問い直し）やことばを介して成形されていき、そのカテゴリーやことばがまた人びとの実存を方向づけていくような往復をとらえた論考を収録した。とくに、戦前や戦中の現実が、戦後における新たな想像力の働きにむけた紐帯にも桎梏にもなる両義性を、多くの文章がとらえていると思う。

川野芽生「戦後日本の児童文学――「中つ国」はどこにあるか？」は、「中つ国」を舞台とするトールキン『指輪物語』を翻訳文学として緻密に読み解く論考である。ここでの「翻訳」主体には、児童文学の立役者・瀬田貞二とともに、本業の文献学と趣味の人工言語の創造の知見を注ぎ込み、「最初の翻訳者」に扮して各国翻訳者向け手引まで作成したトールキンも含まれるかもしれない（物語も疑似翻訳の体裁をとる）。そもそも中つ国は種族や民族ごとの言語と「共通語」からなる多言語世界で、登場する人名・地名も言語ごとの名称をもつ。この世界に同じものを見る異なるまなざしがあり、ひとつの場所にも複数の関わりや歴史がある立体性を印象づけるためである。この立体性を表現すべく、瀬田は地名を訳し分ける戦略をとる。共通語は平板な語彙で逐語訳する一方で、ホビットの世界は歴史の厚みを示すべく大胆に古語を用い、日本語の地名としての自然さを重視した。著者によれば、ホビット庄のこの日本化（イングランド性の切断）の狙いは土着化による中つ国の普遍化にあり、地域や言語ごとの土着化を通じて地球上のどこからも平等にアクセスでき（アクセス権もおそらく「児童」に限らない）、現実のどの場所とも無関係な異世界が立ちあがることになる。凄惨な国家間戦争の経験をふまえた、世界に遍在する想像の国の発見である。

品治佑吉「戦後日本の読書と人生──書物、孤独、回想」も、戦争中の（こと若い男性の）孤独な経験としての読書が、戦後の想像力にどのような複雑な余韻をもたらしたかを、清水幾太郎の心ならずも（？）ベストセラーとなった一九四九年の自伝『私の読書と人生』を手がかりに論じたものである。清水は書物にむけてきた愛情と憎悪の歴史を私小説のようにさらけだしながら、読書がつくりあげる固有の小世界とそこに刻まれる切実なリリシズムの秘密を社会学的に考察していた。清水によれば、読書に並々ならぬ訴求力をもたらすのは孤独である。すなわち著者と読者に一対一の「交際」が成立し、他者のまなざしから逃れうる「私秘的な関係」が生まれると、読者は「孤独な反省」を要求される。そうして内面に生まれた思索の世界は、人間が所与の環境で生存を営むのに不可欠であり、生涯を左右する力を書物に宿らせる。これが清水のいう、書物を読むとき人間は自ら「進んで形成されようとする」の意味である。この「自己暴露の儀式」を戦後論壇で演出した編集者・安田武もまた戦中派の屈託を抱えた人物であり、戦後は生き残った「酒を飲む男」として、読書への（さらに清水への）愛憎の形象化にもがくという連鎖のなかを生きた。戦争とコロナ禍を重ね合わせつつ、真剣で孤独な読書がもつ普遍性を正面から問う議論となっているといえよう。

清水が嫌悪しながら、読書観としては近接していった先行世代の大正教養主義において、古代ギリシアへの憧憬があったことはよく知られている。熊谷英人「ソクラテスと近代日本の教養主義」は、今日の倫理科の教科書にも痕跡をとどめる教養派によるソクラテス観が、実際には明治以来のさまざまなソクラテス解釈の変遷を経たものだとし、「それぞれの解釈者たちの思想と時代」を通時的に跡づけることで、受容史としての新たな思想史の可能性を切り開いている。明治哲学界はソクラテスを克己や節制といった具体的な諸徳を説く市民的倫理の擁護者ととらえ、ソフィストを社会の危険分子として警戒した。この理解はやがて修養主義と結びつき、大正期以降は庶民層に浸透する。そこでは、ソクラテスの道徳原理の希求を支える苛烈な論理的探求や既成秩序への批判精神という不穏さは見落とされ、むしろ社会秩序の安定化と合理化の思想として定着した。このオルタナティヴを提示したのが大正教養主義である。ソクラテスと弟子の「親密圏」と重なる旧制高校のホモソーシャルな「教養」共同体を拠点に、教養派はソクラテスの問答の本質を「懐疑」と見定め、懐疑の先にある「真理」を確信し、カントを頂点とする思想史の始祖と仰いだ。アキレス腱となったのは、ソクラテスが強い帰属意識を抱くアテナイ政治社会への（無）理解である。教養派は既成秩序への懐疑を発見したことで、かえって政治社会を構想することに失敗してしまう。実存哲学とマルクス主義の隆盛する戦後思想に、ソクラテスの居場所はなくなっていた。

上村剛「ギリシアが始まり（アルケー）であるということ」は、なぜ政治学史の講義ではソクラテスとプラトンから始まるのかという問いを起点に、戦中の日本の西洋古典学への考察をめぐらせている。実際のところ、古代ギリシア自体が「始まり」を検討対象とするユニークな思考方法を有していた。始まりに遡る歴史研究の出発点となったギリシアの時間論を、戦前・戦時期に研究対象とすることで、「ある戦後のひそやかな出発」にむけた哲学的思索を行ったのが田中美知太郎である。田中の『ロゴスとイデア』における「現実」とは、著者が「敗者の現実主義」と位置づけるように、暗い戦中に「断乎たる精神」で今ここの現在への執着を突き抜けて超越的な「永遠」に向かう志向を内包する。そしてこの「現実」と「永遠」のつながりをふまえると「現在」の特権性は相対化され、「過去」も「未来」も現在から往来可能なものとなる。戦中の田中は未来については現在から独り「とびうつる」ことで、また過去については「記憶」ではなく「歴史」を（しかも自己存在の由来を問うオイディプスのような厳しさで）探究することで、眼前の「奢侈国家」をのりこえるイデアを求めていた。かかるイデア構想の具体化として、敗戦直後の田中は、プラトン的な理想国家として「善」なる「最も必要なものだけの国家」、「基体国家」を展望し、新生日本の「始まり」をそこに託したのであった。

岡田拓也「来栖三郎のフィクション論――学問の専門分化の功罪に触れながら」は、民法学者・来栖三郎の遺著『法とフィクション』に現われた、政治学・文学・神学・哲学・自然科学まで視野に入れた壮大な学際的思考の魅力と遺産に、社会契約論の専門家の視点から迫ったものである。実際には矛盾することもある「法としての判決」と「法源としての制定法」を区別する来栖の思考の基底にあったのは、なぜ法律家はフィクションをあれほど愛好するのかという問いである（実際、矛盾を内包した両者を一致させるべくテクニックを駆使して推論を行うし、法典や法解釈にも「みなす」や「かのように」といった表現が頻出する）。戦後初期の法律意思説（客観説）との論争から出発した来栖は、フィクションとしての法解釈が現実社会との鋭い緊張関係に立つことを重視し、この本でも「フィクションという人間の思考様式」の源流をホッブズやルソーに求めていく。通常の思想史家が、フィクションによる国家設立という現代と断絶した着想に関心を寄せるのに対し、来栖はむしろ現代的な関心の直接の延長上にこれを位置づけるのである。今日の専門分化の流れに抗うような来栖の知的越境も、著者によればあくまで法学の理解を深めるための「回り道」であり、専門分化による学問の進歩と回り道による既存の前提の問いなおしを架橋する一つの実践でもあった。

各部の間、すなわち第Ⅰ部と第Ⅱ部の間と、第Ⅱ部と第Ⅲ部の間には、第一線で活躍する二人の理系の若手研究者から寄稿してもらった。そもそも物理学は、本書が自明の前提とする時間（戦後）と空間（日本）を前提としないようなのだが、いずれの論考も、本書のバイアスを裏側から照らしだすような部分とともに、案外「彼ら」が「我々」と共通の物差しで物事を考え、しばしば類似の困難にも悩んできた事情を伝えてくれる部分がある。また平素用いる数学の言語ではなく、人文・社会科学的な言語でそれぞれの学知の考え方を記述した、真摯な翻訳と対話の記録でもある。

白石直人「理論物理学は何を考えるか――歴史学・政治学との比較を交えつつ」は、統計力学の専門家ながら博覧強記の著者が、「普遍性」や「個別性」、「説明」の感覚にまつわる理論物理学と歴史学・政治学の近さと遠さを、疾走するごとき筆致で概観する。著者によると、物理学の普遍性にはミクロな素粒子が満たす基礎法則としての普遍性（「ミクロの普遍性」）とともに、熱平衡化のように、ミクロな要素が大きく異なっても集まったマクロな物体は似通るような普遍性（「マクロの普遍性」）が存在する（後者に前者のような「強い普遍性」は成立しにくい）。このように普遍性への二つの回路がある点は歴史学と異なる。気候要因などグローバルヒストリーのマクロな説明はたしかに「マクロの普遍性」（普遍性の弱さも含め）に対応するが、これで説明できないミクロな因果関係について歴史学は個別性を際立たせる方向を選ぶからである。また自然科学さえミクロの基礎法則を超えた強い普遍性を実現し難い以上、社会科学が時空間に制約されない一般的な性質（法則）を見出すのはさらに困難だという。だが著者は同時に、モデルによる物理学の説明と、（価値判断を内包しつつも）限定的一般化や傾向の析出を行う（伝統的）政治学や歴史学のそれは意外と近いと指摘する。この比較から浮かび上がるのは、定性的次元では個別性をノイズとしてそぎ落としたミニマムな本質を抽出して（強い）普遍性を担わせ、定量的次元では逆に個別性から予測や説明を引き出し、目的を最大化する方法を柔軟に行き来できる物理学の姿である。斉一的な自然の記述に必要不可欠な数学との共闘がこの自由さを可能にしたが、その背景には人類史上で自明ではなかった量的思考の獲得という偶然と、数学的な厳密さを求めない物理学者のものぐさがあったことを著者は示唆している。

川口喬吾「生物学と物理学のひびわれ――寺田寅彦の長い影」は、生命現象を物理学的に解釈する生物物理について、境界領域ゆえに抱える分野間の架橋の難しさや、世代を超えて再生産されるステレオタイプについて、日本の生物物理研究の来歴をふまえ軽快に論じた魅力的な入門となっている。ポスト分子生物学に入った現代の生物物理では、データ取得法の開発が全体を駆動する構造があり、生命現象の理論的枠組みから想像しうる現象の多くは測定(ないし予測)可能になったという。生物のブラックボックスを解明する新データの出現が物理学的知見の構築ペースを上回るため、理論系研究の成功例や出番は少なくなってしまったのである。ただこうした物理学と生物学の微妙な関係は、「生物は積み木細工」として「量子力学のような直観」と対比させた湯川秀樹以来のものでもあった。正統派を自負する素粒子物理が他分野に「マウント」をとる「帝国主義」的文化を指摘しつつ、著者は時代を遡り、量子力学以前の物理学の主流にありながら「物理学圏外の物理学」にこだわった寺田寅彦に注目する。日常のなかから問いを立てる持ち前の「センスの良さ」を発揮した寺田は、物質世界と生命現象の距離感を縮めようと物理学・生物学双方の閉じた姿勢に苦言を呈していた。しかし、はじめ均一なはずの自然環境から動物の縞模様のような不統一性がどのように生じるのかを問うべく、粘土の「ひびわれ」との類比で寺田(門下)が投じた問題提起は、かえって生物学側の激しい反発を招いてしまう。両学知のひびわれを深めた論争ではあり、自身も没後に後進から非「本流」扱いされる不幸もあったが、晩年の寺田はその実、均一な初期設定にゆらぎや確率性を含めるべく量子力学の勃興に期待を寄せていた。ひびわれはその意味で、学問の亀裂のみならず総合にむけた希望の出発点でもあったのである。

以上、ずいぶん長い紹介になってしまったのは、(編者を除いて) それぞれの分野で最先端の研究者たちの手になる各論考の豊かなニュアンスを、できるだけ損なわないように努めた結果である。ぜひそれぞれの論考を直接味わっていただければと思う (この「序」の末尾に、執筆者がとりあげた主な著作一覧も掲げた)。ただ一点、本書が過去の偉大な遺産の継承を謳ったり、また「失われた可能性」を惜しむような後ろ向きのものではないことは、あらためて強調しておきたい。多くの寄稿者が、優れた知識人や学者、創作者の成功物語ではなく、むしろ真摯な思考の過程で不可避的に生じたさまざまな葛藤や漂流、隘路に焦点をあてているのは、おそらく偶然ではない。ここで描かれた先人たちの繊細な失敗を、私たちはもしかするとはるかに低い次元で鈍感に反復してしまっていないかという緊張感は、テーマが自己同一性を見出しやすい自国 (ないし出身国) の近い過去に対するものだけに、知らず知らずのうちに共有されていたように思う。

本書が「戦後日本の学知と想像力」を論じるうえであまりに多くの論点を取りこぼしていることも言うまでもない。第Ⅰ部や第Ⅱ部が、東京大学・京都大学を中心とする「官学」アカデミズムが拠点の、日本人男性知識人 (なお本書に登場する女性は、残念ながらフランシス・ローゼンブルースと井辻朱美 (と、実名は出ないが升味ヱキノ) のみである) を多く取り上げていることが示すように、トランスナショナルな主体やジェンダーにまつわる主題は不在であり、また「学知」に媒介されない、さらに「声」になりにくい「想像力」を含めることも難しかった。あらゆる偏りから完全に解放された人文・社会科学はありえないが、そうした本書に固有の偏りと限界もここに記しておきたい。

内容がはたして静態的・予定調和的な「戦後」の自明性に安住したものであるか、複雑さに満ちた具体的歴史としての「戦後」の諸断片をきりとることに成功しているかは、読者の判断に委ねたい。ただ、本書を手に取ってくださった読者のなかで、それぞれの直観や選好に沿って抱いてきた「戦後日本」像にひびわれがどこか生じることがあれば、とても嬉しい。「疫病と戦争」という一〇〇年に一度の複合危機に直面する時代を生き、不確実性を深める未来に立ちむかううえで、さまざまな専門知をふまえた自由な精神は、今後いっそう必要になるだろうから。

【本書がとりあげた主な著作】

第Ⅰ部

坂本義和『核時代の国際政治』旧版(岩波書店、一九六七年)

勝田吉太郎『近代ロシヤ政治思想史――西欧主義とスラヴ主義』(創文社、一九六一年)

村上淳一『「権利のための闘争」を読む』(岩波書店、一九八三年)

岡義武『近代日本の政治家――その運命と性格』(文藝春秋新社、一九六〇年、岩波文庫、二〇一九年)

高木貞治『数学の自由性』(考へ方研究社、一九四九年、ちくま学芸文庫、二〇一〇年)

第Ⅱ部

岡義達『政治』(岩波新書、一九七一年)

升味準之輔『現代日本の政治体制』(岩波書店、一九六四年)

小沢一郎『日本改造計画』(講談社、一九九三年)

佐々木毅『いま政治に何が可能か』(中央公論社、一九八七年)

蒲島郁夫『戦後政治の軌跡――自民党システムの形成と変容』(岩波書店、二〇〇四年)

フランシス・ローゼンブルース、マイケル・ティース『日本政治の大転換――「鉄とコメの同盟」から日本型自由主義へ』（徳川家広訳、勁草書房、二〇一二年）
ダニエル・P・アルドリッチ『誰が負を引きうけるのか――原発・ダム・空港立地をめぐる紛争と市民社会』（湯浅陽一監訳、世界思想社、二〇一二年）
デヴィッド・グレーバー『負債論――貨幣と暴力の5000年』（酒井隆史監訳、以文社、二〇一七年）
松下貢編『キリンの斑論争と寺田寅彦』（岩波書店、二〇一四年）

第Ⅲ部

J・R・R・トールキン『指輪物語』全六巻（瀬田貞二訳、評論社、一九七二―七五年）
清水幾太郎『私の読書と人生』（要書房、一九四九年）
出隆『ギリシアの哲学と政治』（岩波書店、一九四三年）
田中美知太郎『ロゴスとイデア』（岩波書店、一九四七年、文春学藝ライブラリー、二〇一四年）
来栖三郎『法とフィクション』（東京大学出版会、一九九九年）

第I部　分断の時代における知識人と歴史意識——様々なる「模範国」？

合衆国の「危機」と「革命」
——一九六〇年代の坂本義和

前田　亮介

〔ノーマン・〕メイラーはケネディの姿をかりたかれの幻の大統領に、ひとりの人間の顔をもって国家を人格化することのできるようなヒーローを夢みていた。そのような政治家の出現によって活気をあたえられる政治を、メイラーは実存的な政治と呼び、それなしではアメリカ社会が、ついには全体主義にいたるべき、それ自身のうちに死をはらんだ致命的な疾患から回復することはないであろうという恐怖感に、背後から追いかけられていたのであった。

（大江健三郎「アメリカの夢と悪夢」（一九六六）（大江 一九九二））

はじめに——歴史家としての坂本義和

今日、国際政治学者・坂本義和（一九二七－二〇一四年）の名前や仕事が「政治外交史」と結びつけて意識されることは稀だろう。東京大学法学部最初の「国際政治」の専任担当者として教鞭をとりつつ、論壇では冷戦下での日米安保のオルタナティヴを模索する中立論の旗手として華々しく活躍した坂本の軌跡は、もっぱら知識人論や国際政治学史の文脈から検討されてきた（石田 二〇一四・二〇一六／大井 二〇一五／大矢根 二〇一六／中村 二〇一七／苅部 二〇二〇）。

ただ、坂本が東京大学で師事したのは政治外交史家・岡義武（一九〇二―一九九〇年）であり（もう一人は丸山眞男）、二〇代から三〇代にいたる研究的自我の形成期に、坂本は反革命たるエドマンド・バークとメッテルニヒの秩序観を活写した論文を発表する（坂本 二〇〇四）。またヨーロッパ国際秩序の「精神構造」を分析した思想史的な仕事と別に、七〇年代以降は日本占領に関する国際共同研究を行い、そこでは一次史料の収集に基づく政治外交史的な叙述も試みた形跡もある（坂本・ウォード 一九八七／坂本 二〇一二下：六八―七〇／天川 二〇一六：五七―六二）。

論壇活動の背後で細々と続けられたこうした歴史研究は注目されていないが、本稿では、一九六七年に刊行された最初の単著『核時代の国際政治』（旧版）を歴史叙述の側面から検討しようと思う。

実際、若き日に本書に影響された政治外交史家も少なくない。例えばベトナム戦争最盛期の一九六七年、「丸山真男先生に代表される東大の政治学」への興味から文科Ⅰ類（法学部）に入った北岡伸一（一九四八年―）は、「丸山先生よりもっと若い世代で、いかにも格好良く見えたのは坂本義和先生で、入学直後の五月に『核時代の国際政治』が出た時には、店頭に出るのを待ちかねて毎日書店に通ったものである」と回想する（北岡 一九九二：四）。高校時代から「やや背伸びして総合雑誌や岩波の講座ものに手を出したりしていた」早熟な、ただ新左翼と距離のあった若者に、坂本が与えたインパクトを物語っていよう。大学紛争に参加した側でも、ソ連史家・富田武（一九四五年―）は「『世界』と『朝日ジャーナル』が必読の月刊誌、週刊誌」だった当時、坂本の平和論に惹かれ、本書刊行後は坂本のゼミを選んでいる（富田 二〇一九：七三－七五）。もっともそんな富田も六八年一一月、総合図書館封鎖をめぐる東大全共闘と執行部の公開予備折衝では、加藤一郎総長代行の特別補佐として姿を現した「坂本教授」と「師弟としてではなく「敵」として二か月ぶりに対面」（同：四四）することになるのだが。

さらにアプローチの点でも、後進の（東大法学部の）歴史家への坂本の影響を認めるのは難しくない。例えば「国際政治史」の初代担当者・高橋進（一九四九－二〇一〇年）の「権力政治」観に最も影響を与えたのは坂本だった（妹尾 二〇一七：一四一）。坂本（や高橋）が重視した「外交と内政の連関」、または国際政治を国内政治体制間関係ととらえる視角自体は、師の岡義武、さらに神川彦松に由るものである。岡は五〇年代前半から東京大学政治学研究会での成果「国際政局におけるワイマール共和国」（米ソ英仏独の対応を各国別に分析したもの、『国家学会雑誌』六六－一〇、一九五三）を皮切りに、第二次大戦後の英仏米日の政治外交についても「政党政治と外交の関連」の視点から共同研究を進めていた（岩永 一九八五：二二五／同 一九八九：三八）。ただ岡は外交史の業績はあるものの、国際政治学は指導できないと断っていた（坂本 二〇〇九：三八八）。他方、高橋の国際政治史学には、運動論的視角に立つ斉藤孝とも、また従属論や世界システム論のような経済基底主義的な国際関係史とも異なり、国内体制と国際体制を（両者が混然一体となるマクロな変動ではなく）自律した異なるレベル間の連結として「政治学的に」論じる新しさがあった（網谷 二〇一六：一三四－一三五）。こうした「多層的な政治の錯綜とその発展」（同：一三八）への感度の点で、坂本はおそらく岡より一日の長があった。

こうした新しさをふまえたとき、アメリカ政治外交史家・五十嵐武士（一九四六－二〇一三年）が主著『対日講和と冷戦』の「まえがき」で、細谷千博（一九二〇－二〇一一年）の『サンフランシスコ講和への道』（中央公論社、一九八四）のような「政府間の外交交渉の過程を跡付ける伝統的な外交史の手法」に代えて、坂本が提出した「「国際冷戦」と「国内冷戦」という内政と外交との連関を解明する分析視角」の踏襲を宣言しているのは、はなはだ示唆的である（五十嵐 一九八六：ii－iii）。五十嵐はあとがきでも坂本の「多大な影響」を告白する（同：二七七）が、ここで坂本が、「伝統的」外交史の大家・細谷とは対抗的な、内政も含むいわば「政治外交史」的手法の祖として引証されているのは、興味深い。

坂本は『核時代の国際政治』旧版のあとがきで、「私の本務ではない」時事評論の八年間の集積を再刊した理由を、こう語っている。

この期間（一九五九－六七）に、世界は私の予想をはるかにこえて大きく変化した。そして変化が起こってしまった後の時点に立てば、われわれは、より賢い眼でこの変化の歴史を見ることができる。だが賢い歴史だけが真実の歴史ではない。たとえ愚かであり、誤りの多いものであっても、それぞれの事件に同時代人が与えた意味づけというものも、歴史の意味を解き明かす上で、一つの手がかりとなろう。（四〇九頁）

坂本は以上を「同時代史的な私の日誌を整理するということ」だとまとめている。つまり本書は、著者の主観では、同時代人による（愚かさや誤りを含みつつ）一貫した意味付与としての「歴史」叙述を強烈に意識した作品なのである。「同時代史」との表現は、実は論敵だった高坂正堯（一九三四－一九九六年）も新冷戦から冷戦後への激動の時代に用いていた（細谷 二〇一七：六〇三）が、高坂が歴史との対話を、「慎慮」を通じて現実を観察する物差しにしようとしたのに対し、坂本の同時代史はむしろ、冷戦がキューバ危機を経て緊張緩和に向かう、一見すると「静」の時代に胚胎した「危機」の予兆や不安を鋭く析出する点に特色があった。「賢い歴史」よりも「真実の歴史」を描くという意気込みに、坂本の切迫感と矜持が現れている。

そして坂本が国際政治の「危機」の焦点として一九六〇年代に内在的に格闘した対象こそ、アメリカ合衆国の政治社会であり、そこでのリーダーシップの問題であった。坂本の関心が変化した『核時代の国際政治』新版では、第四部「アメリカの内と外」は残念ながらすべて削られたが、旧版では日本とアメリカの政治社会に亀裂を走らせつつある価値観の流動化と、それを統合しうるナショナリズムへの展望を一体的にとらえることが可能になっている。こうした政治社会も含む日米関係論は「内政と外交の連関」理論とも親和的であり、革新論壇の旗手という六〇年代の坂本像に一定の修正を迫るだろう。坂本の平和論についていては、七〇年代以降の低開発地域や地域間格差への関心の移動、つまり「東西問題」から「南北問題」へ、という変化が強調されがちである。だが本書に現れた、五〇年代から六〇年代のヨーロッパからアメリカへの関心の移動も大きな思想的格闘を経たものであり、そこに政治外交史の発展につながる遺産があったことを、以下論じたいと思う。要するに国際政治学にもアメリカ研究にも門外漢たる筆者の視点から、歴史家としての坂本義和の可能性に光をあてることが本稿の目的である。なお、以下「○○頁」と表記した場合はすべて『核時代の国際政治』旧版からの引用であり、また傍点やルビもすべて坂本に従う。

1 「内政、外交を一貫する政治学」の理論と実証――アメリカ留学

よく知られるように、一九五五年から五六年にかけて坂本はシカゴ大学に留学しハンス・モーゲンソーに師事した。五六年途中からプリンストン大学に拠点を移し、欧州巡遊を経て五七年末に帰国している。これに先立つ五四年四月、助手論文「国際政治における反革命思想――エドマンド・バーク」を提出して東大法学部助教授となった坂本は、当時まだ新しい分野だった国際政治学をモーゲンソーのもとで学ぶべく、岡の推薦でフルブライト留学生となった（坂本 二〇一一上：一二〇－一二一）。坂本はモーゲンソーの国際政治理論には不満があったものの、権力政治に偏りつつ一応体系的に一貫した理論を作ったこと、またその「科学主義的合理性」批判が西欧近代やアメリカを根源的に批判しうる機能をもつことを評価していた（中村 二〇一七：四八－五〇）。

留学中の一九五六年一月一五日付で東大総長矢内原忠雄に送った書簡で、坂本はモーゲンソーが理論的達成の一方で「いわゆるモラリスティック・アプローチを排除する余り、現実に国際政治に大きな影響を及ぼしている、イデオロギーおよび政治体制の問題」を理論や説明から除外した点を批判し、「同教授の理論では、外交政策の変動過程が充分に解明できないということに連なる」と指摘

している（「矢内原忠雄関係資料」（F0220-S006-0379））。「国際政治と国内政治とが不可分になってきた」との時代認識から「内政、外交を一貫する政治学の理論の重要さを痛感」する坂本は、アメリカ国際政治学が排除した「政治体制の問題を、国際政治そのものの解明のために、もっと大きく取上げて行かねばならない」とし、この問題が「日本を含めた、広義の後進地域にとって、一つの中心的視座」になるという自説を矢内原にぶつけたのである。日本を含む「後進地域」という表現からは、外交と内政（政治体制）の連関から外交政策の変動を動態的にとらえる視点に加え、国際政治における非対称な権力関係への関心を坂本がこの時点から有していたことが窺える。ただ坂本はイデオロギーと政治体制を排除した国際政治理論を批判しつつも、なおモーゲンソーとの対話にこだわった。

とは申せ、ひとり創り上げた学説を批判することは容易でございますけれど、それから先に進むことの難しさは身に沁みて感じております。完成された理論につきましては、日本におりましても、文字を通して知る機会がありながら、小生が留学を希望いたしました一つの理由は、モーゲンソー教授が、一つの結論に到達するに至った過程、換言しますれば、結果としての体系の背後にあるものを、もっと知りたいということにございました。

すなわち坂本は、既存学説の批判にとどまらず「先に進んだ」自前の学説を創りだす困難に直面する中、書物でも学べる「完成した理論」よりそこにいたる「過程」、そして「結果としての体系の背後にあるもの」に直接迫ることに、留学の主目的をおいていたといえよう。また坂本は、自らの「問題意識」を「理論」に発展させ、検証するための「実証的な勉強の必要をも痛感」していた。矢内原宛書簡の末尾では、続く一年の勉強をプリンストン大学で行う理由として「数年来、比較的若い学者が、共同研究の形で、アメリカ外交政策を、内政と外交との構造的連関の視角から、よく研究している点を挙げている。シカゴでは理論化前の「体系の背後にあるもの」を学んで政治体制、イデオロギー、「後発地域」の三つを組みこんだ理論を設計し、プリンストンではアメリカ外交政策（史）の実証研究を摂取する理論と実証の二本立てが、留学当初の構想だったのかもしれない。

ただ保守的なプリンストン大学は、ダレス文書を除くと魅力に乏しかった（坂本 二〇一一上：一三九－一四〇）。坂本は現状の不満をモーゲンソーにしばしば漏らし、「あなたの刺戟的なアメリカ外交政策分析は……シカゴの学生と比べてはるかに洗練されていないプリンストンの人々（Princetonians）への異議申し立てに思えてなりません」とまで記している（五六年一一月二三日・五七年四月五日付モーゲンソー宛坂本書簡、Hans J. Morgenthau papers, Box53、以下両者の往復は同じ）。実際、坂本が歴史学的な実証に着手するのは六〇年代であり、岡義武を代表とするロックフェラー財団の助成で六三年に日本に招聘した外交史家ハーバート・ファイスとの縁が契機だと推測される（坂本 二〇一一上：一五八－一五九）。当時非公開の国務省文書にも精通したファイスの助力（同：一八六）で、坂本は米国立公文書館所蔵のＳＣＡＰ関係の史料やプリンストン大学所蔵のダレスやフォレスタルの私文書、またケネディ政権で誕生したＡＣＤＡ（軍備管理軍縮庁）の文献を収集している（六四年四月二七日・九月五日付ファイス宛坂本書簡、Herbert Feis papers, Box20）。

奇しくも高坂も六〇年代、中国史家ジョン・Ｋ・フェアバンクに師事したハーバード大学留学を機に、戦間期中国をめぐる日米関係や国際連合の成立に関する史料を集め、当時最先端の手法だった「対外政策決定過程」分析に着手していた（待鳥 二〇一六：八四－八五、九二）。ただ、坂本は、人類にとって終末論的な意味をもつ現代国際政治において「対外政策決定過程の微視的研究」に「極めて緊要」性を認める一方、外交の民主的統制を追究していくと「政治過程論の枠自体を超え」る必要があり、「トータルな政治体制」と関連づけた比較研究によってこそ外交政策の「質」を評価し、ひいては外交上の強力なオルタナティブを創出しうるような民主主義体制の条件を問うことができると考えていた（坂本 一九五九ａ）。坂本のアメリカ留学中に胚胎し、六〇年代に芽吹いた以上の立場からの日米関係史やアメリカ外交史への関心は、第一に坂本が相対化をめざした日米安保の起源である講和期の日米関係、ことケナンやダレスの外交、第二に同時代のケネディ政権による核軍縮交渉に向けられたと推測されるが、具体的な歴史研究の成果を生むことはなかった。ここでは、坂本と高坂という国際政治学の両雄に共通して、アメリカ留学の経験と（政治）外交史研究への参入とが結びついた可能性を指摘するにとどめたい。

なおプリンストンを五七年後半に離れた坂本は、帰国途上、ＬＳＥ（ロンドン政治経済学院）を拠点にイギリスに二カ月滞在している。受講したなかでは「英国学派」マーティン・ワイトの講義に最も刺戟を受けたものの、ＬＳＥは国際関係論ではアメリカのトップ大学と比肩しうる水準ではないと総括した。国際関係「理論」にワイトが向けるような保守主義的ペシミズム（conservativism pessimism）はアメリカ政治学での近代主義・科学主義学派（modernist scienticist school）への貴重な解毒剤となるとも述べているが（以上、五七年一二月一二日付モーゲンソー宛坂本書簡）、反政治科学の急先鋒だったモーゲンソーへの同調以上の意義を、坂本が英国流ペシミズムに認めていたかは微妙である。また助手論文でとりあげたバークとの心理的な距離は、滞英中に広がったように見える。大英博物館の図書室ではバークの手書きのメモや書簡に「判読の自信をすっかり喪失」し（坂本 二〇一一上：一四五）、また福田歓一の紹介でUCL（ユニヴァーシティ・カレッジ・ロンドン）の思想史家アルフレッド・コバンと議論したときも、「まるで実際に会ったことがあるように」バークを語るイギリス人ならではの「familiarity」に感銘と怖じ気を覚え、日本人が西洋思想史に取り組む難しさを「あらためて痛感」した（坂本 二〇一五：二七四）。こうして五七年末、日本に戻った坂本は、「科学主義」への批判に部分的には共鳴しつつも、関心の主対象をヨーロッパの「精神構造」からアメリカのそれに移していく。旧大陸から新大陸へ、坂本は大西洋を渡ったのである。

2　アメリカ政治外交の「危機」――アイク・ダレスからケネディへ

帰国後の坂本は「中立日本の防衛構想――日米安保体制に代るもの」（『世界』五九年八月号）や「革新ナショナリズム試論――新たな国民像を求めて」（『中央公論』六〇年一〇月号）のような戦後日本を代表する時評を次々と発表する（いずれも本書所収）が、本稿にとって重要なのは、こうしたオルタナティヴの模索と創出が何より、政治的リーダーシップの問題として位置づけられたことである。すなわち、「現代の軍事的メカニズムに内在する危険を正確に認識」するためには、日常的世界の感覚を超えた「想像力」を常に最大限に駆使しなければならず、「ここでは想像することが最も現実的であり、豊かな想像力を持ち合わせることが健全さの現れに外ならない」という逆説が生じる（一〇頁）。この「政治的リアリズムは「想像力」を媒介としてはじめて成立しうる」（三谷 二〇一六：一九一）という洞察は、いかにも坂本らしい。現実の国際情勢では、五九年九月の米ソ首脳会談を経て緊張緩和が進んでおり、平和共存ムードで核戦争の危機感は遠のきつつあった。だが予測可能な「ゲーム」に国際政治が移行しつつあるなかでも（苅部 二〇二〇：三二一）、坂本は冷戦の安定と「平和」の既成事実化に抗うかのように「実存的ともいえるような疑念」（同：三二七）を絶やさない。そして日常に埋没しがちな大衆に核戦争への想像力を喚起するには、「政治的指導力《リーダーシップ》が介入する余地と必要とが生じる」（一〇頁）。坂本の国際政治観では、優れた政治指導者は「直接所与の世界」を突き放しうる「強烈な想像力の持主」である必要があるのである。

例えば岸信介は、未来への構想力も保守の価値体系もなく、「シニシズム」（一八八頁）と「精神的頽廃」（一九五頁）に満ちた恥ずべきリーダーだった。五八年末のモーゲンソー夫妻宛のクリスマスカードで坂本は、岸は「人々を奮い立たせる議会政治家ではなく有能な官僚的行政官」にすぎず、政治的リーダーシップを、アングロサクソンの立憲主義の考え方と反したドイツ的法治国家（Rechtsstaat）の意味での「法の支配」と混同していると訴えている。『中央公論』六一年一〇月号の論考では、岸の政治的人格を次のようにダレスと対比させている。

ひとはこの人〔岸〕の中に、ダレス並みの反共の敵意を感ずることはできても、ダレス並みの反共の信念を見出すことはできなかったに違いない。〔…〕日本についての無力感と劣等感を持ったこの人物が、安保改定に際し「自主性の増大」を力説したことも、一つのアイロニーであった。とにかくこの首相は、日本の支配層が西欧と日本との距離の自意識に貫かれていた一時期の一つの代表的な型であったし、その意味では、彼は皮肉にも、ダレス流のモラリスティックな反共イデオロギーが日本に貫徹する上での障碍物となったとも言える。（一八八－一八九頁）

坂本は普遍主義的なダレスの「反共の信念」に愛憎半ばするような視線を向けているが、坂本がダレスのうちにウッドロー・ウィルソンに媒介された現代のバークを見た可能性を指摘する三谷太一郎（三谷 二〇一三：二二五。坂本はバークの立場を「政治に対する道徳的・宗教的アプローチ」とする（坂本 二〇〇四：一四一））に従えば、バーク＝ダレスの反革命＝反共理念を欠く岸は、「自分自身に対するシニシズム」（同：二九三）に蝕まれた極東の（矮小な）メッテルニヒだったのかもしれない。いずれにせよ、モラリズムが国境を越えて浸透する国内的「障碍物」になったという岸の位置づけはかなり独特である。坂本はモーゲンソーに求めた「モラリスティック・アプローチ」を、政治学者のみならず政治指導者にも厳しく求めがちだった。

なお、政治指導のみならず「核時代」の外交指導についても、坂本は日本の矮小さを痛感していたようである。戦後日本が「チミツな安保体制擁護論」を欠く外交官（坂本 一九五九b）に支えられていたのと対照的に、坂本はケナンに「敵のみならず自分をも冷徹に相対化する、さえた外交官の目」（坂本 二〇一五：三四〇）を認め、その歴史叙述が「外交交渉」に収斂して「舞台装置」たる「現代国際政治の構造」を閑却することを嘆きつつも、同時に職業的外交官としての「技術的中立性」が

「挑戦的歴史解釈」を生みだす一面にも着目していた（坂本 一九五八）。また「交渉《ネゴシエーション》としての外交の精神の最も優れた持主の一人」だったアンソニー・イーデンについても、「卓越した技術としての外交」による平和維持努力が、一方での時代錯誤的な「古典性」のみならず、「イデオロギー的・道徳主義的なダレス外交」と組み合わされて核時代に意外なアクチュアリティも帯びたことを評価する（坂本 一九六〇ａ）。内政と外交を峻別し、また西欧世界に閉じた一九世紀的な古典外交の論理にしたがう両者の限界を指弾しつつも、坂本は優れた外交官の「技術」がダレス流イデオロギーと結びつくことで一瞬生じた可能性とその崩壊のドラマを直視し、「悲劇にもならないような外交しか持ち合わせないわが国の為政者」がかかる現代史のアイロニーをかみしめることを望んだのである（同）。

したがって、本書（新版で削られた諸論考）におけるリーダーシップ論も、もっぱら日本以外の超大国、具体的にはアイゼンハワーやケネディ、フルシチョフの政治指導の質を正面から問うものとなっている。坂本が米ソの指導者に注目するのは、六〇年五月に公表されたＵ２機事件の交渉決裂の過程が示したように、「人類の生命はほんの一握りの有名無名の人物の手中に握られているという厳しい現実」があり、彼らの予測と統御を超えて事態が急速に悪化する危険がある以上、「今日の国際政治における程、リーダーシップが死活の重要性を持つ時はなかった」（三一頁）からである。また東西のリーダーシップは深く相互依存しており、一方が平和維持の機能を失えば他方のそれは麻痺してしまう。平和共存には東西の政治指導の「微妙な相互依存と相互補強」が不可欠であり、坂本が五〇年代後半から六〇年代にかけて「成立」した米ソ共存関係を「単に静止した共存状態としてではなく、共存への模索が東西双方で行われるという意味で、あくまでも動的な共存過程として」とらえなければならない（一四六頁）と強調するのも同じ理由による。しかるに坂本のみるところ、「動的な共存過程」としての平和共存の可能性は「アメリカ側におけるリーダーシップの喪失」（三二頁）で著しく毀損されていた。軍事的なプラスで政治的なマイナスを補おうとするようなアイク政権の「諸要因の的確な比較考量能力」を欠いた事後対応は「政治的な叡智の貧しさ」を露呈するもので（三四頁）、それは一見激越で粗野な言辞に潜むソ連側のリーダーシップの「細心さ」とコントラストをなしている。結果的に「アイクの名誉をギリギリまで守ろうとし」、「何度となく譲歩と妥協のサインを送っ」た（三六—三七頁）フルシチョフも窮地に追い込まれ、硬化せざるをえなかったとする。

では米ソのリーダーシップの「落差」、具体的には「相互置換の政治的想像力」（三九頁）がなぜアメリカ外交に欠けてしまったのか。この問題の伝統的批判者たるケナンの「法律主義的・道徳主義的アプローチ」説を紹介しつつ、坂本は今回のU2事件は米国の指導者や国民に自らを法的・道徳的に正当化する「主観的な自己義認」（四〇頁）も生まない点に新しさを見る。これは「世界政治」におけるアメリカの「精神的《モラル》リーダーシップの喪失」「精神的自己喪失」にほかならない。続いて坂本は、アメリカの「喪失」の国内的条件やそこにある「精神構造の深み」（四〇頁）を掘り下げ、特に対外政策決定過程における「冷戦派」と「共存派」の対立に注目している。ただ坂本は「冷戦派」の巻き返しによる対ソ政策硬化といった単純な図式を採らない。むしろ「共存派」が国内で優位で、かつソ連からも譲歩のシグナルがあったにもかかわらず、困惑と硬化を繰り返してしまう「「共存派」の精神構造」、さらに「アメリカ「共存派」リーダーシップの内面的崩壊」（四八頁）にこそ問題の根源がある。「共存派」の「平和共存」観は結局、現状の維持（「西側の既存の優位の固定化」（四五頁））

を原則としたものにすぎず、現状を変更する平和の追求には無力たらざるをえない。平和共存の趨勢も「リーダーシップの喪失によっていつでも冷戦に逆行する危険がある」（四九頁）のである。

坂本のリーダーシップ論がより豊かな陰影を帯びるのは、六一年一月発足したケネディ政権の評価だろう。前年の大統領選を控えた段階で坂本は、アメリカの外交が今後しばらく、「二重の意味で高度に停滞した状態が続く」と予測している（一九六〇b：一四）。それは、アメリカ外交が未来への構想力を喪失し、アメリカの政治体制そのものの未来像も大統領選の政党間対立では問われないとの悲観によっていた。ただ発足直後の対談では、ケネディが（前政権と異なり）「アメリカの危機」を外からの脅威より政治社会に内在するものととらえたこと、国内でも反共理念に代わるアメリカの国家目的の問い直しと自省が生じていることに注目する。政権中枢に知識人が多く参加した要因も、第二次大戦を第一線で経験した「危機のとらえ方が違う世代」への交代が進んだことで、「既存の価値体系に対する懐疑」が広がり、インテリが時代に必要とされた点に見出される（坂本・茂木 一九六一：九－一二）。アメリカの生活様式や価値体系への懐疑が内側から起こってくれれば、自国の立場の歴史的、国際的な相対性がより自覚され、A・A諸国のような異質な生活様式や文化への理解も進むだろう。坂本は、ケネディが就任演説で低開発地域援助を冷戦の論理を介さず説いたことも、国内の黒人問題にも連なる「アメリカ自身のデモクラシーの生命の問題そのものだという構造」の反映だとして前向きにとらえている（同：一三）。ともに国内に強固な反対派（共和党支持者とスターリン主義者）を抱えるがゆえの、ケネディとフルシチョフの相互依存の増大をやや楽観している点も含め、坂本は総じて新政権に期待をかけていたと思われる。

しかしまもなく（キューバ危機に先立ち）、坂本は「現実主義者」ケネディの外交姿勢に懸念を強めることになった。とりわけ完全なポスト冷戦派で共存派のはずのケネディ政権のうちに、「発展」と「近代化」を標語とする科学技術信仰と相まった、勢力均衡的な発想の復活を認める。そしてそこに、権力を道具的・没価値的にとらえることで、あらゆる非権力的要素を権力行使に動員しながら現状を固定するシニシズムの不気味な影を見るのである。『世界』六一年一一月号の論考では、米ソが「甚だ古典的な権力政治的アプローチ」を共有する点で著しく接近しつつあり、そこで平和共存の安心感のもと、核実験や軍拡さえ交渉材料の手段とされてしまうことに「双方が冷静な打算的合理性を持てば持つほど、軍拡による脅威が急テンポで循環激化する」暗い逆説を認める（五八頁）。アイクの「大量報復戦略」に代わる「柔軟反応戦略」は戦略技術として柔軟でも、戦略思想としては甚だ攻撃的・非弾力的であり（一一七頁）、対外関与政策でも対象国の「国内的現状変革」は認める一方でその国際化は防止し、「国際的現状維持を確保」するアプローチをとる（三三二頁）。結局これは「米ソ間の現状維持の相互承認」のもと「ゲームのルール」の維持強化をめざす「現状維持外交」（三三四頁）であり、「一見発展的・改革的であるようでありながら、基本的にはアメリカの優位についての現状維持のイデオロギーに外ならない」（三一八頁）。

もっともケネディ政権は、核抑止に頼る代わり通常戦力全体を減らそうとしたアイク政権と対照的に、軍事費増大につながりやすい論理を抱える反面、当初から核の使用はタブー視し、西側諸国への核拡散も警戒していた（岩間 二〇二一：一八三、二二八）。実際、坂本も回顧録では核戦争やそれに巻き込まれる市民の身体へのケネディの想像力を高く評価し、（日本の現実主義者と異なる）「リアリスト」の系譜に入れている（坂本 二〇一一下：一九四）。また丸山眞男が『世界』六五年六月号に「憲法第九条をめぐる若干の考察」を発表したとき、坂本は「今までの戦争形態」が「上に核戦争と下にゲリラと」に「両極分解」する図式は非常に面白かったが、通常兵器を用いる局地戦争はやはり残るのではないかという読後感を丸山に伝えたという（丸山眞男手帖の会 二〇〇八：三一）。高坂が前年一〇月、『中央公論』に発表した有名な「現実主義者の平和論」と、坂本はその実近接した現状認識に立っていたのである。ただ、危機が専ら通常兵器で生じるのであれば、核戦争への想像力に立脚した坂本の時評は再編を迫られることになる。道義の要請がより前景化するのである。

坂本は第一に、ケネディ政権の「正義《ライト》と武力《マイト》とを別個の次元に分けて考える発想」（三四三頁）に警戒を隠さない。正義や道徳の領域を権力政治と切り離すことは、やがて「想像力」を備えた人間の選択による「可能性のワザ」（坂本 一九六六）としての政治を（軍事）技術に従属させることになるだろう。坂本は、本来両立しがたい二者（再軍備と社会保障、憲法九条と自衛隊…）が安易に「あれもこれも」式に高度成長期の日本で受容されることを批判した文章で、それと符合する国際的傾向として、ケネディの「核実験も軍縮交渉も」という（ダレスなら二者択一を迫っただろう）発想を挙げている（一一一頁）。もちろんケネディ政権の人々が完全にシニシズムに呑まれたわけではなく「イデオロギーの戦いを回避し糊塗したという後ろめたさからはのがれられないような精神構造の持主」（三一七頁）としてはいるが、そのことがかえって軍拡を支持する大衆の右傾化や、国内での孤立主義の台頭を招いてしまう逆説がやはり強調される。大統領選（と再選）が予定された六四年を「悲観的な年」と坂本が予感した（坂本 一九六三：一四）のも、こうした国内世論を前に（仮に暗殺がなければ）

ケネディでさえ多くの「冷戦のコトバ」(三四〇頁)を発しただろうからである。

第二に、坂本にとって選挙は冷戦の論理を強化こそすれ、もはや外交政策を創造的に変更する機能を持たなくなっていた。それは政党政治への不信感と連なる——「民主党とか共和党といった既成のメカニズムは、現在おこっている急激な変化を、うまく政治のなかに流しこむ機能を営んでいないんじゃないか」(坂本 一九六三:一〇)。かつて「中立日本の防衛構想」で坂本は、日本に限らない一般論として、核時代の「政党の任務」を「国民の基本的な価値や利益に対する欲求を組織化して、日常生活の次元から国家権力の段階にまで吸い上げ……さらに国際政治の次元にまで昇って国際的な平和を確保する」ことに見ていた(八頁)。また、戦後日本の各地で噴出した抗議運動が、「国民的運動」より「圧力団体的行動」に組織化されてきた傾向を批判し、「政党の任務」を「局部の問題を「国民化」することによって解決する」ことと再び定義していた(一七〇頁)。要するに政党は、部分利益や私益と異なる国内外の国民的利益を集約するのに不可欠な存在だった。しかし六四年前後の坂本は、選挙にも政党にも(日米とも)希望を見出せなくなっていたのである。

では、ケネディなきあとの「アメリカの危機」の克服は、しかもベトナム戦争が本格化・泥沼化するなかでどのようになされるのか。「現代文明のもつ技術的合理性の完璧な動員を追求」したアメリカのベトナム政策に「ニヒリズムのカゲ」(四〇五頁)を看取する坂本は、ジョンソン政権下の内政と外交を「ゲーム」の構図の完成ととらえる。すなわち、「基本的に共通の価値体系や行動のルールが存在し、その枠のなかでゲームが行われる」アメリカの内政は国際的状況とメカニズムが根本的に異なるにもかかわらず、内政における「政治《ポリティクス》」の直接的な延長として(対ベトナム)外交がとらえられてしまう構図である（三五一頁）。そして坂本はベトナム戦争の転換に決定的な役割を演じうる存在として世論に注目するが、興味深いのが、ベトナム戦争は「アメリカ内部での「偉大な社会」の建設の可能性そのものに大きくかかわっている問題」となお見ている点である（三五五頁）。ここには、南北問題や地球政治への関心として現れる、西欧の「価値体系や行動のルール」を共有しない世界に向かう兆しとともに、「「偉大な社会」の建設」という理想主義的な動きが米国内で（政党を媒介とせず）強まることへの期待が読みとれる。そして「アメリカの危機」の再生は、市民運動（公民権運動と反戦運動）の指導者や政府と距離のある少数の知識人に宿った「ディセント（dissent）」の精神に託される。六八年四月にはついに、戦後アメリカの（坂本的にいえば道義的優越性を支える源だった）「「自由」選挙の神話」は崩壊したと判断する（坂本 一九七六a：八七）。「「自由」選挙」こそ「紛争解決の最善の方式」と喧伝したにもかかわらず、六四年当選した大統領（ジョンソン）は戦争を拡大し、また最低四年間は「絶大な生殺与奪の権力を握る」。坂本は、「この権力に対抗して民主主義を貫徹するのは、もはや選挙という制度ではなく、民衆の抗議の運動であることが広く認識され」たと宣言している。真の民主主義を支えるのは、ナショナルな選挙ではなく院外の（可能ならトランスナショナルな）市民運動だという論理が生まれる。

かつてケネディ政権発足から八カ月後の六一年九月、坂本は平和共存の時代を「核時代」とあえて再定位し、「核時代という、いわば無イデオロギー的な新条件の中で、いかにしてイデオロギー的な一貫性をつらぬいて行くかという問題の切実さは、平和共存が一つの絶対的な条件とされるだけに一そう強まってくると言わなければならない」（二〇六頁）という立場を鮮明にしていた。だが、実際の政治のなかで「イデオロギー的な一貫性」を担保することは難しい。例えば坂本は、フルシチョフを極力内在的に（つまり反ソ主義者の向こうを張って）理解すべく努めているが、「抽象的な理論や命題をあまり尊重しないで、ときにはそれらに嫌悪や軽侮を示」し、自らの理論的水準の低さに劣等感も（スターリンと異なり）乏しかったという彼が（渓内 一九六三：四四‐四五）、「想像力」の点で坂本の許容範囲に収まる政治家だったかは微妙である。ましてや本来的に共感を隠さない平和運動にも「頽廃の危険」（一四九頁）をかぎとる鋭敏な批判精神の持主だった坂本は、理想主義にいわば事後的に自己同一化していかざるをえない。ここにアメリカ建国の原点である「ディセンターズ（dissenters）」、公定教会に異議を唱えて遠く欧州から北米に移住し、契約によって「偉大な社会」を建設したとされるピューリタンの精神が、政治の駆動力として現代に召喚されるのである。

3 「ディセンターズ」を追って——アメリカ史上の伝統と革新

ところで、坂本による「現実主義者」ケネディの批判は、同時代のアメリカ論でユニークだったかもしれない。例えば、アメリカ政治外交史家・斎藤眞（一九二一‐二〇〇八年）は、坂本もケネディ政権の「的確な評価」を学んだ（坂本 二〇一五：一七八）と振り返る東大法学部の同僚であり、坂本が偏愛する「ディセント」の語も斎藤やその前任者・高木八尺（一八八九‐一九八四年）の影響を感じさせる（斎藤 一九六二：三五／坂本 二〇一五：三四二）。だが斎藤は、ケネディがアメリカ外交の「道徳的・法律的（ないし信条的（斎藤 一九九二：五四））アプローチ」の伝統から離脱したことをむしろ「転機」として高く評価する（菅 二〇一七：一一六－一一八）。ケネディは在任中決して成果を挙げたわけではないが、国民に現実を直視することを教え、自他のできるだけ正確な映像をもつことを教え、何より「外交」の在り方を教えたのである（斎藤 一九六二：九三－九四／同 一九六四）。それゆえケネディがまさに「権力と道徳」の問題でアメリカ史の伝統から逸脱して「古いヨーロッパ」的発想に回帰したこと――①外交の脱イデオロギー化と権力政治の徹底、②通常兵力重視と「恒常的に起こる限定戦争」観（柔軟反応戦略）、③西ヨーロッパとの軽い「同盟」観（斎藤 一九九五：二一九、二二五、二三〇）――を斎藤は肯定的に描きだす。また国内では、カトリックのアイルランド移民というマイノリティたるケネディ家が四代で権力の階梯を昇りつめるダイナミズムにも、並々ならぬ関心を寄せていた（斎藤 一九六三）。国内外の十字軍の伝統から外れた「ケネディ路線」はすでに民衆に根を下ろしており、死後も継承されるだろう、と斎藤は自ら「楽観的」とする展望を『福音と世界』六四年一月号のインタビューで語っている（斎藤 二〇一〇：一二〇－一二四）。

権力政治の道徳・信条からの自立と、マイノリティ出身の現実主義者ケネディの台頭を、アメリカ政治外交の「成熟」とみる斎藤の（坂本と対照的な）議論は、一見ケナン流のリアリズムへの合流と映るかもしれない。ただこのケネディ論の前提には、「キリスト教国」としてのアメリカ（史）に対する斎藤のキリスト者としての厳しい視線があった。アメリカのキリスト教の危機を論じた『福音と世界』五三年六月号の論考で、本来ピューリタニズムが前提とした、神の審判に慄き、神との厳しい対決を伴う信仰の「内面性」が、アメリカでは目の前に無限に広がる豊かな自然との対決に置き換えられ、またキリスト者が自己の罪を自ら止揚し忘却してしまうことで、「キリスト教による地上の倫理化、宗教化をもって神の栄光を顕わさんとする外向性」に反転したと斎藤はとらえる（同：三九－四二）。そうした特殊アメリカ的な「外向性」は、自己の感情や判断を神の摂理と、地上の国を来るべき神の国と混同する態度と相即的であり、禁酒であれ反共であれ「直線的な、十字軍的な力」を、内面の烈しい葛藤を伴わず発露することになるのである。斎藤はまた、キング牧師の「汝の敵を愛せよ」という命題を「理想主義的な論理個条」ではなく「冷徹な現実主義的な論理」と高く評価した文章でも、キリスト者がこの世の運動に対する際に陥りやすい「傲慢な幻想」を批判し、人種問題をめぐるキングの優れた国内的認識が国際関係でも「現実の力」となり、「キリスト教が十字軍的な破壊力の正当化としてではなく、創造的な自己抑制力として働くこと」を祈っている（同：一三四－一三六）。神と心情的に融合したアメリカ外交の長い系譜（斎藤 二〇一七：七〇）に、キリスト者の自己否定・自己抑制の契機としての現実主義を対置する志向は、おそらく斎藤の生涯を貫くものだった。

坂本と斎藤は日米安保改定に中立の観点から反対し、シェリングの交渉理論の受容など国際関係観も共通性が見られたという（石田 二〇二〇）が、ケネディ政権、そしてアメリカ史の「理想主義」への評価は大きく異なっていた。この点で参考になるのは、斎藤が六二年に刊行した『アメリカ外交の論理と現実』への坂本の書評である。ここで坂本は、高木八尺と斎藤の歴史叙述の「対照的ともいうべき差異」に着目し、戦前を生きた高木が「ピューリタニズムに根ざす自由の伝統」と「権力への信従と社会への同調とを拒否するディセンターズの精神」を強調し、「何よりも自由とディセントとの契機に光を当て」たのに対し、斎藤は日本の伝統的コンフォーミズムと現代アメリカのそれが「野合」する現状への危機感から、アメリカの政治外交での「信条的画一化」の契機、つまり「自由の伝統というシンボルそのものが自由を否定する」構図を描いたととらえる。坂本は両者のアメリカ研究とも「日本におけるディセントの行為」として高く評価しつつ、戦後の訪米でマッカーシズムを体感した斎藤がコンフォーミズムの歴史的強度を強調するあまり「現代のアメリカにおけるディセンターズの位置づけ」を欠き、そのため国内に生じている変化の解釈や、反政府運動も対象とする外交の選択肢を狭めてしまう可能性を示唆するのである（坂本 二〇一五：三四二－三四四）。坂本が総じて高木の視点から斎藤に注文をつける格好になっているのは面白い。

実際、一高から東大への受験勉強中だった四八年二月、高木の『米国政治史序説』（初版一九三一）を手にした坂本は対策を放擲して本書に熱中した。特に「荒地を開拓しながら新しい国造りに挺身する米国の建設者たちの歴史」は、敗戦後同じように「飢えと寒さの中にも新しい国造りの道を模索していた当時の私に、強烈な、また清らかな感動を与えた」という（もっとも、東京の焼跡と重ね合わされた「荒地」とは聖書解釈に基づく修辞で、多くの先行者がいた当時の大西洋世界の実態を反映したものではないが（増井 二〇〇六：三二七））。坂本は高木の叙述と解釈が特に優れた「建国の精神の根底をつらぬく清教徒的な信仰」に強い感銘を受けたようであり、本書を頂点とする「アメリカの建国史は、何度読んでも、何度聞いても、深い感動を喚びおこすもの」とまで述懐している（坂本 二〇一五：二七六）。この強烈な原体験もあるなかで、斎藤がコンフォーミズムを断ち切る主体を（現代のディセンターでなく）ケネディに見出したことは、坂本を戸惑わせたのではないだろうか。

また、いまひとつ坂本にアメリカ像を提供したのは、モーゲンソーが六〇年に刊行した『アメリカの政治理念（The Purpose of American Politics）』だと思われる。翌六一年に「何がアメリカの危機か」

と題した書評で本書をとりあげた坂本は、根源的に「動的な性格」をもつアメリカ社会ではフロンティアと社会的モビリティがたえず要請されるため、それらが失われるときが「危機」であり、「危機」克服に際しては自由と平等のシンボルによって表象される「価値」が新たに再解釈される（例えばニューディール）という本書の枠組みは、核時代にも敷衍しうると好意的に紹介する（坂本 二〇一五：三三五）。たえざる変革の可能性を読みこむ坂本のいわば革新主義の志向（高木もその影響が大きいという（岩永 一九七〇：五二七））と、ルイス・ハーツなどコンセンサス学派の影響で「アメリカ的価値体系の基本的同一性とアメリカ史の基本的継続性」（古矢 二〇一一：一八七）をみる斎藤の循環的な歴史像には相応の距離があったと思われる。斎藤が切断をめざしたアメリカ史の「伝統」も坂本はむしろディセンターの「国造り」の精神に読み替え、人々が常に立ち返るべき原点とするのである。

かくして六五年二月から米国が本格的に介入したベトナム戦争は、坂本にとって「現代のアメリカにおけるディセンターズ」との連帯の機会となる。シカゴ大学で師事した国際法／国際政治学者で、リベラルな立場と計量的平和研究の草分けで知られたクィンシー・ライト（篠原 二〇〇三／多湖 二〇二〇：六）にあてたこの頃のクリスマスカードで、坂本は「今年はアメリカの道徳的威信（moral prestige）に対する日本国民の大いなる幻滅の年となりました。一方アメリカの学界の少数の抗う方たち（disserting minorities）は、アメリカの最良の伝統への私たちの信頼をつなぎとめる（原文 preventing。preserving の誤記と判断した）ことによって、アメリカのみならず人類にかけがえのない貢献をしてきたのです」と綴っている（Quincy Wright papers, Box56）。また坂本は当時、モーゲンソーとベトナム反戦で立場が接近しており、盟友の作家・大江健三郎の六五年の訪米中にモーゲンソーとの会合も設定している（六五年九月五日・六六年二月一二日付モーゲンソー宛坂本書簡、六六年二月二四日付坂本宛モーゲンソー書簡）。両者はともに好印象をもったようで、六〇年代の大江の時評にはこの老リアリストへの言及が散見される（大江 一九八一：二九、一一五、一二二、二三六）。

こうした両国の知識人への働きかけと並行して、六〇年代後半の坂本はアメリカの平和運動と公民権運動を注視した。そして「「ディセント」の精神」に支えられた両運動が相乗作用によって「アメリカの政治と外交との変革要因」（三八三頁）となることを期待した。運動推進者は社会的少数派ではあるが、建国以来の「アメリカの最善の伝統を現代に継承」（三八四頁）する歴史的な必然性はある、と坂本は考えたのだろう。もっとも、坂本は運動の前線に立つディセンターに限りない敬意と共感を寄せるにもかかわらず、運動のうちに生じるリーダーシップの空転をも冷徹に観察してしまう。その結果、体制論のみならず運動論でも次第に現状変革への展望を失っていく。

六五年一月に発表した「私の見た黒人解放運動」で坂本はまず、アメリカ革命の伝統を再解釈するような「黒人革命」の観念が深南部まで流通している驚くべき変化（三五八頁）と、連邦政府と黒人運動に挟撃された南部白人社会の「反「革命」の組織的な暴力のメカニズム」（三六二頁）の双方を紹介する。だが坂本の本領が発揮されるのは、黒人運動内での「目標、組織、リーダーシップ」の変動や再編成を前提に、指導者の自画像とアメリカ社会での人種間関係に関する認識と理念を、四類型に整理して分析した部分だろう。坂本のみるところ、黒人＝「アメリカ人」として白人に同調する第一類型は権力指向的な「ダラ幹」（三六六頁）が目立ち、キングのような成功者も輩出した黒人＝「ミドル・クラス」市民とする第二類型は、その自由主義と国際主義が人種間統合において「かなり重大な思想的ディレンマに逢着」していた。もっとも、白人ミドル・クラスと異質な価値体系の構築をめざす黒人＝「イスラーム民族」とみなす第三類型も、いまやアメリカの一部である黒人を切り離して民族国家・宗教国家を樹立する困難に加え、抵抗の様式自体がピューリタン的な白人社会の伝統的価値に根ざすというディレンマをやはり避けがたい。最後に、三類型がコミットする「ミドル・クラス」の価値体系の打破と社会の構造改革を掲げ、黒人＝「人間」とする第四類型は、自由主義の伝統のなかで運動の訴求力を見出せずにいるものの、坂本はこの国内的「社会主義」の模索がアメリカ外交（低開発地域への対外援助構想）に与える脱冷戦的な含意を評価した。

そしてベトナム反戦運動が高揚すると、以上の運動との関係が問題となってくる。六五年六月、坂本は米国内の反戦運動を、ともに内政優先の「保守的孤立主義」と「改革的新孤立主義」、そして「国際平和主義」の三つに整理し、最後の「国際平和主義」がモーゲンソーら現実主義者も含む知識人の支持のもと、黒人解放運動と結びついて国内矛盾を解決し、そこから低開発地域への「国際的責任」も積極的に負う、内政と外交を架橋した構想に発展しつつあることに強い期待を示した（坂本一九七六a：六七－六八）。興味深いのは「改革的新孤立主義」で、これは黒人公民権の確立や福祉国家化など、内政面では坂本と近いリベラルな構想ではあるが、福祉政策の財源として対外負担の削減をめざす点で国際的責任を掲げる坂本と相容れない。

しかるに六七年五月、再訪米した坂本は、右翼的保守派、中間的リベラル、左翼的急進派の三つの政治勢力とも閉塞状況に置かれ、「現状を修正する勢力の出現は、米国の内部には期待しえない」との悲観的結論に達する（同：七三）。特に中間的リベラルにおいてベトナム政策そのものは批判しつつ政策の変更は断念し「現政策に実質的には協力する〔多数の〕人々」に「根深いシニシズムのびまん」「道徳的シニシズム」を見る（同：七五）。かかる既成事実への「居なおり」や「安住」を廉直な坂本は最も嫌った。希望が持てるのは中間的リベラル内で声を上げる「絶対的少数者」の政治家・知識人（フルブライト、ケナン、モーゲンソー、リップマン）で、大統領のいう「コンセンサス」より「米国の自由主義の最も優れた伝統」で「義務」たるディセントを今日継承する姿勢には敬意を示すものの、ロバート・ケネディ派との合流も難航し、政治的な展望は乏しい（同：七七–七八）。他方、キングが黒人解放運動をベトナム問題や平和運動と慎重に切り離す従来方針を改め、反戦に「全力投球」した六七年四月からの急転回は坂本の希望をつなぐ。超党派の平和行進デモを準備したキングの尽力で、黒人運動急進派と白人の反戦運動の担い手が合流したためである（同：七九）。

しかし、公民権運動を合流させたキングの決断で反戦運動が「飛躍的に強化」されたにもかかわらず、坂本はなお執拗にここにも「閉塞の内在的要因」（同：八〇）を認める。第一に、黒人運動急進派はベトナム戦争＝「有色人種根絶戦争」論に傾斜しがちで、その絶望的疎外感は十分に「国内的」正当性がある反面、ベトナム戦争で加害者の役割を演じる自覚を欠く点で「国際的な意味づけ」として一面的である。第二に、人種を問わず国内優先主義（社会改革や社会政策）からの運動には、対外政策を財政の割り振りの問題に還元する点で「一種の孤立主義がしのび込む危険」（同：八一）があり、「国際連帯の平和思想と平和運動」が閑却されてしまう。第三に、反戦運動に参加する白人ミドル・クラスに顕著な「アナーキズム的な心理や行動」（同）の広まりである。第三の要因は、坂本によるアメリカの国民統合理解としても印象深い。坂本によれば、人民が政府を自由に解体廃止しうる

「アナーキズム」の側面がデモクラシーの原理には内在するが、戦後アメリカでは「自由」という形で反共の名の下に「忠誠」が組織化されてきた。だが米ソ緊張緩和以降、封印されたアナーキズムが息を吹き返してきたのである。しかも平和・公民権両運動の根本には、大衆社会で疎外された個人が自己と自由を確認しようとする「強烈な実存的心情」があるため、「本質的に反組織的」な運動とならざるをえない。また黒人参加者の連帯の証となる共通の人種意識も、白人には自己否定の理由となってしまう。こうした諸点から坂本は、白人ミドル・クラスの平和・公民権運動は国家権力の否定を飛び越えて運動組織の否定までむかう衝動を常に内包していること、指導者たちは「運動が自己解体する危険」を克服する「意識的な努力」が不可欠だと指摘している（以上、同：八二）。

以上からも窺えるように、坂本はディセントの精神に立ち、自己解体を防ぎながら組織化していく運動のリーダーシップの条件を慎重に詰めており、とりわけキングに託すところは大きかった。と同時に、「反共」のくびきが外れたアメリカ社会の遠心性（「アナーキズム」）への強い警戒感も印象的である。かつて坂本はアメリカの社会の特徴を「ヨーロッパの思想史にいう「自然状態」が、歴史的に存在している」ことに求め、「バラバラの個人が集って、もう一回新しく社会をつくり直す、そういう「自然状態」の伝統」が西部や西南部でフィクションではなく実在した驚きを語っていた（坂本一九六三：一〇）。この自然状態で人間は社会的庇護を受けられず自力で完全に自立しなければならない。おそらく東部の社会契約と対比される克服すべき自然状態として、西部が位置づけられていたのだろう（一九世紀の西部・東部の間の宗教観の相克（古矢 二〇〇一：一七八）はおそらく重視されていない）。この点をキングが暗殺された六八年四月、坂本は次のように書いている。

米国は、もともと契約によって形成された国家である。したがって国家への忠誠の撤回は契約の廃棄を意味するし、それは、いわば市民社会を解体して自然状態に復帰することを意味する。〔…〕暴力が多発するのは〔…〕アメリカ人の政治意識に深く根ざした思想的な問題なのである。そして「ディセント」の精神を貫きつつも、アメリカ社会の自然状態への復帰と精神的解体とを避けようとしたのが、マーティン・ルーサー・キングの非暴力の抵抗運動であった。だがキングは死んだ。（坂本 一九七六a：八七－八八）

キングは「市民社会」から「自然状態」に後退しつつあるアメリカの政治社会において、国民を再統合する契約と忠誠を、ディセントの精神を媒介に再定位しようとした指導者と目される。しかしキングの生前にさえ運動の「閉塞」の未来を悲観していた坂本がこれ以降、大衆化社会での政治的統合のゆくえに希望を見出せたように思われない。まして坂本が求めた対外的コミットメントによる国際的責任の維持と、国内のリベラリズムの均衡は、全く困難だっただろう。かくして坂本からは運動の次元でのリーダーシップ論も消失し、「知識人の共和国」だけが残るのである。

おわりに

『核時代の国際政治』旧版から一五年後の一九八二年に刊行した同書の新版で、坂本は新稿を七篇追加したものの、旧版に収録した二一篇からは四篇だけを残し、ほかは（あとがきを含め）再録を見送った。これは増補を超えたほとんど別の書物への改編である。ただ冒頭にみた旧版の趣旨からすれば、愚かで誤った観察であれ「真実の歴史」を残すことに坂本は意義を認めていたはずである。「変化の歴史」に翻弄される自分の「眼」の不確かさをかみしめつついったん収録を決めた時評を、結局八割以上も取り下げてしまう。こうした人間の弱さへの繊細で苛烈な視線はおそらく、坂本の書いたものが今も読者を惹きつける緊張感を保っている理由の一つだろう。

本書が扱う時期を坂本は「リスクとコミュニケーション障害と挫折とに満ちた、まさに薄氷を踏むような模索の過程」とし、同時に米ソの政治指導者と民衆とによる「大規模な学習の過程」でもあったとした（一四七頁）。しかしこの手に汗握る「学習」のドラマを創りだしたリーダーシップ論は次第に後景化していったように思われる。ディセンターが新たな国民形成を促すこともなく、坂本は「ゲーム」の外での暴力や紛争の解決をめざす知識人の越境的連帯に収斂していった。ただ、坂本の政治指導（者）論が七〇年代から途絶えたのは政治外交史の損失だったと思う。ケナン論やダレス論が書かれていればバーク論の続編となっただろう。例外的に毛沢東にはただならぬ関心を寄せたが、「ピューリタン的禁欲主義に似たこの人間改造」（坂本 一九六七a）とか「長期的にはロマンチスト、短期的にはマキアベリストの要素も組み合わせ、独自の政治的リアリズムを備えていた」（坂本 一九七六b）とかやや陰影に乏しい。回顧録で肯定的に言及されるのもゴルバチョフやド・ヴィルパンなどごく少数である（坂本 二〇一一下：二一四－二一五、一九五）。このうちゴルバチョフによる核実験停止を、自身の「一方的イニシアティヴ」論で説明しているのは興味深い。

一九六〇年代の坂本について、書けなかったことはまだある。一つは五〇年代後半から台頭したシエリングやラパポートなど行動論国際政治学の影響である。「一九六〇年代に坂本は数学の家庭教師をつけたほど行動科学に一時は本気」（中村ほか 二〇一七：三六七）だったとの高弟の証言をふまえれば、対外政策決定過程論のアップデートから数理分析の導入まで視野に入れた坂本の振幅は、国際関係論史におけるリベラル－保守、科学－反科学の二軸からなる複雑な四象限（山本 二〇〇〇：四二－四四）を読み解く一助になるかもしれない。

もう一つは、「中立日本の防衛構想」と密接にかかわる中国問題である。六四年一〇月の中国核実験は中国革命に「道義的優越性」を託した坂本に大きな衝撃を与えたが、坂本はここで日本人が贖罪意識から核実験に「何らかの道義的正当化を施したいという欲求に駆られる可能性」、「道義的扮装の危険」（二四四頁）を指弾した（渡邉 二〇〇七：八五／大井 二〇一五：五六）。かなりの程度、自己批判でもあったというべきだろう。とはいえニクソンの「主体的要素」を坂本なりに評価（鈴木 二〇一六：三二）した米中接近から日中国交正常化にいたる七〇年代の変化は、坂本の防衛構想に落ち着きどころを与えたかもしれない。平和友好条約交渉を控えた七七年の憲法記念日、毎日新聞朝刊の一面に登場した坂本は、カーター人権外交にモーゲンソーがコミットする現状を「彼、天邪鬼だから、ダレスの道義的反共外交に反対し、ジョンソン、ニクソンの没道義的権力外交に反対してきたわけで」と好意的に言及したうえで、同じ「天邪鬼」として、日本の現実外交論者はこの頃「反米化」しているが自分は逆に「親米、反日」になっている、「日米安保条約の存廃はもうどっちでもいい」と冗談交じりに語っている（坂本 一九七七）。坂本は四九歳になっていた。

安保廃棄論からの坂本の明示的な撤退は、「中立日本の防衛構想」の支持者にも不安を抱かせたと思われる（松井 一九八一）。ただ坂本は当初から「中立主義」を「日本の外交政策を自主的に選ぶ自由をとりもどすこと」ととらえ、「中立」達成ののち、侵略の危険を前に「同盟を結ぶ権利」や「中立を放棄する自由」は否定しなかった。むしろ日本の革新勢力の一部が、政府や保守勢力の「親米への安住」とパラレルに「反米主義に安住」することも厳しく戒めていたのである（坂本 一九六〇b：一九）。また本稿で見たように坂本は「九条＝安保体制」（酒井哲哉）の激しい批判者だったが、九条を守り安保を棄てれば良いと考えなかった。憲法が「生きた規制原理として定着」（一一五頁）するには努力が必要であり、「護憲」の語に「体制依存主義」（坂本 二〇一五：二二九）を読み取る坂本は生涯「護憲」への安住を警戒した。正戦論への忌避感が強い丸山ら革新論壇のなかで（酒井 二〇一〇：二五—二六）、「九条＝安保体制」に自足せず中立的国際貢献論を鍛え上げた坂本の峻烈な思考は冷戦終結後、「人道的介入」や国際NGOといった新たな要請へのいちはやい対応を可能にしたのである（苅部 二〇一三：二三九—二四一）。「力」や「価値」と比べて「利益」の契機が国際政治にはたす役割を（もっぱら従属論的視点から）評価せず、それゆえ七〇—八〇年代の「経済大国」の時代には精彩を欠くこともあった坂本の復権であった。

坂本は自他に峻烈なモラリストである点で一貫していた。政治指導者から運動の担い手まで頽廃やシニシズムに対しては容赦がなかった。反面、内的インテグリティを保った人間（例えば筧克彦）には、立場が違っても相応の敬意を払った（坂本 二〇一一上：一二一）。六五年に吉野作造賞を受賞したとき、坂本は吉野の思想に「限界」はあっても己に「タブー」がないこと、それを許さないことを最も高く評価した。吉野が人民主権を否定するのもためにする天皇制への配慮でなく、本当に君主制の価値を信じていたのである（坂本 二〇一五：二五〇－二五一）。それでいて坂本には、自らが真にコミットする価値が具体化される過程で生じる限界やディレンマ（市民運動の自己解体や矛盾）を、自罰的に映るほど冷徹に言語化しようとした。戦後日本に欠けた「「非国家の公」の制度」（坂本・安江 一九九一：六〇）として、諸外国での教会の存在感や、同じ敗戦国ドイツを西側に結合したカトリシズム（五九年三月七日付モーゲンソー宛書簡）にときに思いを馳せても、坂本はあくまで「棄教者」（坂本 二〇一一上：八六）として「言葉による意味創出に存在の確かさを賭けた」（中村 二〇一七：四一）のである。坂本の意外なリアリズムやその点の高坂との共通性はしばしば指摘される。ただ、現実への優れた観察者が陥りやすい傍観を坂本は自己内規律として排し、未来の希望や理想を語りながらこの世のアイロニーをモラリストの眼で観察することもやめなかった。本稿が歴史家としての坂本にあえて注目したゆえんも、またそこにある。

文献一覧

〈公刊資料〉

天川晃（二〇一六）「一九七〇年前後の占領史研究とその周辺」『参考書誌研究』七七

網谷龍介（二〇一六）「「国際政治史」というプロジェクト」『思想』一一〇七

五十嵐武士（一九八六）『対日講和と冷戦――戦後日米関係の形成』東京大学出版会

石田淳（二〇一四）「動く標的」『国際政治』一七五

――（二〇一六）「トマス・シェリングを読む坂本義和」大矢根聡編『日本の国際関係論』勁草書房
――（二〇二〇）「《意図せざる結果》をめぐる《適確に評価されざる論争》」『新潟国際情報大学国際学部紀要』五
岩永健吉郎（一九七〇）「解説」『高木八尺著作集2』東京大学出版会
――（一九八五）『戦後日本の政党と外交』東京大学出版会
――（一九八九）『岩永健吉郎先生に聞く』東京大学アメリカ研究資料センター
岩間陽子（二〇二一）『核の一九六八年体制と西ドイツ』有斐閣
大井赤亥（二〇一五）「坂本義和」大井赤亥ほか編『戦後思想の再審判』法律文化社
大江健三郎（一九八一）『大江健三郎同時代論集3　想像力と状況』岩波書店
――（一九九二）『鯨の死滅する日』講談社文芸文庫（初版一九七二）
大矢根聡（二〇一六）「日本における「モーゲンソーとの対話」」前掲『日本の国際関係論』
苅部直（二〇一三）『物語　岩波書店百年史3「戦後」から遠く離れて』岩波書店
――（二〇二〇）『基点としての戦後――政治思想史と現代』千倉書房
菅英輝（二〇一七）「斎藤眞」初瀬龍平ほか編『国際関係論の生成と展開』ナカニシヤ出版
北岡伸一（一九九二）「〔寄稿文〕」佐藤誠三郎先生退官記念会編『知は力なり』中央公論事業出版
斎藤眞（一九六二）『アメリカ外交の論理と現実』東京大学出版会
――（一九六三）「ケネディ大統領」『中央公論』七八-九
――（一九六四）「アメリカ史の中の三年間」『世界』二一七
――（一九九二）『斎藤眞先生に聞く』東京大学アメリカ研究資料センター
――（一九九五）『アメリカとは何か』平凡社ライブラリー
――（二〇一〇）『信仰の歩み――斎藤眞先生の生涯』私家版
――（二〇一七）『アメリカを探る――自然と作為』みすず書房
酒井哲哉（二〇一〇）「戦後論壇の位相と高坂正堯」『外交フォーラム』二二三-二

坂本義和（一九五八）「書評　ケナン『ソヴェト革命とアメリカ』」『週刊読書人』七月二八日

――（一九五九a）「書評　日本政治学会編『対外政策の決定過程』」『東京大学新聞』四月八日

――（一九五九b）「「中立」への三つの立場」『朝日ジャーナル』一‐三一

――（一九六〇a）「書評『イーデン回顧録Ⅰ　運命のめぐりあい』」『みすず』二‐二一

――（一九六〇b）「座談会　日本自立への道」（岡倉古志郎、宮地健次郎と）『朝日ジャーナル』二‐二八

――（一九六三）「座談会　ケネディ暗殺後のアメリカ」（松本重治、斎藤眞、小幡操と）『朝日ジャーナル』五‐四九

――（一九六六）「政治は可能性のワザ」『毎日新聞』一月一二日夕刊

――（一九六七a）「孤独な国際環境が原因」『朝日新聞』一月一五日朝刊

――（一九六七b）『核時代の国際政治』旧版　岩波書店

――（一九七六a）『平和』毎日新聞社

――（一九七六b）「座談会　巨星消えた中国はどこへ」（中西治、山内一男、森恭三と）『朝日新聞』九月一〇日夕刊

――（一九七七）「憲法に戦中派の感想」『毎日新聞』五月三日朝刊

――（二〇〇四）『坂本義和集1　国際政治と保守思想』岩波書店

――（二〇〇九）「解説」岡義武『国際政治史』岩波現代文庫

――（二〇一一上・下）『人間と国家』上・下　岩波新書

――（二〇一五）『平和研究の未来責任』岩波書店

坂本義和、茂木政（一九六二）「ケネディ政権の描く世界像」『朝日ジャーナル』三‐一二

坂本義和、R・E・ウォード編（一九八七）『日本占領の研究』東京大学出版会

坂本義和、安江良介（一九九一）『地球時代に生きる日本』岩波書店

篠原初枝（二〇〇三）『戦争の法から平和の法へ――戦間期のアメリカ国際法学者』東京大学出版会

鈴木宏尚（二〇一六）「米中和解をめぐる日本外交論」『静岡大学法政研究』二〇‐四

妹尾哲志（二〇一七）「高橋進」前掲『国際関係論の生成と展開』

多湖淳（二〇二〇）『戦争とは何か——国際政治学の挑戦』中公新書
渓内謙（一九六三）「フルシチョフ首相」『中央公論』七八－九
富田武（二〇一九）『歴史としての東大闘争』ちくま新書
中村研一（二〇一七）「坂本義和」前掲『国際関係論の生成と展開』
——ほか（二〇一七）「座談会　日本における国際関係論の発展とその課題」同右
古矢旬（二〇〇一）「宗教倫理と政治統合」『東洋学術研究』四〇－二
——（二〇一一）「斎藤先生の政治史」斎藤眞先生追悼集刊行委員会編『こまが廻り出した』私家版
細谷雄一（二〇一七）「戦後日本と「外交感覚」」高坂正堯『外交感覚——時代の終わりと長い始まり』千倉書房
増井志津代（二〇〇六）『植民地時代アメリカの宗教思想——ピューリタニズムと大西洋世界』上智大学出版
待鳥聡史（二〇一六）「社会科学者としての高坂正堯」五百旗頭眞、中西寛編『高坂正堯と戦後日本』中央公論新社
松井芳郎（一九八一）「防衛構想論の検討」『法律時報』五三－六
丸山眞男手帖の会編（二〇〇八）『丸山眞男話文集3』みすず書房
三谷太一郎（二〇一三）『学問は現実にいかに関わるか』東京大学出版会
——（二〇一六）『戦後民主主義をどう生きるか』東京大学出版会
山本吉宣（二〇〇〇）「20世紀の国際政治学」『社会科学紀要』五〇
渡邉昭夫（二〇〇七）「アジアの核拡散」『アジア研究』五三－三

〈未公刊資料〉
東京大学文書館所蔵
　矢内原忠雄関係資料（F0220-S006-0379）
アメリカ議会図書館（Library of Congress）所蔵
　Herbert Feis papers（Box 20, 27）

Hans J. Morgenthau papers（Box 53）
シカゴ大学レーゲンシュタイン図書館所蔵
Quincy Wright papers（Box 56）

＊　＊　＊

ハンス・J・モーゲンソー文書からの引用については、スザンナ・モーゲンソー（Susanna Morgenthau）氏からご許可をいただいた。池嵜航一さんをはじめとする、北海道大学法学部での二〇二〇年度夏学期ゼミ（坂本の議論も題材とした）に参加した皆さんにも、お礼を申し上げたい。なお、本稿は科研費20K13166の成果物である。

自由主義者勝田吉太郎による民主主義批判

――戦後保守思想の一起源としての近代ロシア

越智　秀明

はじめに

近年、世界中でいわゆる「右傾化」が注目されている。とりわけ二〇一七年のトランプ政権誕生以降、右傾化とポピュリズムの関係が取り沙汰される。ポピュリズム自体は左右イデオロギーとは別次元の事柄であるが、ことにトランプ政権の誕生は、リベラルなオバマ政権に対する反動現象として注目され、右派ポピュリズムの存在感を世界に示した。同年のフランス大統領選挙における国民戦線のマリーヌ・ル・ペンの躍進も、その潮流の一つとして論じられた。

「右傾化」が問われているのは、日本も同様である。二〇一二年から八年にも迫る長い安倍政権を経て、日本会議、ネット右翼（ネトウヨ）、右傾化などの語彙は、現代日本の政治・社会を語る際に重要なものとなった。二〇二一年現在、夫婦別姓制度の是非、セクシャルマイノリティーの人権問題、外国人労働者の人権問題から、中韓との歴史認識問題や安全保障問題、天皇制のあり方に至るまで、さまざまな分野に亘って議論の整理に「右傾化」や「保守化」という言葉が用いられる。

ところでこうした「右傾化」現象は、本来別次元の問題であるはずの「民主主義の問い直し」と綯い交ぜになって論じられている。世界的にみて「右傾化」の現象は、まさにポピュリズムと関連づけられることによって民主主義に対して問い直しを迫るものと理解されるからである。すなわち、「民主主義の克服」であるか「民主主義の結果」であるかという仕方でポピュリズムが問われるのと同じように、右傾化もまた「民主主義の行き過ぎ」に対する反動として論じられるのである。

もっとも、こと日本において、それは理由のないことではない。とりわけ敗戦を経て民主化を果たした戦後日本において、「民主主義」は新しい社会を象徴するものとして、いわば金科玉条のごとく扱われてきた。そうした戦後日本の価値観に対して疑問を投げ掛けることが、「右傾化」の一つの特徴とされるからである。

戦後日本の「民主主義」に肯定的な言説に慣れ親しんだ人にとって、現在の「民主主義の限界」をめぐる議論は、ともすると目新しく映るかもしれない。しかし、早くも一九七〇年代から戦後民主主義に対し鋭く批判を加える人物がいた。その人物は、「保守」陣営の一角として論壇で活躍するようになる。産経新聞や『正論』『諸君!』といった雑誌にたびたび登場し、一九九四年には西部邁の雑誌『発言者』の創刊にも関わった。彼は一九七九年に次のように書いている。

今日、民主主義は、世界いたるところで、最も人気のある政治の理論であり、実践となっている。どこで耳にするのも民主主義鑽仰の声である。〝もっと民主主義的に〟という声は聞こえても、民主主義批判の声は、少なくとも公の席上では、まったくない。民主主義は、今やなんぴとも抗しえない〝歴史の流れ〟であり、〝錦の御旗〟となっている。民主主義批判の声をあげようものなら、忽ち〝歴史の歯車を逆転〟させようとする反動という烙印を押されかねないご時世である。(「民主主義の幻想」『勝田吉太郎著作集　第八巻』五頁)

戦後の民主主義を〝絶対善〟であり、〝自明のもの〟と扱って、それに批判的な考察を加えないで済ました時代は、今や急速に過去のものとなりつつある。(同、八頁)

——この人物こそ、本稿が扱う勝田吉太郎(一九二八―二〇一九年)である。

勝田は京都大学において初めて政治思想史講座を担当した人物である。京都(帝国)大学における政治思想史の講義は、大正時代以来、森口繁治、田村徳治、牧健二、大岩誠、堀豊彦、森義宣、恒藤恭によって行われてきたが、いずれも他に専門を有するか、他大学所属であるか、であり、ともかく京都(帝国)大学に政治思想史専属の教官はいなかった。初めて専属教官が誕生したのは、一九五四年に勝田が助教授として就任したときである。京都大学は勝田にポストを与える形で一九五八年に政治学史講座を開設し(一九六六年に政治思想史講座と改称)、勝田は一九九一年に至るまで同講座を担当した。彼は、京都大学の政治思想史講座担当者として、日本の戦後民主主義批判を展開し、保守論壇で活躍したのであった。

現在その力を顕にしてきている「保守」の思想と、戦後日本で展開されてきた「保守」の思想とを同一視してよいかどうかは、それ自体検証の必要がある。しかし、その両者にある種の連続性がある

――少なくとも、あるとされている――ことは確かである。本稿では、論壇において民主主義批判を繰り広げるとともに、小渕恵三・森喜朗両政権下の「教育改革国民会議」（座長：江崎玲於奈）に参加し現実政治にも関わった勝田の思想を見ることで、戦後日本の保守思想の一側面に光を当てることを目的とする。その際に着目するのは、勝田が一九七〇年代から展開した時論ではなく、彼の学者としての専門である近代ロシア政治思想研究である。

そもそも勝田の学者としての出発点は、刑法学であった。京都大学在学中に同刑法学教授瀧川幸辰に評価され、一九五一年に刑法学の助手として採用された。勝田自身の述懐によれば、勝田と瀧川の出会いは法学部入学時の面接であり、その際首席であった勝田に対する瀧川の覚えがよかったらしい。いざ法学部三回生で就職活動をする段になって日本銀行から内定通知が大学に届くと、瀧川から呼び出され、「君はもう法学部助手に採用することになっている。日銀に行くことはしないように」と言われたという（『核の論理再論』六二頁以下）。こうして刑法学の助手として、京都大学法学部の紀要『法学論叢』第五九巻第二号に「ルス法典（ルスカヤ・プラウダ、ルーシの法典）研究」（一九五三）を掲載した。

しかし元来ドストエフスキーを愛する文学青年であった勝田は思想史研究へと足を進める。そうして進められた研究は、『近代ロシヤ政治思想史――西欧主義とスラヴ主義』（一九六一）へと結実した。その後、『革命とインテリゲンツィヤ』（一九六六）、『アナーキスト――ロシア革命の先駆』（一九六六）などのロシア革命研究や、『ドストエフスキー』（一九六八）を次々と公刊する。これら一連の近代ロシア研究が、勝田の出発点であった。

本稿で論じるのは、これらの近代ロシア研究こそが、勝田の論壇における保守思想の淵源になっているということである。つまり本稿は、「ロシア研究といえば右も左もソ連研究である」という戦後日本のある種の通念に反して、ソ連ではなく近代ロシア研究が、保守思想の一側面を形作ったことに光を当てようとするものである。

そのために、まずは勝田が戦後日本の論壇において展開した議論を概観し、続いてその淵源としての近代ロシア研究について論じる。

1 「自由」の危機と「文化」の危機――「神なきヒューマニズム」と「種の論理」

勝田は一九七〇年代の日本を見て、次のように述べている。


〔…〕わが国においても、続出する汚職、目にあまる圧力団体の暗躍ぶり、保守党の半永久政権化、反対党の万年野党化、社会党の沈滞と不振、国民の間に鬱積する政治不信などが論者によって指摘され、必ずしも民意を正当に反映しない代議制民主主義に対する不満が増大している。それと平行して、個々の係争問題を直接人民の投票によって、あるいは他の意思表示の方式で決定しようといった、直接民主制の政治技術の再評価を求める声も、最近にわかに高まっている。

このような現代の政治・社会的状況のなかで、あらためて「民主主義とは何か」を明らかにし、また「新しい時代の諸条件に適応すべき民主政治とはいかなるものか」を探索することは、

いまや緊急の知的課題でなければならない。(「現代社会と自由の運命」『著作集　第六巻』四三頁)

「社会党」を除けば二〇二一年に書かれた文章に見紛うばかりであるが、勝田によれば、民主主義の問い直しをするに当たり重要なことは、第一に古代の民主主義と現代の民主主義とを区別することであった。すなわち「〔古代の民主主義である〕直接民主主義と〔現代の民主主義である〕代議制民主主義との間の差異は、たんに政治権力の行使の形態に帰するものではない。より重要な差異は、両形態の背後にひそむ権力への接近態度にあり、さらに両者を支える政治理念にある」としたうえで、現代民主主義固有の課題は「人民による権力の制限と統制にほかなら」ず、「いかにして各市民に自由を保障するかという問題」であると言うのである(同、五一頁)。

勝田によれば、現代政治の課題は、「誰が権力を行使するか」という問いの解答である民主主義と、「どのように権力を行使するか」という問いの解答である自由主義とを接合した、「自由・民主主義」を正しく樹立することである。当時の民主主義論の問題は、同じ民主主義という言葉を用いながら、ある者は「自由」を理想とし「立憲主義」を目指す「自由民主主義」を意味し、別の者は「自由主義」を切り離し「平等」を理想とする「社会民主主義」を意味していることだと言う(同、一一二頁)。民主主義が意味していることは端的に人民による支配であるから、ナチズムにせよスターリニズムにせよ左右の全体主義もまた民主主義であって、少数者の権利尊重や法の支配といった全体主義と対立する諸理念は、民主主義とは無関係の、自由主義に基づくものである。勝田が学生運動華やかなる昭和四〇年代の日本を見て最も危惧したのは、自由主義のない民主主義の拡大だった。自由主義を見失った「〝民主的〟とか〝民主主義〟とかいった言葉をむやみやたらと使う勢力」が思いもよらず登場し、「いわば下から自由を掘り崩す傾向を示すようになったのである」(「宰相論」『著作集　第六巻』四二一頁。傍点原文)。

この認識には、言うまでもなく当時の東西対立が関係していた。勝田は西側諸国、すなわち「自由」陣営の堅持すべき決定的な価値を、単なる民主主義ではなく自由民主主義に見いだし、自由民主党に対して強く求めた。「自民党が保守党である以上、保守すべき価値を自覚しなければなりません。その堅持すべき価値とは、自由であり民主主義であるはずです」(「胎児は人間でないのか」『著作集　第七巻』四九三頁)。

しかし、勝田がここまで自由主義と民主主義の接合を重大な問題だと考えたのは、政権党が自由民主党であったからでも東側陣営が憎かったからでもなく、二つの主義が基本的理念としている「自由」と「平等」とが、根本的に矛盾した概念だからであった。勝田はこの説明のひとつとして、自由概念の「垂直性」と平等概念の「水平性」を挙げる(「現代社会と自由の運命」六六頁)。平等の「水平性」はさして説明は不要だろうが、自由の「垂直性」は説明が必要だろう。勝田によれば、自由であることは個性の多様性を認めることであり、したがって社会を構成する個人個人の質的な差異を認めるということである。ここで勝田は、質的な差異を持つ諸個人に対して「みんな違ってみんないい」という仕方で容認することは、断固として拒絶すべき価値相対主義だと考える。そこで、質的な差異を認める自由主義は――価値相対主義を認めない限り――卓越性を重視する、つまり「垂直性」を持つことになると言うのである。

こうして勝田は現代日本の抱える問題を自由に対する平等の優越に見出し、それが左派勢力の特徴だと考える一方で、保守主義とは平等に対する自由の優越を旨とするものだと考えた。「保守主義者がバークに従って承認する平等とは、神の前における万人の根本的平等（道徳的平等）であり、この理念から導き出される一連の副次的平等（法の前の平等、機会の平等など）にすぎない。この点を越えて平等化が進化することに対して、一般に保守主義者は懐疑的となる」（同、八七頁以下。傍点引用者）。この引用に見られるように勝田の考える平等の限界は「神の前における万人の根本的平等」であり、この「神」の存在こそ、彼の「自由・民主主義」の思想にとって重要であった。

そもそもどうして自由と平等という矛盾する二つの原理を接合した自由民主主義が生まれたのか、勝田は次のようなイデオロギー対立の歴史を用いて説明する。フランス革命までは、君主主義と共和主義が対立していた。共和制が樹立すると自由主義と民主主義が敵対関係にはいるが、すぐさま社会主義という共通の敵が姿を現したことにより、本来敵同士であった自由主義と民主主義が手を携えて「自由・民主主義」が誕生した（同、一〇九頁以下）。すなわち、社会主義という共通の敵を持ったことによって、本来矛盾する二つの体制を接合する必要が出てきたと言うのである。

こうしていわば外的な政治的理由によって矛盾する二つの要素の接合を迫られた自由民主主義は、その絶妙なバランスを保つために必要な限界である根源的価値を自覚しなければ、自壊しかねない。勝田はその根源的価値を、自由主義がその一七世紀における誕生の際に持っていた「宗教的、形而上学的原理」に見出す（『思想の旅路』九六頁）。勝田によれば、そもそも自由主義が生まれたのは良心の自由を擁護するためであり、良心の自由こそが自由の根源にある（「現代社会と自由の運命」二〇一頁)。さらに勝田は、絶対者たる神の存在がない限り人間は人間たりえないとさえ述べる(「民主主義の幻想」『著作集　第八巻』四〇頁)。神が存在せず価値の絶対的な基準を失った民主主義は、ヒットラーやスターリンを生み出すとしてもその時々の多数者の気紛れな票決に委ねるほかない。つまり、現代の自由民主主義の問題は「神を失った民主主義」にあり、「神なしではたして民主主義が永続できるかどうか」を問わねばならない(同、六五頁)。

勝田はニーチェに従って神なき時代の人間はニヒリズムに陥ると述べたうえで、人々がその空白を埋めるべく心の支えとしている「トータルなイデオロギー」を「神なきヒューマニズム(人間中心主義)」と呼び、彼が現代に見出すさまざまな問題の説明にこれを用いる。例えば七〇年代には浅間山荘事件やテルアビブ空港テロ、八〇年代以降には堕胎、心臓移植、精子バンクといった人間の生命を左右する科学技術、そして九〇年代にはオウム事件や酒鬼薔薇事件、そして地球温暖化などの環境問題である。勝田によれば、これらはすべて人間が神々のごとく振舞っている結果であり、神なき世界の「代用宗教」である「神なきヒューマニズム」こそが、現代社会の最大の問題である(『思想の旅路』一〇二頁)。戦後日本政治が真の意味で保守すべき、単なる民主主義ではない自由民主主義を支える自由が神の存在を前提している以上、「神なきヒューマニズム」の世界においては自由民主主義が単なる民主主義(社会民主主義)に掘り崩されてしまうのである。

勝田は、自身が現実政治において熱心に活動した教育問題についても、以上の自由主義に対する民主主義の優越と、その根源たる「神なきヒューマニズム」が巨大な影響力を及ぼしていると考えた。「戦後の民主教育にも、多くのタブーがある。その最たるものは英才教育ではないか。もともと民主主義には平等化の傾向がひそんでいるが、戦後の大衆民主主義の風土のなかでは、一人の英才ないし創造的才能を伸ばすよりも九九人の平均的学力を、ほんの少しばかり引き上げることに精出してきたのではないか。それどころか、かつて日教組は成績評価の平準化を主張した。評価に差別をするのは非民主的だというのである。換言すると、〝民主教育〟とは平均化、画一化、無個性化教育の別名といえるようである」（「時を読む」『著作集　第七巻』五二二頁。傍点原文、以下同）。これが、水平的な民主主義の行き過ぎによって、垂直的な自由主義が損われていることを意味しているのは明らかだろう。

勝田によれば、戦前日本においては天皇中心主義を核とする忠君愛国のイデオロギーが、「代用宗教」として機能していたために「神なきヒューマニズム」に陥ることがなかった。そしてその忠君愛国思想を鼓舞するために作り出されたのが、憲法と一体不離の関係にあった『教育勅語』であったと言う（「民主教育と道徳」『著作集　第八巻』五九〇頁）。しかるに戦後教育の問題は、憲法改正と同時に制定された、教育基本法である。勝田は、この教育基本法を「戦後憲法の妹」と呼び、「戦後教育の原点となった教育基本法を再検討することが不可欠の仕事だと思われてならない」と述べて、戦後日本の教育の荒廃は教育基本法にあると考えた（「時を読む」『著作集　第七巻』五一八頁）。

もっとも、彼は教育勅語や戦前の体制を礼賛していたわけではない。というのも、そもそも「代用宗教」は本来宗教ならざるものであって、「人間を超越する存在」に対する畏敬の念に基づく宗教が崩壊したところで文字どおり「代用」されるものだからである。本来宗教が担うべき道徳の基盤が、神を喪失したことで失われ、その代わりに登場した「トータルなイデオロギー」こそが代用宗教であった。その戦前的なあらわれが忠君愛国イデオロギーであり、戦後的なあらわれが「神なきヒューマニズム」だった。

さて、今引用した「時を読む」は中曽根康弘内閣が「臨時教育審議会（教育臨調）」を設立した一九八四年に書かれている。勝田はこのころ中曽根政権を支持する時評を次々と発表していたが、この教育臨調については、中曽根政権が教育基本法の改正に踏みきらないことに対して強い憤りを示していた。

勝田は中曽根元総理との間で多くの書簡を交わしただけでなく家族ぐるみのつきあいがあったが、まさにその中曽根元総理に題字を揮毫してもらった著作『民主教育の落し穴』において、教育基本法のもう一つの問題点が論じられている。

教育基本法には個人の尊重、人格の尊厳、他方においては人類の幸福、世界の平和が説かれます。要するに「個」と「類」についてはくどいほど言及されています。しかし、そこには「個」と「類」との中間にあって両者に橋渡しするものとしての民族や国家というものが、すっぽりと抜け落ちているのです。故田辺元先生（京都大学の哲学教授）の言葉で言えば、まさしく「種」がないのです。「種の論理」が欠落しているのです。個人と人類というものはあるけれども、その中間の種が欠如しているという点が、教育基本法の一番の特徴だと思います。（「民主教育の落し穴」『著作集　第八巻』五〇二頁）

勝田は、この「種の論理」の欠落を「教育基本法の姉」たる日本国憲法にも見出している。すなわち、憲法は国の安全を「平和を愛する諸国民の公正と信義」に委ねていながら、現実にはアメリカにまったく頼っている。「個」として個人個人が平和を愛し、また「類」として世界平和を願いながら、そして国家存立の根本である国家の防衛でありながら、しかし「種」としての日本国家の存在がまったく見えなくなってしまっている。「そのような憲法に、教育基本法は平仄を合わせ、ぴったり歩調を合わせているのです」(同、五〇二頁)。

彼の「類」の強調に対する問題意識は、当時進行していたグローバル化により増幅する。一九八七年に書かれた時評では、当時流行になっていた「国際国家」や「国際人」といった言葉に不快感を示し、それは単に「国籍不明の国家や人間」の意味にすぎないと述べる(「時を読む」『著作集第七巻』五七四頁)。さらに、自国文化至上主義や自閉的な文化ナショナリズムへの堕落を警戒しつつも、「自分の国の文化と伝統に自信をもたない国民は、とうてい人間的品位のある文明国の民とはいえない」と書く(「民主教育の落し穴」五二五頁)。

反対に「個」の強調に対する問題意識は、西洋のリーガリズム批判と結びつく。勝田自身の述懐によれば、学生の頃の彼はイェーリングの『権利のための闘争』に感銘を受け、個の確立が日本には足りないと考えていたが、海外留学中に、西欧の個人主義的な社会とは共同体から解き放たれた裸の個人の寄せ集めにすぎないという実感を覚え、「孤人主義」と呼ぶべきであると考えるようになったと言う(「法と日本人の心」『核の論理再論』一二九頁以下)。そうして彼は日本社会を、自他の権利の領分を事細かに分別せず「自他に共通する人間的なものを浮かび上がらせることによって、問題を解決していこう」とする社会であると捉え、「水墨画社会」と呼んだ。「個」を強調し個人の権利を守ろうとする西欧社会を批判し、道徳や風習といった「種」の論理を強調する日本社会を肯定したのである。

教育改革に対する勝田の考えは、小渕・森両内閣のもとで彼自身が委員として参加した教育改革国民会議でも一切変わることなく主張された。勝田は当時の文部大臣である中曽根弘文だけでなく小渕元首相とも強い結びつきがあり、この会議への参加に当たっても小渕の強い要請があったという(『文明の曲がり角』一二四頁)。勝田はこの会議において、中曽根教育臨調に対する批判とともに教育基本法の改正を強く主張し(第七回)、「宗教的情操の教育」と「種の論理の欠如」を何としても改革しなければならないと主張した(第一分科会第一回)。

ところで、それに続けて勝田が指摘するのが、「文明と文化の混乱」である(第一分科会第六回)。これは当時の教育基本法前文にあった「普遍的にしてしかも個性ゆたかな文化の創造をめざす教育」という文言を批判するものであったが、勝田によれば、文明というのは普遍的なものであって、進んだ文明や遅れた文明と言うことができるが、文化というのは「人々の生活の様式」、そして「人々の死生観」を反映しているもので、あくまでも個性的なものでしかない。したがって「普遍的な文化」という表現は矛盾している、という意見であった。この勝田の意見は容れられ、平成一八年の改正教育基本法において当該文言が削除された。

ここで勝田は、文化を「人々の死生観」と反映するものと述べているが、これをさらに次のように敷衍する。「現在生きている人間の現世と、言ってみれば永遠的なものといいましょうか、〝永遠なるものへの思い〟の接点といいましょうか、交差する、そういう地平に文化というものの姿が見えてくる」。こうしてみれば、勝田にとって何よりも重要なものが「人間を超えた超越的なもの」であり、勝田において西田の「種の論理」の議論が「神の喪失」と結びつけられたのであった。

神なきヒューマニズムと、それによる自由の危機。普遍性を追求した結果の、文化の危機。これらが、勝田の見た戦後日本の問題点であった。第二節では、これらがすべて彼の出世作である『近代ロシヤ政治思想史――西欧主義とスラヴ主義』の主要なモチーフであったことを見る。

2　近代ロシア思想における「神なきヒューマニズム」と「文化の危機」

『近代ロシヤ政治思想史』は、一九世紀ロシアにおいて生起したスラヴ主義と西欧主義の対立を描き出す著作であるが、勝田は序において次のように述べて、その現代日本に対する示唆を明らかにする。

こうした精神史的現象は、しかしながら、ロシヤ固有の現象ではない。ドイツにおいてもイタリアにおいても、更に後進的なアジア各地においても、西と東との文化的接触交渉の結果国民的自覚が醸成され、そこに多かれ少かれ類似する運動がそれぞれ各国の文化的、社会政治的の特殊な歴史的諸条件に基づく制約と変容とを反映しながら発生したといえよう。わが国もまた、意識的ないし無意識的な《西欧派》と《スラヴ派》をもっているのではなかろうか。この意味で、スラヴ主義と西欧主義の対決は、単にロシヤ思想史上の問題であるのみならず、われわれ自身の問題でもなければならない。(『近代ロシヤ政治思想史　上』(『著作集』第一巻)、三頁)

著者はわが国の思想界や言論界に生起した諸傾向を眺めながら、かつまた著者自身の自己反省を通して、かねがね次のような疑問を抱いていた。すなわち、明治、大正、昭和を通して、われわれ日本人の精神生活の最大の特徴は、宗教に対する自己の位置づけを明瞭に決定しなかったことにあるのではないかと。神道、仏教、キリスト教徒、あらゆるものをわれわれはもっているが、しかも各人が自己のものを真実に確立することは稀有のことであった。なるほどこうした特性は、寛容の美徳とか、抱擁主義の宏量とかをはぐくむものかもしれない。しかしながら他面では、それは真の思想的対決の精神の欠如を意味するのでなかろうか。……われわれの場合、自称無神論者の大半は、本質的に宗教的無関心の徒であり、「冷かにもあらず、熱きにもあらざる」人たちなのではなかろうか。肯定するにしても否定するにしても、われわれには対決する力といったものが稀薄なのではないか。恐らくはこれこそが、われわれの思想をひ弱なものとしているのであり、また時代の風潮の変化に順応してめまぐるしく豹変する日本的転向の現象をうみ出しているのであろう。（同、四頁）

この序にしてすでに、二つのモチーフが明確に現れている――第一の引用に見られるのが文明と文化の対立であり、第二の引用に見られるのが神の不存在である。以下、このそれぞれが勝田の近代ロシア思想史解釈のなかでどのように論じられているかを具体的に検討する。

本書は大きく三部からなる。第一部は一九世紀のロシアが西欧文明と接触したことで、チャアダーエフの応答を端緒にスラヴ派と西欧派へと知識人の旗幟が鮮明となっていく様が描かれる。続く第二部では、ベリンスキー、バクーニン、ゲルツェンといった西欧派の議論が扱われ、第三部では、キレエーフスキー、ホミャーコフ、ダニレフスキー、レオンチェフ、ドストエフスキーといったスラヴ派の議論が扱われる（『著作集』においては、第一部と第二部が上巻（第一巻）、第三部が下巻（第二巻）に収められる）。

勝田は、ロシアにおける西欧派とスラヴ派の対立を一八三〇年代に提起された一つの問いに対する解答として整理する。それは、ロシアはヨーロッパ世界の一員であるか、それとも本来的に西欧外的な国であるか、という問いである。この問いに対して、スラヴ的伝統こそ西欧文明をより優れたものへ導けると考えたのが、スラヴ派であった（上、二一頁）。この問いの前提にあるのは、当初はスラヴ派もまた、ロシアの西欧文明のなかの位置づけを考えたということである。西欧派はロシアがいかにして西欧文明に追いつけるかを考え、スラヴ派はロシアが西欧文明に対してどのような貢献をなせるかを考えた。これに対して真っ向から多文化の存在を肯定したのが、ダニレフスキーであった。

勝田はダニレフスキーを、『西洋の没落』で一世を風靡したシュペングラーの先行者に位置づけ、全世界の普遍的な文明という考え方を否定した思想家として高く評価する。ダニレフスキーによれば、世界史はただ一つの文化体系を漸次に発展させていく直線的な運動ではなく、多種多様の文化的価値を展開する種々な系統からなる運動である。世界の諸民族は世界という舞台においてそれぞれに独自の文化を発展させ、それが争い合い影響を及ぼし合うことによって、歴史が形作られていく。通常は普遍的だと思われている科学や技術の分野でさえも、いわば「科学の国民性」というものが存在するのであり、普遍的ではない。したがってヨーロッパ文明とスラヴ文明には「根本的原理の差異」が存在し、「ロシヤをヨーロッパ化しようとする企図は、常に必ず失敗」する（下、一三五頁以下）。

勝田によれば、ダニレフスキーの文化論は、実際の歴史のうえではスラヴ民族の独自性を強調しすぎることで、偏狭な民族主義へと結びつくことになってしまった。しかし、だからといってロシアと西欧の「根本的原理の差異」を無視することはできない。その「根本的原理の差異」とは個人と社会の関係の理解である。

勝田はスラヴ派の「ソボールノスチ」の思想に着目する。ソボールノスチとは、「教会の全成員が真理と正義とを共同して把捉し、相たずさえて救済を成就する過程で結ぶ自由な統一、キリストの真実に対する全員一致の愛に基づく精神的結合」（下、八四頁）である。ソボールノスチの思想において、人間は「我」または「汝」の観点に立って生活するのではなく、「われわれ」という分裂しない共同体意識が重視される。勝田によれば、これは西欧的なリーガリズムに対する根本的な批判意識の根源となった。というのも、個人の権利を観念するためには、まずもって個人の徹底的な区別が前提されなければならないからである。「我」は「我」であり「汝」ではない。この西欧的な個人主義の彼我の対立を超越したところに見出されるのが、スラヴ派によるソボールノスチの理想である。勝田が伝統的日本に見出した「水墨画社会」は、その日本的な名称にもかかわらず、近代ロシアに同形の発想が見出されるのである。

勝田が「ソボールノスチ」に着目したのは、スラヴ派の思想家ホミャーコフの思想においてであった。ホミャーコフにとって「人格の知的、道徳的成長は、相互的な愛による他者との共同体的結合を外にしてありえない」（下、七八頁）。こう述べる勝田はソボールノスチの思想のうちに、スラヴ派の持つ二つの要素を見出す。その一方は東方正教会の伝統であり、他方は自由の思想である。ホミャーコフによれば、「カトリシズムが統一のために自由を犠牲にしたとすれば、プロテスタンティズムは自由のために統一を犠牲にした」のであり、自由と統一を調和的に結合する方途は、「全信徒の相互的な愛にもとづくソボールノスチの共同精神を確立することでなければならない」（下、八五頁）。ローマ教皇を頂点とするカトリックと、万人司祭主義をとるプロテスタントという西欧に存在する二つのキリスト教思想の相克を乗り越えるために、東方正教会の伝統が重要であった。

勝田の描くスラヴ派にとって、宗教と自由は密接不可分なものであった。それは、自由の根本が精神的自由や思想言論の自由にあることで説明される。「精神的自由、言論や思想の自由が、スラヴ派の政治哲学において「非政治的」なものとして、つまり国家に依存せず、国家権力のいかなる干渉をも許容しない「不可譲」の人間的属性として、――人間存在の根底に密着する本質的な人権として主張されていること、それは、スラヴ派が西欧的タイプの自由主義者やロシヤにおけるその西欧派的追随者から自己を区別し、また一般に「権利」の概念を西欧的リーガリズムの反映として拒否しているにもかかわらず、彼らの政治思想が秘めている真の意味における自由主義たる性格を規定するであろう」（下、一一六頁）。

もっとも、勝田が注目する近代ロシアにおける自由思想は、スラヴ派の専売特許ではない。「個人倫理の分野においても、また社会倫理の分野においても、人間が依拠すべき原理はただ一つ、自由であ」り、それは、通常西欧派に分類されるゲルツェンに関しても、そうであったと言う（上、三四七頁)。ゲルツェンにとって自由とは、西欧派の主流が主張するような抽象的な「人類」に存在するものではなく、現実の個々人に存在するものであった。「ゲルツェンの世界観のうちに、人格主義のモティーフは一貫している。彼にとって、いかなるものにも代えがたい至高の価値は一回限りの、繰り返されることのない個人の人格的生にある。彼は今日生きる現在の世代を、来るべき未来の世代のための地上の楽園を築くべき奴隷に化することを決して許さなかった」(上、四一三頁)。

勝田によれば、ゲルツェンは「ブルジョワジイ」という語を社会的階級だけでなく「俗物性」と同意義に使用し、「俗物性の根本的な特徴は、一般向き、万人向きの凡庸性であり、その没個性、つまり個性の発達に対する無関心にある」と西欧を批判する(上、三七二頁)。勝田はこの説明に続けて、二〇世紀の大衆デモクラシーにおける大衆文化的現象を批判する。大衆民主主義社会における凡庸性を求める集団的圧力の危険性はゲルツェンがミルやトクヴィルの「多数者の暴政」論から学んだものであり、ゲルツェンこそが「俗物文明と個性尊重の意味での倫理的個人主義ないし人格主義との間の対決」を定式化し「個性の広さと深さへの要求」を根本的なモチーフにしていた思想家であると言う(上、三七五頁)。そうして勝田は「個人の人格的価値と自主性に対する尊敬が消滅した時に、真の社会的連帯は果たして可能となろうか?」と問いかける。これは勝田が強調した「自由主義(垂直性)と民主主義(水平性)の対立」であり、教育改革に際して述べた「卓越性の尊重」の源泉である。こうして勝田の描くゲルツェンは、普遍的な人類の平等を追求する西欧派よりも、むしろスラヴ派に接近する。「ゲルツェンは、社会と個人との二元論的な処理を承認できなかった。むしろあらゆる形態の二元論を克服することが、彼の理論的希求であった」(上、四〇七頁)。

しかしゲルツェンの探求に限界があったことを、他ならぬスラヴ派の思想の中核となっていた「歴史形而上学や宗教信仰」が明らかにしたのだと勝田は言う（上、四一四頁）。なかでも重要な思想家が、レオンチェフである。「レオンチェフは、人間主義の道徳観に対する最も容赦ない批判者の一人であった。彼はヒューマニズムとキリスト教との結びつきを躊躇なく、非妥協的にきっぱり切断する。なぜならば、ヒューマニズムは、人間性肯定と人間中心主義、次いで人間賛歌の人間教から容易に人類の神格化ないし偶像化を経て、結局公然たる無神論に、神への叛逆に導くと思われたからである。何よりもまず、世俗主義的世界観におけるルソー的な楽天的人間観や人間性への信仰を、断乎として否認しなければならないのだ。人間の自由というヒューマニズムの観念も、もしそれが神への畏怖から切りはなされた時、人間を空虚にし、遂に人間を虚無へと陥れるであろう」（下、二二五頁）。

勝田はレオンチェフの「人間礼拝」の概念を説明して、次の言葉を引用する。「今日ヨーロッパの思想は、人間が人間であるというだけの理由で人間に跪拝する。英雄とか、預言者とか、皇帝とか、天才とかの理由で跪拝しようとするのではない。いな、ヨーロッパの思想は、こうした人格の特別な高度の発達に跪くのではなく、単にあらゆる人間の人格に跪くのであり、すべての個人を（ここ地上において）幸福になし、同等の権利を与え、安楽にし、不遜にも尊敬に値するものとみなし、かつ特定の道徳的限界内で自由な存在たらしめようとしているのだ」（下、二二五頁）。レオンチェフは勝田によって「唯物論と無神論に結合された人間主義（ヒューマニズム）の教説を、現代世界のあらゆる悪の根源とみた」思想家として描かれるが、これは現代日本における勝田自身の姿と重なる。

しかし勝田によれば、レオンチェフによる西欧文明批判に導かれた「人道主義的な諸理念の裏づけを喪失した民族性は殆ど宿命的な仕方で民族的利己主義と排他主義に転落し、ついに反動的な非開化主義へと堕落する」ことになってしまった（下、二五六頁）。ゲルツェンが脱宗教的に目指した普遍人類的世界と民族性の結合のアポリアを、正教理念によって克服しようとしたレオンチェフは、しかし急進的な民族主義に陥ってしまったのである。

これを改めて克服しようとした思想家として描かれるのが、ドストエフスキーである。勝田はドストエフスキーのことを、自由の探求者として描き出す。ドストエフスキーは『地下生活者の手記』において、非合理的な存在としての人間を強調する。人間の意思は非合理なものであるからこそ自由であって、自由でなければ人間ではない（下、二七五頁）。「強制された善は、真の善ではなく、むしろ端的に悪へと転化する。唯一の善は自由な善であり、そしてそれは悪への自由の可能性を含み、それを予想する」（下、二九一頁）。このような自由こそが、人格の尊厳と個性の独立にとって不可欠であると言う。

勝田によれば、ドストエフスキーの自由論の真髄は『カラマーゾフの兄弟』における有名な「大審問官物語」のなかに現れる。勝田は大審問官を、キリストに対する背信をヒューマニスティックな人類愛という大義に訴えることによって正当づけた存在と解釈する。大審問官は、大衆が自由の重荷に耐え切れないことを見てとって、しかし人間への愛と憐憫の故に、その重荷を取り去った代償として慎ましい幸福を与えようとする。つまり、「苦悩に満ちた自由の途か、それとも自由なき物質的幸福と平安の途か、の二者択一が人間の前に提出され」た（下、三〇六頁）。勝田がこの物語から引き出す示唆は明らかである。「大衆の民主主義的平等と社会的福祉の名において、精神の自由を斥けるであろう。平等は、圧政のもとにおいてのみ可能となり、社会の全般的福祉は、自由を犠牲にした時はじめて達成される」（下、三〇八頁）。

大審問官の決定的な誤りの原因は、神への信仰を失ったことに求められる。神への信仰を失うことは、必然的に神の似姿としての人間の精神的資質を否定することにつながり、「その結果人間は、大審問官にとってあわれむべき存在へ、「無力で下劣な」動物へと転化する」（下、三一二頁）。勝田はドストエフスキーを、自由の秘められた意味を人間における神の似姿として確認した思想家として描く。「自由を失った時人間は野獣となり、人類は畜群に堕する」のであり、「自由は信仰の作用でなければならない」。「神なきヒューマニズムは人間愛をもってはじめ、結局は怖るべき専制主義に終るであろう」（下、三一三頁）。神への信仰がなければ「人間は価値相対主義の底なし沼に陥り、善と悪とを区別すべき道徳律の成立する基礎は動揺消滅」し、「より高い倫理的権威に拘束されることなく、その場かぎりの人工的な法律や社会的約束ごとや相対的過渡的な世俗的利益や多様な価値に従って行動することになる」（下、三二五頁）。

そうした神なきヒューマニズムの表出した姿が、『罪と罰』のラスコーリニコフである。勝田によれば、ラスコーリニコフが老婆殺しを是認した第一の理論は功利主義的道徳説であり、第二の理論は超個人主義的な人神の理論であった。前者は、個体としての万人の平等を認めるが、その平等は神の前における平等ではなくアトム的個人の平等であり、それに基づいて「一つの死が百の生にかわる」という帰結が導出される。後者は、人間のうちに絶対的質的な差別を設け、超人が人間的道徳を顧慮しない自由を持つという思想となる。いずれにしても、神の似姿としての人間の絶対的人格の価値と尊厳というキリスト教的観念を拒否している(下、三三二頁以下)。ドストエフスキーは、この物語を通じてキリスト教的な人格主義を明らかにして、ラスコーリニコフの示すいずれの道も、人間を破滅に導くということを示すのである。

勝田によれば、ドストエフスキーは、「孤立の原理」の支配する西欧的社会体制においては自由と平等の双方が歪曲され、真の意味の同胞愛は実現不可能だと言った(下、三五八頁以下)。孤立の原理が支配する西欧文明の主張する平等は、精神的に優れたものを低下させ、傷つける以外の何ものでもない。ドストエフスキーの思想は、次のように雄弁にまとめられる。「真の自覚的な、より高き愛の共同体は、従って本源的な共同体から個人の分離と独立を経たのち、はじめて達成できるであろう。その時人間は、自己の自主独立の個性をもち、人格の意識にめざめた存在となる。そして自由な個人としての人間は、自由な相互的愛の途を通して人間の精神的共同存在の価値に覚醒するであろう。自由なしに、善悪の意識なしに、また歴史過程の悲劇の苦悩を経ることなしに成立した世界の調和は、しょせんすぐれた価値をもたないのだ。失われた楽園を徒らに嘆き悲しむことは、愚かである。真の調和と真の精神的な愛の共同体への途は、選択の自由を経て、悪への自由の超克を経たのちにはじめて到達できるであろう」(下、三六二頁)。

続いて勝田は『カラマーゾフの兄弟』のゾシマ長老の言葉を引いて、次のように述べる。「長老の説く愛の普遍主義の基礎には、形而上的な人間の精神的共同存在という理念がひそむ。人間はこうしたより高い次元の世界において人格的な交りを行い、出会いを成就する。そして神は、人間の出会いと交りにおいて姿を現わす。単に生者と生者との間の出会いのみならず、生者と死者との間の出会いもまた、より高い次元の世界において成就する。信仰は必ず他者との共同存在において、人格的な出会いと邂逅を通して、伝えられていく」(下、三六三頁)。

教育改革国民会議において勝田が熱弁を振るった死者との共同体性の重要性も、個人主義と文明論、自由に対する平等の優越、そして神なきヒューマニズムの問題も、勝田の描き出したドストエフスキーに至る近代ロシアにおける思想的格闘のなかに見出される。このようなドストエフスキーの思想を、勝田は「保守主義」と呼んだ。「人間の生における悪の種子が、人間性の内奥の深層に蒔かれている限り、それは社会制度の変革によって除去されるものではありえないであろう。外的な社会制度と罪との関係についてのドストエフスキーの思想は、保守主義の思想家の見解と同じ範疇に属するものと見ることができよう。一般に進歩的立場を標榜する人たちは、悪の根源を外部的な社会制度に帰し、人間性は本質的に善であると説く。彼らは楽観主義的人間観の信奉者であり、ルソーの「自然へ帰れ」という標語を支持するであろう。これに反して保守主義者はペシミスティックな人間観の主張者であり、人間の悪への傾向は社会道徳的な枠を厳格に維持することによってはじめて阻止されると信じる」(下、二九八頁)。

以上のように、戦後日本に存在した保守思想のひとつは、近代ロシアにおいて西欧文明と対峙し形成されたスラヴ派の思想に源流を持っていたのである。

おわりに

戦後日本の保守思想が、少なくとも勝田吉太郎によってなされた一側面に限って言えば、近代ロシア思想に淵源を持っていたことを見てきた。このこと自体は、京都大学などで勝田の薫陶を受けた学生たちや同時代的に勝田の著作を追っていた人々にとっては、――その具体的な関係はともかくとして――言うまでもない事柄であったかもしれない。実際、法哲学者碧海純一は、『著作集　第六巻』に寄せた解説のなかで、「著者の論述の背後には常にロシヤ文化への理解がパッソ・コンティヌオとして流れていることを読者は感ずるであろう」（五一三頁）と書いている。

勝田本人もまた、『著作集　第八巻』の「『著作集』完結に寄せて」のなかで、「私が読み返してみて思うのは、青春時代に背中がぞくぞくするような感激を味わいながら読んだドストエフスキーとの触れあいが、結局のところ私自身の思想形成の核となり、また内奥の学問的パトスとなっている、ということである」（六一五頁）と書いている。しかし、本稿で見てきたように、必ずしもドストエフスキーだけが彼の思想を形成したのではない。彼にとってドストエフスキーは確かにある種の到達点であったろうが、そこに至る近代ロシア思想史理解全体が、彼の現代日本批判に脈打っている。

本稿では十分に踏み込むことができなかったが、彼が懇意にしていた中曽根政権下の諸改革や彼が参加した小渕・森両政権下の教育改革国民会議等の自民党政治の諸側面や、『発言者』や鈴鹿国際大学を通じた西部邁ら他の保守論壇人との交流など、戦後日本の保守思想を考えるうえで、勝田の存在と彼を通じた近代ロシア思想の受容は、一見して想像される以上に重要ではないかと思う。本稿はあくまでも予備的な作業にすぎない。戦後日本の保守思想を理解する助けに少しでもなれば幸いである。

文献一覧

〈勝田吉太郎著作〉
勝田吉太郎（一九九二－一九九四）『勝田吉太郎著作集　第一巻－第八巻』（『著作集』）ミネルヴァ書房
――（一九六一）『近代ロシヤ政治思想史――西欧主義とスラヴ主義』創文社（参照の便のため引用は著作集のページ数を記載した）
――（一九七四）『（新装版）革命とインテリゲンツィヤ』筑摩書房
――（一九六八）『ドストエフスキー』潮出版社
――（一九七三）『革新の幻想――社会主義を問い直す』講談社
――（一九八一）『平和憲法を疑う』講談社
――（一九九八）『思想の旅路――神なき世紀の悲劇を見つめて』日本教文社
――（二〇〇二）『文明の曲がり角』ミネルヴァ書房
――（二〇〇六）『核の論理再論――日本よ、どこへ行く』ミネルヴァ書房
――（二〇一〇）『甦るドストエフスキーの世紀――現代日本への警鐘』ミネルヴァ書房
――（二〇一四）『ドストエフスキー』第三文明社

〈その他〉
「教育改革国民会議　議事録・配布資料等」https://www.kantei.go.jp/jp/kyouiku/index.html
「京都大学百年史」https://repository.kulib.kyoto-u.ac.jp/dspace/handle/2433/152877

「家長個人主義」と「ポストモダン」の間
——村上淳一のドイツ法研究

藤川　直樹

はじめに——二つの古典

古典は読むたびに新しい発見がある。時代と空間を超えた古典のもつ豊かな含蓄を汲み取るためには読者の側にも素養が必要であり、読者の悟性と関心とによって古典はさまざまな顔をする。古典を「読む」ことは知性を賭けた主体的な「問いかけ」に他ならない。「問いかけ」が新たな「問い」を生む限り、古典の含意は尽きることはない。この意味で、古典をどのように「読む」かは、思索者にとって永遠の問題である。

そうした古典としての地位を長く保ち続けた法学的作品の一つにR・イェーリングの『権利のための闘争』（一八七二年、第一一版一八九四年）がある。「権利＝法の目標は平和であり、そのための手段は闘争である」、「権利を主張することは倫理的自己保存の義務であり、権利主張を全体として放棄することは倫理的自殺である」、「権利のための闘争は、品格の雅歌である」といったフレーズで知られるこの小著は、現在では手に取りやすい岩波文庫版（一九八二年刊行）で親しまれているが、この翻訳の刊行を機に催された「岩波市民セミナー」の講義を基に、訳者である村上淳一によって上梓されたのが、ここに採り上げる『「権利のための闘争」を読む』(岩波書店、一九八三年)である。

村上淳一(一九三三-二〇一七年)は一九六九年から一九九三年まで東京大学法学部ドイツ法講座の担当教授として活動した、戦後のドイツ法研究を代表する人物である。後に最高裁長官となる村上朝一(一九〇六-一九八七年)を父に持ち、自身当初は来栖三郎(一九一二-一九九八年)門下の民法講座の助手として研究生活を始めた村上は(一九五六年、助手採用)、ドイツ法講座の山田晟(一九〇八-二〇〇三年)の助手に転じ、次いで助教授となり(一九五九年)、その後を襲った(一九六八年、山田退官。一九六九年、村上教授昇任)。ドイツ実定法秩序の精確な紹介・分析を自らの主たる課題とした三潴信三(一八七九-一九三七年)やその後継者である山田晟の研究とは対照的に、村上は一九六〇年代から歴史的・社会的な観点からドイツ近代法の総合的把握を試み、一九七〇年代末から八〇年代にかけて『近代法の形成』(一九七九年)、『ゲルマン法史における自由と誠実』(一九八〇年)、『ドイツ市民法史』(一九八五年)といった斯界に古典的研究として名高い著作を矢継ぎ早に刊行し、名声を不動のものとした。『「権利のための闘争」を読む』は、村上の学問成果の収穫期に翻訳の副産物として世に出されたが、この書もまた現在ではドイツ法学における「古典」として読み継がれている。

村上についてはすでに海老原明夫と佐々木毅の追悼記事があるほか、守矢健一、出口雄一、笹倉秀夫の優れた論文が公にされている。二〇一九年には日独法学会において追悼シンポジウムも行われ、各報告は『日独法学』に掲載される見通しの由である。これらの研究に加えるべき知見を持ち合わせているわけではないが、本稿では『「権利のための闘争」を読む』を中心に、村上が「近代法」研究の爛熟期に何を問いかけながらイェーリングを読んだのか、そしてどのように思索を展開していったのかという観点から彼の足跡を辿ってみたい。

1　村上淳一のドイツ「近代法」研究——あるいは「ヒトデのあゆみ」

村上はかつて後進に向けて次のように語ったという。

君はヒトデがどうやって餌を食べるか知っているか。上から餌にぱっと飛びついていくのではなくて、ゆっくりじわじわと近づいていって捕食するんだ。（二〇一〇年四月五日、大学院ガイダンスにおける森田修の発言による——筆者の記憶の正確性はここでは措く）

ヒトデの食事と同様、研究というものもまた、無暗に任意の対象に飛びつくものではなく、じわじわと関心を広げながらゆっくりと進んでいくべきものなのだ。実際、村上の軌跡もまさに「ヒトデのあゆみ」に他ならなかった。

村上は自身の研究について次のように述懐している。

そもそも、昭和三一年に民法の助手として研究生活に入って以来、私の念頭にあったのは、ヨーロッパの近代社会と近代法の実際を知り、さらにそれが形成されてきた具体的過程を知りたい、という願望であった。人並みに近代法についても関心をもっていた私にとって、当時の諸先生の著作から得られた近代社会像、近代法像は、あまりにも抽象的・概念的であって、いったいどの国の、いつの時代かわからないという不満を拭い切れなかったのである。その後専攻がドイツ法に変ったことは、ドイツという特定の社会において、近代法のあり方、その形成過程を具体的に考察してゆく機会を得たという意味で、私にとってきわめて好都合であった。（村上 一九八三b：一六四）

村上が東大に入学し、その後法学部の助手として活動した頃、「近代法」・「市民法」は盛んに議論されたテーマのひとつであった。特に民法学者の川島武宜（一九〇九－一九九二年）の議論は村上世代の学生に歓迎された。一九四〇年代後半から五〇年代にかけて、川島の『日本社会の家族的構成』（一九四八年）や『所有権法の理論』（一九四九年）、『近代社会と法』（一九五九年）をはじめとする主要著作が陸続と公刊され、川島を編者の一人とする『講座日本近代法発達史』（一九五八－一九六七年）の刊行も始まった。学生時代の村上は川島の著作に魅力と刺激を感じながらも、マルクス主義の臭いもする近代啓蒙的傾向に必ずしも共鳴することができなかったし、その図式的な「近代」理解に対する疑問を寧ろ深めていった（村上 二〇〇一：一八三以下）。事実、『ドイツ市民法史』に至る村上の研究は、川島を読むという体験を「原点」とする川島との対決の軌跡でもあった（村上 一九八五a：三六五）。

これに対し、村上の指導教官である山田晟が家族世襲財産および封の合有の消滅過程（＝家族的拘束から解放された個人の自由な処分権の成立過程)を丹念に歴史的に追跡した『近代土地所有権の成立過程』(一九五八年)は、「近代法」への「ニュヒテルンな」(醒めた)アプローチを示すものであり、村上はこれについて「これらのテーマが取り上げられたことに戦後法学界の新動向の影響を見出すことは困難ではない」が「日本社会の「近代化」をめざす戦後の法学界の啓蒙主義的な熱気を見出すことは困難」と指摘している(村上 二〇〇五:四)。だが、村上には山田のような「没価値的」な「ニュヒテルンな観察者」に徹し切ることもできなかったようである。そこで、近代啓蒙から距離を置きつつ、「安心立命を与える良識的「権威」ではなく、良識をたえず不安に陥れる天邪鬼たち」(村上 一九九六:一九六)のテクストを——おそらく類は友を呼ぶのであろう——翻訳・紹介しながら声低く語る村上の流儀が構築されていったのであろう。

さらに東京から京都に目を転じれば、京都大学の民法学者、磯村哲(一九一四-一九九七年)が独特の魅力を放っていた。磯村は戦後の近代主義イデオロギーから一線を画し、特に一九五〇年代には啓蒙期自然法理論や「市民法学」、さらにはE・エールリヒの研究を公にするなど(磯村 一九七五に収録)、近代の法解釈学を社会——自由・民主制・「社会的」問題——との連関において把握し、これを歴史的に位置づける作業に取り組んでいた(守矢 二〇一一)。村上もまた彼に私淑し、一升瓶を手土産に汽車で京都に訪ねたという。

こうした知的環境のなかで鍛えられた村上の最初期の業績が『ドイツの近代法学』(一九六四年)であった。ここでは萌芽的に法の社会史的検討の試みが見られる。だが、村上にとって転機となったのはドイツの「国制史」との邂逅であった。「国家」や「社会」といった近代的範疇を前提する「法実証主義的法制史」を克服し、政治社会の「国制」全体の把握を目指すヴァイマール期以降の「新しい国制史」の動向は、中世史学・法制史学においてはすでに戦前に文学部の堀米庸三によって紹介され、戦後、久保正幡や石川武、直居淳を中心とする研究会組織によって集中的に議論されるなど積極的に受容されていた（西川 二〇一八）。こうしたなか、村上はドイツ国制史を代表する歴史家、O・ブルンナーの研究に「近代法」研究の鍵を見出した。ブルンナーは『ラントとヘルシャフト』（一九三九年）において中世の「ラント」の概念を追跡し、それがまずは「法＝平和共同体」であったこと、その担い手がフェーデによって自らの権利を確保しえた自立的な権力単位（特に「家」ないし「家長」）に他ならなかったことを示した。村上はこの中世国制史像を承けて「旧ヨーロッパの市民社会＝政治社会が、政治権力を一手に集中した機構としての国家と、脱政治化された経済社会としての市民社会とに分解してゆく過程をドイツについて考察し、この構造変化を背景にしてドイツ近代法の形成を考究」するという自らの研究の「道筋」を見出していく（村上 一九八三b：一六四）。村上は一九六四年からの在外研究をブルンナーのもとで過ごすが、その後、村上は一九七〇年代にかけてM・リーデル、W・コンツェ、R・コゼレックといった「国制史」・「構造史」・「概念史」に連なる最先端の議論、さらにはJ・ハーバーマスの『公共性の構造転換』（一九六二年）やN・ルーマンの『法社会学』（一九七二年）――特にルーマンの「法の実定化」論――の所説を円滑な関心推移とともに次々に摂取し、成果を公表していく（村上 二〇〇一：一八四以下）。

2　重層的な「近代」――自律的個人の基層としての「家長個人主義」

こうした村上の「近代法」研究は、『近代法の形成』（一九七九年）と『ドイツ市民法史』（一九八五年）に結実する。これらに概ね共通して見られるのは、「近代」世界を「前近代」の克服として一面的に捉えるのではなく、寧ろ法文化に「沈殿」した「前近代」的構造が一定の緊張関係を孕みながら「近代」の展開を支えたのではないかという重層的・逆説的な見方であった。

『近代法の形成』で描かれるのは、「家」を社会の基本単位とし、「家長」を成員とするヨーロッパの伝統的な政治社会が、政治権力を独占した「国家」と脱政治化・純経済化された「社会」とに分離していく過程のなかで、例えば「所有権」や「行政」といった概念がかかる社会構造の根本的変化に対応して変容していく様である。特に「権利」の概念については、家長や団体といった自立的権力の実力によって担保された権利（いわゆる「良き旧き権利」）の歴史的な前国家性（および不可侵性・不変性）が、初期近代法学の「既得権」構成によって動揺しはじめ、近代の「人権」概念に至って専ら論理的な前国家性に置き換えられていくという展開が描かれる（村上 一九七九：六五、七三、一二一以下）。村上は、ルーマンの指摘する近代における法＝権利の「実定化」（定立されるものとしての可変化・流動化）を補助線として、旧来の諸権利が「歴史的な前国家性・不可侵性を主張しえた」のに対し、「今や歴史的な前国家性との関連を失い、単に論理的な前国家性を主張しうるに過ぎないものとなった人権が、国家権力に対してどれだけの抵抗力を示しうるかが問われることになる」と問いを突き付けるのである（村上 一九七九：一二一以下）。

さらに『ドイツ市民法史』においては、川島武宜との明示的な対決のもとに、近代市民社会の基礎は「アトム的個人」などではなく、寧ろ前近代の団体の倫理的自律を引き摺った「家長」たらざるをえなかった、とする著名なテーゼを提示する。村上によれば、市民社会の倫理的・経済的自律は家長たちとその背景に潜む団体によって担われ、支えられたものであり、ドイツにおいては一九世紀中葉以降、家長の倫理的自律の融解とアトム的個人の出現によって市民社会の変質がもたらされ、やがて権威主義と全体主義を用意することになるのである（村上 一九八五ａ：四以下）。

ところで、『ドイツ市民法史』に集約される諸論文は、一九八〇年から八三年にかけて陸続と執筆・公刊されたものであった。まさにこの時期に並行して進められたのが『権利のための闘争』の改訳作業、岩波市民セミナーでの連続講義、『「権利のための闘争」を読む』の公刊に他ならなかった。これらが、村上の「近代法」論の爛熟期に展開されたのは実に僥倖であったというべきであろう。何故なら、村上の「近代法」論――倫理的人格の発露として権利の確保に尽力する独立不羈の家長たち、彼らによって支えられた古典的な市民法秩序の姿、そしてそれらが一九世紀後半に国家法優位のうちに融解していく過程――は、イェーリングの講演を読み解く補助線としてぴたりと嵌ったからである。

『「権利のための闘争」を読む』は、村上の研究蓄積を巧みに駆使しながらローマ法史・ドイツ法史の基本的な知識を解説するスタイルに概ね貫かれているものの、その内容はその後『ドイツ市民法史』に凝縮される知見に彩られている。そこで、「権利のための闘争」の主体が元来裸の「個人」などではなく、自らの家を支配する「家長」に他ならなかったこと、そして「個人主義的」に見えるヨーロッパ近代法が実は「家長個人主義」を基礎とするものであったことが強調される（村上 一九八三a：五七、一八九ほか）。「家長」の語は「国家」に次いで頻出する。特に、家長たちに担われた倫理的に自律的な市民社会の像を導く鍵として『ドイツ市民法史』においても重要な論拠とされるC・Th・ヴェルカーの「家」論が紹介されたうえで、『権利のための闘争』が「ヴェルカーの主題による変奏曲」（村上 一九八三a：一六八）と表現されるあたりの展開は村上の解説の白眉ともいうべき一節であろう。すなわち、『権利のための闘争』において権利行使は国家に対する義務とされるが、村上によれば、それは家を砦とする家長たちが国家共同体を担うというヨーロッパ的伝統によって説明されうることである。それにもかかわらず、『権利のための闘争』に家・家長への言及がないのは、イェーリングの「権利」概念が「意思の力」から「法的に保護された利益」に移行したことに対応する。いまや「権利を付与し保護してくれる国家は、もはや「家長たちによって担われる共同体」としての国家ではな」く、「家長の実力行使を禁圧し、暴力を独占することによって永続的な平和を保障しようとする、「統治の機構」としての国家」であり、「そのような国家の前で、家はしだいに前国家性・不可侵性を主張しえないもの」となる結果、「家という「掩蓋」を失った個人が、統治機構としての国家と対峙せざるをえなくな」るのである（村上 一九八三a：一七一以下）。だが、「「法的に保護された利益」という定義では、「権利のための闘争」を要請するための出発点としてはいかにも弱い。したがって、イェーリングは「法的に保護された利益」という「物質主義的」な定義を守りながらも、「権利に向かって手を振り上げる恣意に直面しては、権利の問題を利害問題と混同する物質主義的な見方を正当なものと認めるわけにはいかない」(七一頁)と説」き、その限りで「イェーリングは、権利とは力である、という考え方に立ち返」る(村上 一九八三a:二〇八以下)。要するに「イェーリングが『権利のための闘争』で描いた私法秩序は……まだ「正常な家長」たちの倫理的な秩序だった」のである(村上 一九八三a:二六三以下)。こうしてイェーリングの古典から、近代ヨーロッパの法観念の基底となる歴史的重層性が再び抉り出されるのである(村上 一九八三a:二〇九、二一一、二一七)。

他方、「啓蒙書」(村上 一九八三a:二九九)の性格を反映して、イェーリング講演の背景にある法意識・権利意識の歴史的基礎(「家長個人主義」)を日本社会の通念や思想と対比して論じている箇所も少なくない。例えば、日本では「基本的人権を「天賦人権」としてしか教えられて」おらず、「基本的人権の前国家性・不可侵性は、天から与えられたものとして理念的に説かれるだけで、君主が力を伸ばす以前から家長各自の実力によって実現されていた権利の歴史的な前国家性によって説明されることがない」といった説明(村上 一九八三a:八四以下)は、鮮やかな対照性を指摘するものであろう。この種の痛烈な対比は他にも枚挙に遑ない。

無論、ここでのわれわれの関心は「補講」として論ぜられた「われわれにとっての『権利のための闘争』」に集中する。ここで顕著なのは、村上が、川島武宜『日本人の法意識』(一九六七年)の問題提起を、概ね深い賛意を示しながら、受け止めていることである。「日本人の訴訟嫌い」テーゼに連なる法意識・権利意識については川島同様、村上もまた日欧の文化的差異を強調しており、制度的要因に還元する考えに対しては「あまりにも文化の伝統的要素を軽視するもの」と評価している(村上一九八三a：二八五）。また川島が「義務の無定量性」として問題とした伝統的な義理規範については、「他方では、社会の秩序がある程度柔軟な構造をもつことを可能にする」ものであり、「こうした柔軟性が、日本の急速な工業化の一つの条件になった、と言えるのではないでしょうか」（村上一九八三a：二九〇）としながらも、「日本における義理規範の柔軟性は、いわば無自覚的な柔軟性、社会システムを生命体にたとえればその本能による柔軟性にすぎません。狭い「世間」を越えた社会発展のためには、やはり輪郭の明瞭な権利義務を前提として、計画的にシステムを動かしてゆく必要が出てきます」と述べて、義理規範が部分的にでも権利義務規範に組み替えられることが必要であるという課題認識を示すのである（村上一九八三a：二九二以下）。

川島にとってもイェーリングを読む経験が重要な意味をもったことは周知のとおりであるが（川島一九七八：二一ほか）、同じくイェーリングを読むことを通じて、村上もまた同様の問題関心を共有するに至った。ただ、村上にとって、その問題は「近代化」の進展度によって測定されうるものでなければ、「近代」の旗を振ることによって克服されるものでもなかった。寧ろそれは歴史的古層に由来する問題であった。その限りで、この両者の間にはなおも径庭が存したのである。

3　「蟻塚のような社会」に抗して
——「ポストモダン」のコミュニケーション的主体性へ

もっとも、村上がヨーロッパ「近代」の基層としての「家長個人主義」を強調したからといって、彼自身が「家長個人主義」の信奉者・唱道者であったことを意味するものではない。確かに、村上には郷愁にも似た「家長個人主義」への価値的コミットメントが存在しないではない。実際、村上は「個人主義と「男性的文化」」（一九八五年）において「家長個人主義」的な（ジンメルの所謂）「男性的文化」への変容の期待を口にしてもいた。

もともと「家長個人主義」ないし「男性個人主義」を背景とした個性尊重論が「女性的文化」を基調とする日本において強者により唱えられた場合の効果についても、冷静な検討が必要だと思われる。むろん私も、個性尊重に異存はないが、それは日本の文化がもう少し「男性的文化」——と言うよりは、男女の別を問わず、エリートたると大衆たるとを問わない「自我」によって創出される「客観的文化」——の性格を帯びるように、期待するからである。そのような文化変容を期待せず、各人の適切な職分を割り当てるにとどまる個性主義は、管理社会化の促進に役立つだけである。「自我」によって担われる「客観的文化」は、政治家にとっても企業家にとっても管理しにくい文化である。しかし、日本社会が蟻塚のような社会になってしまうことを避けるために、ある程度の管理しにくさは必要なコストと考えられるべきではなかろうか。もっとも、残念ながらこうした文化変容は、かりに多くの人々がその方向で努力したとしても数十年、あるいは数百年の歳月を要するものであり、その間に蟻塚が完成してしまう可能性は大きいのだが。
（村上 一九八五b：三四）

しかし村上にとっても、日本社会に存在しなかった「家長個人主義」への「回帰」など、現実的には、「蟻塚のような社会」の完成を押しとどめる処方箋でも、およそ戦後日本の課題への対応策でもありえなかった。とりわけ『ドイツ市民法史』に対する河上倫逸の書評への反論において、村上は自らの課題を明確に定式化する。

私は、そのような〔近代主義的な〕抽象的自律人はヨーロッパの近代にも現実には存在しなかったのであり、万人の自律は過去の状態の回復ではなく、われわれ日本人にとってもヨーロッパの人間にとってもこれからの課題なのだ、と考えるのである。換言すれば、想定された歴史的過去としての「近代」ではなく、課題としての「近代」と取り組みたい、というのが私の姿勢である。そのさい、歴史的近代に実在したかに見える抽象的自律人は実は家長たちにほかならなかったということを認識すればこそ、そのような限定なしに万人の自律を期するという課題の重さ、弱者に対する福祉国家的配慮が警察国家的後見に転じないように舵を取っていく仕事の難しさが、よく了解できるのではないか。（村上 一九八七：三七一）

かくして「家長個人主義」の認識を通じて却って「近代」の夢（「仮想現実」）と現実の越えがたい落差の前に佇んだ村上は、一九八〇年代後半から理論的・哲学的研究に傾倒し、客観的な自明性を喪失し流動化する秩序を現実として承認したうえでこれを敢えて引き受けていくという意味での「ポストモダン」論に傾斜していく。それらの成果は『ドイツ現代法の基層』（一九九〇年）、『仮想の近代』

（一九九二年）、『現代法の透視図』（一九九六年）、『システムと自己観察』（二〇〇〇年）に収められているが、そこにもやはり紆余曲折、「ヒトデのあゆみ」があった。

村上は『「権利のための闘争」を読む』「あとがき」において、「自分のこれからの仕事についても重要な手がかりを得ることができ」たと述べているが（村上 一九八三a：二九八）、実際、「ポストモダン」論につながる経路はいくつか用意されていた。『権利のための闘争』で言及されるクライストの『ミヒャエル・コールハース』は、村上の関心を「ロマン主義の政治思想」（一九八七年）（村上 一九九〇に収録）に向ける一つの媒介ルートであっただろう。そして「抗争と媒介の文化」（村上 一九九二：一七八）への着目はイェーリングの方法的個人主義に連なるものであった。さらに、義理規範から権利義務規範への移行のためには法的コミュニケーションが成立しなければならない。そこで村上はハーバーマースやルーマンに再び接近する。特にルーマンのシステム理論はこの時期の村上の基本的な理論的素地となる（守矢 二〇二一がこの点を精密に分析する）。村上の最初の指導教官であり、一九五〇年代に法律家の主観性を衝いて学界に衝撃を与えた来栖三郎の法律家論や「フィクション」論（後者は村上と木庭顕によって『法とフィクション』として刊行）も、村上は「ポストモダン」やシステム理論と通底するものとして理解するようになる（村上 二〇〇一：一八九）。

かくして『権利のための闘争』を「読む」作業が触媒となって生じた一連の化学反応によって、「近代」の自明性の崩壊を確認しながら「議論」を通じたその都度の「合意」形成に賭ける村上の「ポストモダン」論が明確な輪郭を獲得していく。それは「近代」の虚妄を暴露するといった意図に出たものというよりも、寧ろ「課題としての「近代」」との取り組みの、村上なりの回答であったのだろう。しかし、「近代」的主体性にもはや希望を託すことはできないとしても、（法学を含む）言論が「レッテルを貼ったロバたちの「モーモー、メーメー」に終わらないために」（村上 二〇〇〇：六以下）「議論」の成立条件を模索する以上、「観察の観察を絶えず繰り返」し、セカンド・オーダーの観察から「時にファースト・オーダーに切り替え」、「議論に応じることにすると同時にフィードバックの連続をいったん中断して自分の旗幟を鮮明にする、そのさい様々のフィクショナルな法概念を駆使することによる法的コミュニケーションを試みる」（村上 二〇〇一：一九四以下）、その限りでの主体性は要求されざるをえない。いわば家長の歴史的主体性から、「フィクション」を「フィクション」と知りながら敢えて用いる「ポストモダン」のコミュニケーション的主体性への賭けである（「家長個人主義」との連続性については笹倉 二〇二〇：三二以下にも指摘がある）。

おわりに

古典を「読む」ことは難しい。それは、紆余曲折を経てきたであろう著者の思索やその背景にある時代の重みが幾重にも層を成してテクストに化体されており、これを解きほぐすことなしには読者の「問いかけ」になかなか応じてもらえないからである。その意味で、『「権利のための闘争」を読む』は『権利のための闘争』の優れた水先案内人であるが、この書もまた村上の思索の変遷を反映するとともに、その後の展開を示唆するものであっただけに、口語体の軽快な文体に反して、厚みをもっていた。本稿ではその一端をわずかばかり解き明かすことを試みたに過ぎない。

村上は戦後日本という思想空間において、川島武宜や丸山眞男らとともに、真摯に「近代」を、そして「近代」の仮象性が繕い難く崩れた現代世界（「ポストモダン」）を問い続けた。法制史と比較法は戦後日本の社会と法学と切り結ぶために縦横無尽に用いられた。その思索は専門領域であるドイツ法の枠組を超えて人文社会科学全般に及んだが、しかしあくまでドイツ法を基盤とする姿勢を崩さなかった。村上はその生涯を通じてドイツの文献を「読む」こと、戦後日本から「問いかけ」ることを終始実践した。その村上は「戦後」を見つめ、「災後」を経験し、二〇一七年に世を去った。新たな時代を生きるドイツ法研究者が日本・ドイツ法・村上をいかに読み、何を問いかけるか。われわれの世代に課された宿題である。

文献一覧

〈村上淳一の著作〉

村上淳一（一九六四）『ドイツの近代法学』東京大学出版会

――（一九七九）『近代法の形成』岩波書店

――（一九八〇）『ゲルマン法史における自由と誠実』東京大学出版会

――（一九八三ａ）『「権利のための闘争」を読む』岩波書店

――（一九八三ｂ）「研究成果報告書」『東京大学法学部研究・教育年報』七号

――（一九八五ａ）『ドイツ市民法史』東京大学出版会

――（一九八五ｂ）「個人主義と「男性的文化」」『學士會会報』七六八号

――（一九八七）「河上倫逸氏の書評に寄せて」『法制史研究』三七号

――（一九九〇）『ドイツ現代法の基層』東京大学出版会
――（一九九二）『仮想の近代――西洋的理性とポストモダン』東京大学出版会
――（一九九六）『現代法の透視図』東京大学出版会
――（一九九七）『「法」の歴史』東京大学出版会
――（二〇〇〇）『システムと自己観察――フィクションとしての「法」』東京大学出版会
――（二〇〇一）「「法」システムの構想」『現代思想』二九巻三号（土方透によるインタヴュー）
――（二〇〇五）「日本におけるドイツ法研究と山田晟先生」『日独法学』二二号
――（二〇一九）「経歴と著作」『桐蔭法学』二五巻二号

〈その他〉
イェーリング、ルードルフ・フォン（一九八二）『権利のための闘争』（村上淳一訳）岩波文庫
磯村哲（一九七五）『社会法学の展開と構造』日本評論社
海老原明夫（二〇一八）「追悼」『東京大学大学院法学政治学研究科・法学部ニューズレター』二二号
川島武宜（一九七八）『ある法学者の軌跡』有斐閣
来栖三郎（一九九九）『法とフィクション』東京大学出版会
佐々木毅（二〇一八）「故村上淳一会員追悼の辞」『日本学士院紀要』七三巻一号
笹倉秀夫（一九七九）『近代ドイツの国家と法学』東京大学出版会
――（二〇二〇）「村上淳一教授――研究の軌跡」『早稲田法学』九五巻二号
出口雄一（二〇一九）「法の社会史的考察と「戦後法学」――一九六〇年代の基礎法学方法論をめぐる覚書」『桐蔭法学』二五巻二号
西川洋一（二〇一八）「国制史学の対象と方法」水林彪、青木人志、松園潤一朗編『法と国制の比較史』日本評論社
守矢健一（二〇一一）「日本における解釈構成探求の一例――磯村哲の法理論の形成過程」松本博之、野田昌吾、守

矢健一編『法発展における法ドグマーティクの意義』信山社
――（二〇一八）「自著を語る『ドイツ法入門』第九版の刊行に寄せて」『書斎の窓』六五九号
――（二〇二二）「村上淳一のニクラス・ルーマン法理論受容について」『思想』一一七一号
Moriya, Kenichi. 2009. *Neuere deutsche Rechtsgeschichte in Japan. 2. Teil: Von 1980 bis zur Gegenwart*, in: Zeitschrift für Neuere Rechtsgeschichte 31.

岡義武とマキャヴェッリ——現代版『君主論』の彼方へ

村木　数鷹

はじめに——リーダーシップ論の二つの古典

戦争や感染症に苦しむ困難な時代の最中にあって、改めて政治家のリーダーシップのあり方が問い直されている現在、それを巡る言説としての「リーダーシップ論」についても、これをその前提から考え直すべき時機が訪れているのではないか。危機の時代を迎えて、判断力や決断力に優れた指導者が待望されるといった事態は、歴史上にありふれている。そして、一般にリーダーシップ論といえば、こうした過去の偉大な政治家たちを範としながら、未来ある若者に向けて、あるべき指導者の資質とは何かを説くといった類のものが、まず頭に思い浮かぶのではなかろうか。しかし、リーダーシップを巡る真摯な学問的探究は、常にこうした紋切り型のサイクルに留まり続けてきた訳ではない。

戦後日本のリーダーシップ論の歩みを振り返るうえで決して避けて通ることができない一冊が、二〇世紀の日本を代表する歴史学者・政治学者である岡義武の名著『近代日本の政治家』である。本稿では、この著作の特質とその成立した背景を分析することを通じて、戦後日本のリーダーシップ論における一つの系譜の存在を明らかにするとともに、政治指導者を巡る言説のあり方をその基礎に立ち戻って再検討するための一つの契機を提供することを試みたい。

本書『近代日本の政治家』は、伊藤博文に始まり、大隈重信、原敬、犬養毅、そして西園寺公望に至る日本近代史上の名立たる政治家たちをそれぞれ扱った五つの章から構成されている。各章は、一九五九年六月から翌年五月にかけて『文藝春秋』に連載された五篇の伝記的エッセイをもとにしており、これらを纏めた一冊として一九六〇年九月に文藝春秋新社から旧版が刊行された（岡 一九六〇）。その後、一九七九年に一定の加筆修正が施された新版が岩波書店から上梓されて以降（岡 一九七九）、著者の死後も順調に再版を重ね、二〇一九年ついには岩波文庫のラインナップに加えられるに至った（岡 二〇一九）。こうした本書の出版を巡る一連の経緯は、この著作がすでに古典としての地位を確立したことを雄弁に物語っているであろう。

伝記的研究の傑作として広く愛読されてきた本書が、単なる評伝の枠を越えたリーダーシップ論たることを意図して書かれた著作であることは、その冒頭に置かれた「まえがき」において他ならぬ著者自身によって明言されている。

この書物において、わたくしは以上の政治家たちの性格に焦点を置きつつ、その当面した政治状況における彼らの行動・役割・運命を跡づけたいと考えた。従って、わたくしが意図したところはこれら政治家の小伝を述べることではなく、また彼らについて人物評論を行うことでもなかった。さらにまた、彼らの性格・行動・役割に図式や型や法則的なものなどを適用して抽象化しつつ、政治学的分析を試みることでもなかった。わたくしはかねてから政治におけるリーダーシップの問題に関心を抱き、それについての研究を歴史的事実を基礎として試みることに興味をもって来た。この書物に収めた五つの文章も亦、実はそのためのケース・スタディとしての意味を同時にもつものであった。（岡 二〇一九：四）〔傍点引用者〕

岡は、近代日本の偉大な政治家たちを題材とはしながらも、実のところ冒頭で触れたような、彼らを範としてあるべき指導者像を説くといった「一般的なリーダーシップ論」には向かわない。本書の特徴は、個々の政治家の興味深いエピソードなども丹念に集めて、まさに「小伝」と言ってよい書きぶりでありながら、同時に各章の末尾に置かれた結論部では常にリーダー個人のあり方といった問題を越えて、その議論の最終的な着地点を広く近代日本の歴史全体のうちに求める点に見出される。敢えて言うならば、個々の政治家の人生は鏡に過ぎず、そこに映し出される近代日本の姿こそが本書の真の主人公なのである。

こうした「特殊なリーダーシップ論」が成立した背景の一端を辿り直してみせることが本稿の主たる目的である。そして、その形成過程において、『君主論』というリーダーシップ論のもう一つの古典を介して、マキャヴェッリと岡義武との間に思わぬ関係が生じていたのではないかとする着想を得たことが、マキャヴェッリ研究者である筆者が敢えて自らの専門領域を越えて本書『近代日本の政治家』に挑んでみせた理由である。

1　特殊なリーダーシップ論――『近代日本の政治家』（一九六〇年）

まずは、実際に『近代日本の政治家』という著作の記述を確認しながら、先にこれを「特殊なリーダーシップ論」と述べた所以を明らかにしたい。最初の伊藤博文については、その妥協的な性格と強い自負心とが直面する状況に応じて交互に現れるといった彼の矛盾を孕んだ人となりが、これを物語る詳細なエピソードも交えながら緻密に綴られていく。一個人に内在する背反した側面をも逃さず掬いとる点には、まさに「人間の複雑な多面性に対する鋭く豊かな感覚」（三谷 二〇一三：二一三）を備えた岡の本領が存分に発揮されていたと言えよう。

しかし、本書の最も際立った特徴は、伊藤の政治家としての個性を把握するのみならず、最後にはこうした彼個人の姿を近代日本全体の姿に重ね合わせてみせる点に存する。

明治日本の外交は、西洋諸大国に対する関係においてはきわめて慎重であり、一般に協調的または従属的色彩を帯びていた。しかし、清韓両国に対する関係では正反対にとかく高圧的・攻勢的態度をもって臨んだ。わが国のこのような外交を、今仮に人間に喩えてみると、それは抵抗の大きい場合には弱く、抵抗の小さい場合には強く出る伊藤の人となりにも似ている。（岡 二〇一九：六七―六八）

こうした個人と近代日本との重ね合わせが各章の結論部に見られるという構成は、最初の伊藤に限られず、五名の政治家すべてに共通している。続く章でも、一般に「民衆政治家」と呼ばれた大隈重信、そして「平民宰相」と称された原敬が実際には「民衆的」とは言い難い性格や行動を示していたことが明らかにされたうえで、その呼称と実態とのギャップに日本の民主政治や政党政治の限界が反映されているといった見通しが語られる。第二章の末尾に見られる「大隈が「民衆政治家」と呼ばれたという事実の中には実は他ならぬ民衆の悲劇があったというべきであろう」という一文には、政治家の人生の背後に近代日本の姿を覗き見ようとする岡の姿勢がよく表れている（岡 二〇一九：一三五）。

残る犬養毅と西園寺公望についても、彼らの運命の変遷の機微をよくとらえたうえで、これをやはり近代日本の姿と重ね合わせる。犬養を扱う章の結論部において岡は、「犬養の長い政治的生涯を回想しながら、「性格は運命をつくる」というあの古い諺を思い浮べ、又、彼にあのような運命を辿らせた当年のわが国政治のあり方について考える」ように読者を促す（岡 二〇一九：二七九）。そして西園寺の章、即ち本書の最後が以下のような文章で締め括られていることは、こうした論述の構成について岡が如何に意識的であったかを象徴している。

ひとり、若き日のパリばかりではなく、小春日和のような自足の日々を長年送り又迎えたのちに、彼の晩年は、ついに時代の暴風雨の吹きすさぶ只中に閉じられた。悲劇は、しかし、彼ひとりのものであったであろうか。西園寺というひとりの人間のこのような運命をさらに掘り下げて

考えるときに、われわれがそこに発見するものは正に近代日本そのものの悲劇なのである。(岡二〇一九:三五四)

本書『近代日本の政治家』において岡は、個々の政治家の生涯というレンズを通すことによって、それ自体としては複雑でとらえ所のない近代日本の姿を、より簡潔かつ明快に映し出すことを目指していたと考えられる。そして、こうした映写の質を高めるべく、対蹠的な性格のリーダーとの比較を通じてその人物の個性を鋭く切り出したり、或いは一人の人生のうちに潜む明暗や矛盾を丁寧に解き明かしたりといった工夫が意識的に施されていたように思われる。まさに、個々のリーダーというプリズムが鋭利かつ多面的に磨き出されることによって初めて、背景にある政治状況が明るく、そして豊かに照らし出されていたのである。

こうした意図をもって執筆された本書では、たとえ偉大な政治家が扱われているにせよ、その模範性が論じられることはない。寧ろ範型たりえない一個人の生涯の多様な諸側面を描き出すことが目指されているため、あるべきリーダー像といった議論をもち出すことには極めて謙抑的な姿勢が窺われる。したがって、とりあげた五人のうち岡が「誰を一番好いていると思うか」が確たる答えの出ない難問となっていることが象徴しているとおり(荻原 一九九三)、本書を読んだ未来のリーダーたちが憧れと尊敬の念に導かれて、然るべき指導者へと成長していく後押しをするといった通俗的なリーダーシップ論にありがちな狙いからは、本書の筆致は遠くかけ離れている。

こうした政治家個々人を越えて背後の政治状況を見定めようとする岡の「特殊なリーダーシップ

論」については、一九八六年に刊行された本書の英訳版に対する書評が総じて見せる戸惑いがよく示すとおり、海外の読者も些か面喰らったようである。まず、すべての書評が単なる伝記ではなくリーダーシップ論を書こうとしたと自ら明言する岡の決意を丁寧に引照する。そのうえで、その多くが本書の惜しむべき欠点として、「政治的リーダーシップに関する包括的な分析」の不在を揃って指摘してみせるのである（Huffman. 1986/Steele. 1987/Minichiello. 1987/Garon. 1988）。

本書が如何なる意味でリーダーシップに関する著作であると言えるかについては、確かに答えに窮してしまう部分があるのも事実である。伝記的な色彩の強い各章においては、リーダーシップを巡る理論的な考察が与えられることはなく、ただ非常に短い「まえがき」において著者のリーダーシップに対する関心が示唆されるのみである。そして、理論的な総括がなされる終章などが挿入されることもないままに、先に確認した西園寺と近代日本を重ね合わせる一文でもって著者の筆は擱かれてしまう。しかし、自らの著作に対して刊行後も妥協のない推敲を重ねたことで知られる岡であった以上、英文書評が指摘するような瑕疵の存在を自らも認めておきながら、これを放置したとは考え難い。

やはり意図的に書かれたと結論づける他ない「特殊なリーダーシップ論」としての本書の性格について、例えば岡がその師の一人である南原繁から受けた「あくまで事実をして理論を語らしむべき」との教訓を固く守っていた事実（篠原 一九九三：三二六）と関連づけて理解するといった解釈の向きも確かに可能であろう。しかし、岡が敢えてこうした「特殊なリーダーシップ論」を書くに至った過程を、時代も遡りながらより詳細に辿り直すことによって、その検討をさらに深くへと進めてみたい。

2　マキャヴェリズムに基づく歴史理解――「近代日本の政治家」五月祭講演（一九四八年）

これまでの研究史において、本書『近代日本の政治家』が生まれた契機として広く言及されてきたのは、一九五〇年に『近代国家論』というシリーズの一部として上梓された「近代政治家のストラテジー」という岡の小論文であった（前田 二〇一九：五〇三／松浦 二〇一九：三九一）。このことは、岡自身による回想が裏づけるところでもある。

この機会〔＝「近代政治家のストラテジー」執筆のこと〕に伝記的研究への興味を強く抱き出したように、今回顧して思います。僕は山県有朋の小伝を昭和三十三年に、『近代日本の政治家』というのを昭和三十五年（改訂版を昭和五十四年に刊行）に書き、『近衛文麿』を昭和四十七年に書いたのも、「近代政治家のストラテジー」という小論文が少なくもある程度機縁となったのではないかと、今日顧みて思います。（岡ほか 一九九七：三一六）

しかし、岡自身も「ご自分で好きだった」（丸山ほか 一九九三：二八）とされるこの愛すべき小品に先行して、一九四八年五月二〇日の東大五月祭において、奇しくも同じく「近代日本の政治家」と題された講演会が開かれていた事実には、各種の解説でも言及がなされてこなかったように思われる。したがって、この講演の内容を確認することによって、「近代政治家のストラテジー」に限定されない『近代日本の政治家』の成立へと至る文脈を新たに浮かび上がらせることもできるのではないか。「岡義武関係文書」に遺されている本講演の原稿には、全体の三分の一ほどの欠損が見られるものの、合わせて伝えられた構想メモも同時に参照すれば、その基本的な内容を復元することは難しくない。岡は、幕末維新史における「藩閥政治家」と「政党政治家」との権力闘争についての分析から本講演を始めている。前者については、木戸孝允や大久保利通、西郷隆盛、伊藤博文、そして山県有朋といった人物が念頭に置かれているものの、個々人に関する「伝記的研究への興味」といったものはほとんど見られず、寧ろ直ちに彼らに「共通する点」への検討へと移ってしまう。そして、彼らの政治的支配の特徴が以下のように纏められる。

彼ら〔＝藩閥政治家のこと〕は、幕末において、その敵江戸幕府を倒壊へ導く上において殆んどその手段をえらばなかった。このやうな彼らは、明治維新によって政権を掌握した後は、そのあらゆる新らしき敵――政治的反対派に対して、同様のマキアヴェリズムをもってこれを抑圧圧倒せんとし、彼らの政治行為が当然に露骨、苛烈な権力的支配たらざるを得なかった主要な一因であると考へられる（岡文書 II-【4】-2)-3　講演原稿　四頁）〔傍点引用者〕

続いて岡は、これに対抗する政党政治家の側も同様に「マキアヴェリズム」に訴える形での権力争いに加わっていくことになったとの説明を与えている。実のところ、こうしたマキャヴェッリの名を伴ってイメージされる権力政治の側面を重視した歴史理解は、岡にとって特別な意味をもつものであったと考えられる。岡は、すでに戦前から「尊皇攘夷とか尊皇開国とか倒幕とかそういうことも、言葉また建前の背後には、実は権力のための烈しい争いが潜んでいたという点を相当積極的に述べた」幕末維新史の講義を展開していた（岡ほか 一九九七：三〇二）。そして、こうした講義に対して戦時中にある学生から向けられた批判は、岡にとって終生忘れられない言葉となっていた。それは、戦局も厳しさを増していく最中、学徒出動命令に従って各地の工場や農村へと動員された学生らとともに、彼らを監督する教授として地方に出張していた岡が、勤労作業後の補講的な意味合いも兼ねた座談会の場において直面したものであった。

先生の幕末維新史の講義に対して自分は若干あきたらない気持をもっています〔…〕自分たちにはいつ「赤紙」がきて召集されるかわからないのです。そのような自分たちは、このためならば死ねるというそういう大義が是非ほしいのです。それを強く求めているのです。しかし、先生の幕末維新史の講義の中にそのようなものを見出せません。力と力の衝突の過程を中心として説明されるので、そのような明治維新の中には、僕らがそのためにならば死んでもいいという大義を見出すことができません。（岡ほか 一九九七：三〇二）

この発言に岡は「大変心持ちを動かされました〔…〕このような質問を発する学生の境遇、また心境には僕も実に暗然たる思いをしました。そして、忘れることができません」と述べており、少なからぬ葛藤を覚えたようである。この挿話は、岡にとっての戦争経験の一つの焦点をなしていたように思われる。

しかし岡は、戦後、同じく学生を前にした東大五月祭の講演という場において、やはり自らの学問的な理解に忠実な姿勢を貫いて、あの時と同様の説明を学生たちに対して示してみせたのである。ただし、終戦を経たからこそ、こうした歴史理解の後に続く教訓的なメッセージは、より明確なものとなった。五月祭講演において岡は、明治期から現在にまで至る政党政治家のマキャヴェリアンとしての性格を踏まえたうえで、聴衆に対して「政党の綱領イデオロギーのみに目を奪われるべきではない」こと、また「政治家たちの演壇における雄弁なる言論にのみ耳を奪われるべきではない」ことを堂々と説いたのである。そして、このように耳目を惹いて大衆からの支持を獲得することを目的として政治家が駆使する戦略を検討したのが、その二年後に公刊される「近代政治家のストラテジー」であったという連関は、やはり注目に値する。

確かに岡が自ら回想で語ってみせたとおり、この小論文が執筆されるに至った外在的な契機は、丸山真男と辻清明からの強い勧めを受けたことであって、岡が当初「こういう問題についてこれまで特に調べたこともないので、大変躊躇した」と語るのも事実であろう(岡ほか 一九九七:三一六)。しかし、恐らくそれは歴史研究というより政治理論に近い著作を書くことに対する迷いに起因しており、マキャヴェリズムを基軸とした歴史理解を戦前からもっていた岡が、マキャヴェリアンな政治家たちが用いる戦略を分析する内容の著作を執筆するに至ったことそれ自体については、ここに岡自身に内在する契機も多分に作用していた、或いは少なくとも丸山と辻とがこれをよく見抜いていたと解釈できるように思われる。

なお、『近代日本の政治家』が刊行された一九六〇年前後の時期に東京大学法学部で開かれたゼミについて岡自身が書き遺したものと考えられる「近代日本の政治家（演習における結論的説明）」と題されたメモにおいても、赤線を引いて強調された「マキアヴェリアン」との説明が藩閥政治家と政党政治家の双方に対して与えられている。このことは、両者の「人民から遊離した政治の世界における寒々とした権力闘争」というマキャヴェリズムに基づく歴史理解が、依然として「近代日本の政治家」というテーマを論じる際の重要な枠組であり続けたことを示唆している（岡文書II-【3】-14)-17）。

しかし、一九四八年の五月祭講演からは、この時点での岡が一九六〇年の『近代日本の政治家』という著作を特徴づける「特殊なリーダーシップ論」の構想には未だ完全には至っていなかったことも同時に窺われる。このことは、講演の結語を見れば明らかであろう。

すぐれた政党政治家に必要な資格は何か。一つは真摯といふことである。しかし、それだけでは足りない、情熱である。しかし、それだけでも足りない、才幹である。しかし、それだけでも足りない。彼は、人民大衆を代表するものでなければならない。人民大衆を代表する真摯なる情熱ある、才幹ある政治家をして政党内において勝利を得しめよ。しかして、それは、政党又は政治家自身に期待すべき仕事ではない。われわれが、政党に対して特に自己がその時において支持する政党に対してわれわれのなす批判を通してである。（岡文書II-【4】-2)-3 講演原稿 一八頁）

講演という形式上の相違を幾分か考慮する必要はあるにせよ、ここでは政治家のあるべき資質を正面から説く一般的なリーダーシップ論と大差ない筆致が用いられており、先に確認した『近代日本の政治家』で岡によって意識的に採用された論述の構成からは大きな距離がある。

その一方で、この講演にも「特殊なリーダーシップ論」の発想がすでに兆しつつあったことを同時に指摘することも可能である。岡は、政党政治家の分析を進めるに際して、基本的にはその理解の前提として政党それ自体の性格を参照していたにもかかわらず、ある箇所ではこの両者の照応関係を逆転させてもいるのである。

> わが国の政党政治の先駆者である板垣退助、大隈重信の失脚は、これらの時期における政党の性格がいかなるものであったかを象徴するものとして注目に値するといってよい。（岡文書 II-【4】-2-3 講演原稿 九頁）〔傍点原文〕

岡自身によって強調された「象徴」という言葉は、その背後により広いものを見透かそうとする彼の視線がすでに政治家個人に対して向けられていたことを示唆している。しかし、ここでは政治家個人の多面的な性格をとらえるどころか、後にその対蹠性に着目することになる板垣と大隈の運命を一括りに扱うに留まっており、それに応じて背後の政治状況との重ね合わせも広がりと豊かさに欠けている。「近代日本の政治家」講演に兆した「特殊なリーダーシップ論」の萌芽が、後に『近代日本の政治家』という著作を支える重要な基軸として深く根差すに至るには、もう暫くの時間が必要であった。

3　現代版『君主論』――「近代政治家のストラテジー」（一九五〇年）

続く一九五〇年の「近代政治家のストラテジー」という著作において岡は、戦後の日本政治にデモクラシーを如何に確立させるかという問題を強く意識しながら、大衆の出現という新たな前提の下で政治家が駆使するさまざまな戦略について検討する。これに際して「ヒットラー」や「ムソリニ」、そして「スターリン」といった記憶に新しい政治家の行動や発言を中心として分析が進められている。そして、こうした考察をひととおり終えた最後の章に入って岡は、この自らの小著を他ならぬ『君主論』と比較してみせる。

> 以上において、近代の政治家によつてとられるストラテジーについてその諸側面を考察することを試みた。〔…〕ひとがこのやうなストラテジーを観察、記述することを試みるとき、それはマキアヴェルリの「君主論」のためにその現代版を用意するような感じを与へないでもない。そして、政治学も亦一つの 'Dismal Science'（陰鬱な科学）ではないかとの疑ひが心に浮ぶかもしれない。けれども、しかしもしも近代政治家のストラテジーについてその効果性を検討して行くならば、ひとはここにストラテジーの限界の問題に必然的に直面するであらう。（岡 一九五〇：五四－五五）〔傍点引用者〕

戦後、強い覚悟をもって日本近代史の展開をマキャヴェリズムに基づく権力闘争として改めて提示していた岡は、これに続いて自らマキャヴェッリを想わせる著作を執筆するに至ったのである。しかし、ここで注意しなければならないのは、現代版『君主論』の範疇に含まれるのは前章に至るまでの分析に限られ、この「限界」と題された最終章において岡が、自らの小著をその一歩先へと進めることを強く意識しているという点である。ここに至って岡は、これまで検討してきた暴力やプロパガンダといったストラテジーが如何に政治家に利用されるとしても、そこには一定の「限界」があると大胆に切り返してみせる。こうした「限界」のうちで最も重要なのが「歴史の方向」による制約であり、例えば「歴史が大衆の解放へむかつて決定的に進行しつつある」といった時代の趨勢の存在が指摘されている。そして、この短い最終章は、以下のような結語でもって締め括られる。

近代の政治家がストラテジーによつてなしとげ得る範囲は、窮極的には歴史の方向によつて制約されざるを得ないのである。ここに、近代政治家のストラテジーの最も大きな、しかも、最も重要な限界が存在するといはねばならない。もし以上のやうにストラテジーの限界を考へるならば、近代政治におけるストラテジーの研究はもはや直ちにマキアヴェリズムの新らしい教典を用意することを意味しないことになるであらう。過去の政治的ストラテジーの観察はもはやひとをして徒らにシニシズムに堕せしめることはないであらう。否、近代政治家のストラテジーの政治学的研究は理論的のみならず現実的にも亦極めて大きな積極的意味をもつことになるであらう。本稿はかかる研究としては甚だ不完全な試図以上のものではないが、この点について幾分とものの示唆

をもし含み得てゐるならば、それは筆者の幸せとするところである。（岡 一九五〇：五六－五七）

「近代政治家のストラテジー」という小品を書き終えるにあたって岡は、この現代版『君主論』とも言うべき著作がもつ「積極的意味」について、その可能性を如何に見通していたのであろうか。岡が実践面として意識していたのは、五月祭講演も示唆するとおり、政治家が利用する手段を明らかにすることによって、寧ろ国民の側にこれに対抗する術を授けるということであったであろう。これは、共和主義者であるマキャヴェッリが何故『君主論』を書いたのかという有名な問いに対して、一つの通俗的な解釈が与える応答――君主の権謀術数を暴露して市民に伝える――と重なるところがある。なお、こうした『君主論』解釈の一つの伝統的な類型については、その本邦初の翻訳に付された井上毅による序文などを通じて日本でも旧くから紹介されており、この訳書が岡の蔵書中に含まれていたことも「岡文庫目録」から確認される（マキャヴェリー 一八八六）。

しかし、その一〇年後に岡が到達した「特殊なリーダーシップ論」を知る我々には、ここで見通されていたさらなる理論的・学問的な展開についても推察することが可能であろう。政治家のストラテジーを「歴史の方向」が限定しているのであれば、逆に近代日本のリーダーたちが用いたストラテジーを細かく分析することによって、これを規定している「歴史の方向」、即ち近代日本の「運命」の内実を明らかにすることも可能なのではないか。この発想の転換にこそ、『近代日本の政治家』という特異な性格を備えた著作が生まれる秘訣が隠されていたように思われる。さらにここには、若き日のマルクス主義的な構造論への志向を乗り越えて、政治家の伝記的研究との密接な関係を介して政治現象に固有な運動法則や傾向といった新たな学問的基礎を備えるに至った、岡の「戦後政治史学」（前田 二〇一九）が誕生する契機の一端も見てとることもできるのではないか。

なお、直後の一九五一年に岡は、「日本におけるデモクラシイの運命――元老西園寺公望の荷った役割」と題した論文を『世界』から発表している。岡の伝記的研究の出発点としては、一般に一九五八年の『山県有朋――明治日本の象徴』の印象が強いであろうが、少なくとも人物名を冠した研究という意味では、『近代日本の政治家』において「特殊なリーダーシップ論」を最も象徴的に体現する役割を果たした西園寺について、「運命」という観点から論じた本論文が最も早いものであったということは、ここで注記しておくに足る事実であろう。

以上で確認したとおり、自らの小著を「マキアヴェリズムの新らしい教典」としての現代版『君主論』のままに留めてはおけないとする岡の強い問題意識が、後に「特殊なリーダーシップ論」が生まれる一つの契機をなしていたと解釈することができるならば、『近代日本の政治家』成立の背景には勤労動員された学生との対話の記憶、即ち岡が戦前から抱えていたマキャヴェリズムとの間の葛藤が少なからぬ役割を果たしていたと言えるであろう。なお、岡文書に遺された「近代政治家のストラテジー」関連資料の中には、『君主論』についての文献メモも含まれている。そこには、内容に関する詳細なメモがとられた他の文献のものと比べると、極めて簡素な書き込みがなされているに過ぎない。しかし、その冒頭には、文献それ自体の内容とは無関係でありながら、岡自身の『君主論』に向き合う際の姿勢を伝えるかの如き興味深い記述が見られる。

書物は凡て一回では歴史的環境の所産。古典とされている書物は、しかし、それだけでなく、それを生んだ歴史的環境を越へて、従って、時間的制約を越へて、永遠に人に啓示する何物かを含んでいる。（岡文書 II-【3】-5)-1)

あるリーダーシップ論の古典に対する真剣な対峙がなされたことによって、また新たなリーダーシップ論の古典が生まれた瞬間の痕跡がここに刻まれている。

以上で辿ってみせた「特殊なリーダーシップ論」の成立を巡る経緯は、当然のことながらマキャヴェッリ、或いはマキャヴェリズムという特定の視座から振り返った際に浮かび上がって来た一つの解釈の線に過ぎない。岡がある種のマキャヴェリズムに強い嫌悪感を持っていたことは広く知られている以上（丸山ほか 一九九三：四二）、岡に対するマキャヴェッリからの直接的な影響関係を安易に想定することは慎まなければならないであろう。しかし、葛藤や反発をも含んだ複雑な影響関係であればこそ、岡自身の回想でも言及されていない著作間の思わぬつながりを我々に垣間見させてくれたとするならば、それは一定の価値ある発見ではなかろうか。

4　マキャヴェッリの思考回路

こうした「特殊なリーダーシップ論」は、実は岡のところで途切れることなく、戦後日本のリーダーシップ論における一つの系譜を脈々と形成していったと考えられる。例えば、同じく「リーダーシップ」という言葉を用いながらも、その主眼は寧ろ一人の政治的人格の分析を通じて背後にある政治状況の特質を見定めることに置かれている三谷太一郎の原敬研究、或いは佐藤誠三郎の川路聖謨研究は、こうした知的水脈を代表するものと言えるであろう（三谷 一九九五／佐藤 二〇〇九）。例えば、後者における以下の一文は、それが章末に置かれていることも合わせて、岡による名人芸を想起させずにはいられない。

幕府とその運命をともにした川路にしてなおこのように未来に期待しえたという事実は、明治維新という変革の特質を象徴的に示唆するものであろう。この変革においては、敗北者さえも一面においては協力者であり支持者であったのである。（佐藤 二〇〇九：一二七）

最後にマキャヴェッリ研究者として問うておきたいのは、岡が現代版『君主論』の先を見通した末に『近代日本の政治家』に至ったのと同様にして、他ならぬマキャヴェッリ自身にも『君主論』の彼方へと続く歩みがあったのではないかという問題である。『君主論』では、さまざまな歴史上の実例を引いて、それぞれの君主たちが迎えるに至った結末も踏まえながら、例えばかの有名な「愛されるより恐れられよ」といった教訓が導かれている。君主に求められる資質の検討が本書の主たる目的の一つであった点を踏まえても、『君主論』が「特殊なリーダーシップ論」とは対置される一般的なリーダーシップ論に近い議論の構成を備えていたことは確かである。

しかし、『君主論』という古典が、当時のリーダーシップ論の伝統において異例尽くしの著作であったこともまた事実である。『君主論』以前の同ジャンルの著作の主たる狙いは、模範的なリーダーの実例を雄弁に物語ることによって、その読者に彼らの優れた資質を模倣したいとの気持ちを奮い立たせることであった（Hankins. 2019）。先の「愛されるより恐れられよ」という教訓についても、当時は一般に愛されることが君主のあるべき姿として推奨されていたことを踏まえると、敢えて「恐れられよ」という一見して読者が受け容れ難い勧めがなされていることも合わせて、そこにマキャヴェッリの独自な問題関心が反映していたことが窺われる。

マキャヴェッリは、一般に優れたリーダーの資質と喧伝されてきたものが必ずしも良い結果をもたらす訳ではない、或いは対蹠的な資質を備えたリーダー同士であるにもかかわらず、最終的には両者が同じ結末に至ることもあるといった「交錯した因果関係」に対して、その若いうちから並々ならぬ注意を向けていた（Machiavelli. 1999：136）。「愛されるより恐れられよ」といった多くの直観に反する教訓が『君主論』に書き込まれた背景には、悪しき資質が逆に善き結果をもたらすといった「ねじれ」に対するマキャヴェッリの理論的関心が関係していたと考えられる。こうした彼の思考の前提には、岡にも共通する過去の政治家の模範性に対する批判的な距離のとれた姿勢が見てとれる。

それでは、マキャヴェッリの場合には、こうした『君主論』の先に如何なる理論的な展開が控えていたのであろうか。彼は、先の「交錯した因果関係」が実は表面的な見かけに過ぎず、その背後にこうした「ねじれ」を規定する別の要因が隠れていることを次第に意識するようになっていったと考えられる。マキャヴェッリは、過去の偉大な政治家個人の資質を伝えようとの目的でもって書かれた歴史的な範例としての記述では抜け落ちてしまう要素の方に着目することによって、歴史からより多くのことを学ぶことができるとの認識に至ったのである。そのため、『君主論』に続く『リウィウス論』という彼の著作においては、歴史的な範例を分析しながらリーダーに求められる政治的な資質を検討する前著の次元に留まることなく、こうしたさまざまな歴史的な範例のあり方を背後で規定している構造的な要因の内実を解明するために、逆に個々の歴史的な範例を分析の題材として利用してみせるといった新たな方法論が試みられている。

日本では未だに『君主論』のイメージが強いマキャヴェッリであるが、こうした新たな歴史の読み方の発見についても、彼の政治学史に対する重要な貢献が認められて然るべきであろう。そして、こうした『君主論』の先に続いていたマキャヴェッリの思考回路は、現代版『君主論』としての「近代政治家のストラテジー」を経て、政治家個人の問題を越えて寧ろ背後の政治状況の解明を目的とした「特殊なリーダーシップ論」へと至った岡の思考回路と、外形的には多分に重なり合うところがあるようにも思われる。

こうしたアナロジーがもし許されるのであれば、『君主論』の彼方へと進まんとして展開した岡の学問上の軌跡は、期せずしてマキャヴェッリ本人の思考に接近していったとも言えるかもしれない。そして、岡の「特殊なリーダーシップ論」が彼の戦後政治史学を先導していったのと同様にして、『リウィウス論』で見出されたマキャヴェッリの新たな歴史の読み方が『フィレンツェ史』という特殊な性格を備えた「政治史」の著作へと結実していったというのも、また興味深い一致であろう（村木 二〇一九）。岡義武という人物を評して丸山真男は、その「ニヒリズムとスレスレのリアリズム」と「きわめてまっとうなヒューマニズム」との共存を指摘しているが（丸山ほか 一九九三：三四－三五）、実のところ筆者にはマキャヴェッリという思想家についても、この形容がそのままぴったり当て嵌まるように思えてならない。

マキャヴェリズムとの間の葛藤から生まれ、マキャヴェッリの思考回路をなぞりながら発展してきた戦後日本のリーダーシップ論の一つの系譜は、今日の我々に何を教えるであろうか。ここからは筆者の自由な想像の域に留まるが、岡が「特殊なリーダーシップ論」であることを自覚しながらも、敢えて『近代日本の政治家』という著作について「リーダーシップ」という語を用い続けたのは、政治家に向けてあるべき指導者像を説き続ける従来の議論の限界を痛感していたためではないか。こうした限界の認識は、「戦後」という時代にあって広く共有されたものであったと言うこともできるであろう（京極 一九五六）。これと同時に岡は、「人民から遊離した政治の世界」に生きた近代日本のリーダーたちの姿をただそのままに描くのみで満足せず、寧ろそこに何とかして国民全体の姿も映し込まなければならないとの使命感にも強く動かされていたのではないか。それは、一方では歴史の趨勢を見極めてこれに適切に対処できる政治家を求めながらも、他方ではこうした政治家を育て選ぶことのできる国民がまず何よりも必要であるという彼の認識を反映していたはずである。こうした一筋縄ではいかない課題に貢献することのできる言説こそが真の「リーダーシップ論」であるとの岡の確信は、紋切型のイメージではとらえ切れない特殊な性格の著作として結実し、その後にリーダーシップを巡る多様な学問的探求が続いていく端緒を切り拓いたと言えよう。

こうした岡の知的格闘の軌跡を確認した我々には、現在のリーダーシップを巡る言説のあり方とその限界を改めて検討したうえで、眼前の悲惨な現実がもたらす葛藤とも向き合いながら、今日まで引き継がれてきたリーダーシップ論の伝統にさらなる展開を加えていくことが求められるであろう。そして、その結果として新たなリーダーシップ論の古典が誕生するに際しても、恐らくマキャヴェッリが再び思わぬ寄与を果たしているであろうことは、想像に難くない。

＊　＊　＊

本書『近代日本の政治家』は、最終年度の「御厨ゼミ」二〇一二年五月一七日の回において課題本に指定された一冊でもあった。その日のゼミでは、先生から「岡が五人のうち誰を一番好きであったか」というお題が出された。当時大学一年生であった筆者は、これに西園寺公望との答えを迷いなく用意したのみで満足して、意気揚々とゼミに臨んだことを記憶している。凡そ一〇年の時を経て、たとえ僅かではあっても成長した姿を見せることができたとすれば、その多大なる学恩には遠く及ばずとも、それは筆者にとって大きな幸せである。

文献一覧

〈公刊文献〉
五百旗頭薫（二〇一九）「解説　完成させるということ」岡義武『転換期の大正』岩波書店、三六一‐三九九頁
伊藤隆（一九九二）「解説」『岡義武著作集　第三巻』岩波書店、三〇七‐三二六頁
岡義武（一九五〇）「近代政治家のストラテジー」『近代国家論　第二部　機能』弘文堂
――（一九五一）「日本におけるデモクラシイの運命――元老西園寺公望の荷った役割」『世界』六二号、一二六‐一三三頁

――――（一九五六）「原敬――「平民宰相」の足跡」『世界』一二一号、二七六－二八五頁
――――（一九五八）『山県有朋――明治日本の象徴』岩波書店
――――（一九六〇）『近代日本の政治家――その運命と性格』文藝春秋新社
――――（一九六一）「国民的独立と国家理性」『近代日本思想史講座Ⅷ』筑摩書房、九－七九頁
――――（一九七二）『近衛文麿――「運命」の政治家』岩波書店
――――（一九七九）『近代日本の政治家』岩波書店
――――（二〇一九）『近代日本の政治家』岩波書店
――――ほか（一九五〇a）「国難の外交――幕末の外交を担った人々」（座談会　木村毅、遠山茂樹、吉野源三郎と）『世界』五八号、七四－九六頁
――――ほか（一九五〇b）「日本における政治学の過去と将来」（討論　蠟山政道、堀豊彦、中村哲、辻清明、丸山眞男と）『日本政治學會年報政治學』一巻、三五－八二頁
――――ほか（一九六〇）「黎明期の日本外交――明治外交史上の政治家群像」（座談会　木村毅、林茂、丸山眞男と）『世界』一六九号、二一〇－二二八頁
――――ほか（一九九七）「談話筆記」（聞き手　篠原一、三谷太一郎、坂井雄吉）篠原一、三谷太一郎編『岡義武　ロンドン日記　一九三六－一九三七』岩波書店、二九五－三二二頁
京極純一（一九五六）「リーダーシップと象徴過程（一）」『思想』三八九号、一二八七－一三一六頁
坂井雄吉（一九九三）「解説」『岡義武著作集　第六巻』岩波書店、三〇九－三二四頁
坂本義和（一九九三）「解説」『岡義武著作集　第七巻』岩波書店、二九五－三一〇頁
佐藤誠三郎（二〇〇九）『「死の跳躍」を越えて――西洋の衝撃と日本』千倉書房
篠原一（一九九三）「解説」『岡義武著作集　第八巻』岩波書店、三二一－三三五頁
――――（一九九七）「解説　異都省察」篠原一、三谷太一郎編『岡義武　ロンドン日記　一九三六－一九三七』岩波書店、三二三－三四二頁

篠原一、横山信編（一九六四）『近代国家の政治指導――政治家研究Ⅰ』東京大学出版会
篠原一、三谷太一郎編（一九六五）『近代日本の政治指導――政治家研究Ⅱ』東京大学出版会
関口榮一（一九九二）「解説」『岡義武著作集　第一巻』岩波書店、三〇五－三一八頁
空井護（二〇一九）「解説」『山県有朋――明治日本の象徴』岩波書店、二五七－二八二頁
萩原延壽（一九九三）「解説」『岡義武著作集　第四巻』岩波書店、二六七－二八〇頁
坂野潤治（一九九三）「解説」『岡義武著作集　第五巻』岩波書店、三四一－三五三頁
伏見岳人（二〇一九）「解説　近代日本通史への情熱」岡義武『明治政治史（下）』岩波書店、四三三－四五四頁
前田亮介（二〇一九）「解説　戦後政治史学の誕生」岡義武『明治政治史（上）』岩波書店、四六三－五一五頁
マキャヴェリー（一八八六）『君論』〔永井修平訳、井上毅校閲〕博聞社
松浦正孝（二〇一九）「解説　『近代日本の政治家』執筆の発端から完成まで」岡義武『近代日本の政治家』岩波書店、三六七－四二二頁
――（二〇二〇）「岡義武と明仁皇太子」『思想』一一五三号、二五－四五頁
丸山真男（一九五四）「リーダーシップ」『政治学事典』平凡社、一三六四－一三六七頁
――ほか（一九九三）「岡義武――人と学問　丸山真男氏に聞く」（聞き手　篠原一、三谷太一郎）『岡義武著作集　第八巻　付録』岩波書店、三－四九頁
三谷太一郎（一九九二）「解説」『岡義武著作集　第二巻』岩波書店、二五七－二七一頁
――（一九九五）『増補　日本政党政治の形成――原敬の政治指導の展開』東京大学出版会
――（一九九七）「解説　戦争の時代についての少数派知識人の回想」篠原一、三谷太一郎編『岡義武　ロンドン日記　一九三六－一九三七』岩波書店、三四三－三五九頁
――（二〇一三）「学問の客観性と人格――岡義武先生追悼」三谷太一郎『学問は現実にいかに関わるか』東京大学出版会、二一二－二一六頁
村木数鷹（二〇一九）「マキァヴェッリの歴史叙述――『フィレンツェ史』における対立の克服を巡る言葉と暴力」

『国家学会雑誌』一三二巻九号、八五九－九二九頁
山内昌之（二〇一二）「解説　政党政治家とリーダーシップ――五人の挑戦と挫折」岡義武『近代日本の政治家』岩波書店、三二三－三三二頁
横田地弘（一九九三）「岡義武教授点描」『岡義武著作集　第八巻　付録』岩波書店、五一－七〇頁
Garon, Sheldon. 1988. "Review: *Five Political Leaders of Modern Japan*", *The American Historical Review*, Vol. 93, No. 2, pp. 481-482.
Hankins, James. 2019. *Virtue Politics: Soulcraft and Statecraft in Renaissance Italy*, Harvard University Press.
Huffman, James. 1986. "Review: *Five Political Leaders of Modern Japan*", *Monumenta Nipponica* Vol. 41, No. 3, pp. 369-371.
Machiavelli, Niccolo. 1908. *The Prince*, translated with introduction by W. K. Marriott, J. M. Dent & Sons.
――――. 1999. *Opere II*, a cura di Corrado Vivanti, Einaudi.
Minichiello, Sharon. 1987. "Review: *Five Political Leaders of Modern Japan*", *The Journal of Asian Studies* Vol. 46, Issue 3, pp. 666-667.
Steele, M. William. 1987. "Review: *Five Political Leaders of Modern Japan*", *Japan Quarterly* Vol. 34, No.1, pp. 97-99.

〈未公刊資料〉
「岡文庫目録」成蹊大学図書館、二〇〇二年
「岡義武関係文書」東京大学大学院法学政治学研究科附属近代日本法政史料センター原資料部所蔵（なお、本文では「岡文書」と略記したうえで、その後に目録での整理番号を付す）

理論物理学は何を考えるか

――歴史学・政治学との比較を交えつつ

白石　直人

はじめに――物理学とは何か

物理学とは何を扱う学問なのか。生物学なら生物を扱う学問、天文学なら星などの天体を扱う学問と答えればよい。しかし、物理学は物を扱う学問だでは答えにならない。生物も星も物の一種であり、これでは物理学の対象はまったく限定されない。「物理学とは何か」という問いに対しては物理学者によってもいろいろな答えがあるだろうが、私はここで「物の普遍的な構造を数理的な方法で解明する学問」と答えたい。対象が何であるかによらずに一般的に成り立つ性質、そしてそれら性質の間の関係を調べる学問が物理学だということである。そして物理学はその解明の道具として数学を用いる。

ただし一口に「普遍的」といっても、いくつかの異なる側面がある。多くの人がまず思い浮かべるであろう物の普遍的な性質は、要素還元主義的な側面ではないかと思う。物体はすべて原子からできており、そして原子を形作る陽子や中性子はクォークからなり……というように、構成要素を細かく分解してミクロへと突き詰めていくと、最終的にはごく少数の素粒子に行きつくはずである。すべての物質の振る舞いは、究極的にはこの素粒子たちが満たす基礎法則に帰着する。力学や電磁気学、あるいは相対論や量子論は、すべて素粒子が（も）満たす普遍的な基礎法則である。ミクロな素粒子の満たす基礎法則は普遍的に成り立っており、それによって世界が完全に支配されている。

しかし、物理学における普遍性は、ここで述べた基礎法則のようなものだけではない。たとえミクロな要素が大きく異なっていたとしても、それが多数集まったマクロな物体は極めて似通った性質を示すことが多々ある。そのような「マクロであるがゆえの普遍性」もまた物理学の重要な対象である。例えば温度の違う二つの物体を接触させて放置すると、最終的には一様な温度になる。逆に一様な温度の二つの物体が、熱い物体と冷たい物体へと変化することはない。これは熱接触の熱平衡化過程とその不可逆性だが、この性質は物体が水であっても二酸化炭素であっても鉄であっても成り立つものである。つまり熱平衡化とその不可逆性は、物体のミクロな構成要素の詳細にはよらない、マクロであることによって現れた普遍性である。ただしこの例は普遍性が最もよく成り立つ状況であり、多くの場合にはここまで強い普遍性は期待できないが、本稿では緩やかな弱い意味で普遍性および一般性という語を用いる。

本稿は二部構成をとる。第一部では、「物事をどのように説明するか」という広い問題設定と普遍性という補助線を用いて、物理学における説明の特徴を、政治学や歴史学などの事例とも比較しながら論じていく。特に「法則による説明」と「モデルによる説明」という二種類の類型化を導入し、それぞれの特徴を考えていく。第二部では、物理学のもう一つの特徴である「数学の使用」について、なぜ物理学は数学を用いるのか、数学の使用は自然なことなのか、といった点を議論する。

1　説明

説明の目的

物理学に限らず学問一般は、まだ十分に理解されていない対象に対して説明を与える営みである。しかし、対象を説明する、と一口に言っても、対象に対してどのような説明が求められているか、は物理学内部に限定してもさまざまであり、どのような説明がなされたならば「よく理解できた」と感じられるかは物理学者ごとに異なる。例えば身近にある永久磁石は、温度を高くすると磁力を失うことが知られている。逆に高温の溶岩が冷えて固まる際、外部から磁場がかかっていると、溶岩は外部磁場に沿った磁石となって固まる（この残留磁化は、過去の地球における地磁気反転の記録としても用いられる）。温度などを変えることで、ある温度を境に「磁力を持つ／持たない」のような定性的に異なる状態となることは相転移現象と呼ばれる。この磁石の振る舞いに対して、「磁石でなかったものが磁石になる」という定性的振る舞いがなぜ起きるのかを明らかにすることは、磁石に対する一つの説明である。一方、「温度が何度のときに磁石になり始め、この温度のときの磁力の強さは〜である」という定量的振る舞いを再現ないし予言することも、磁石に対するまた別の説明である。

この二つの説明は目的が異なる。定量的説明の意義と目的は明らかだと思うので、以下では定性的説明の意義を考えよう。定性的説明は大枠の振る舞いしか記述できない代わりに適用対象は広く、また「磁石になること」に対するミニマムな本質の抽出を行う（それを行うイジングモデルについては後述する）。すべてを完璧に再現した縮尺一分の一の地図がまったく役に立たないのと同様に、「何が最も本質的か」の理解には情報の大半を捨てることが求められる。磁石となる物質を分子レベルで完璧に再現した数値シミュレーションが実現できたとして、それは定量レベルでの磁力の強さの再現や予測にはなりうるが、「なぜこの物質はある温度を境に磁石になるのか」という問いには必ずしも答えてくれない。多くの場合、本質的な構造・要因の探求は、対象物の個別性を形作るさまざまな要素をノイズとして削ぎ落とすことで完遂されるが、その過程で物質特有の性質からは離れがちである。物理学は本質（＝普遍性を担いうる抽象的構造）に傾倒している面も強いが、定量的な予測や説明をしたいならば個別の性質に立ち返る必要がある。両者の間のバランス関係は目的に依存しており、また場合によっては両者は必ずしも排反ではない。

さて歴史学では、政治家から無名の庶民まで、あるいは戦争や文化風俗から地域間交易まで、対象は極めて多様だが、個別の対象を定めてそれを丹念に明らかにしようとする、個別性の探求の側面の強い研究が伝統的には多い。しかしそうした歴史学の中でも、個々人の特性や各地域の文化・慣習によってではなく、人間以外の要因を重視して大域的に歴史を記述しようとするような、グローバル・ヒストリーの中の一潮流もある。具体的には、疫病（マクニール 二〇〇七／立川 二〇〇七）、気候（田家 二〇一〇／ベーリンガー 二〇一四）、戦争技術（ガット 二〇一二）、動植物の生態学的側面（クロスビー 二〇一七）などが歴史を形作る要素として取り上げられている。例えばフランス革命の説明としては、ロベスピエールやルイ一六世などの個人の行動や、アンシャンレジームの疲弊といった政治的背景がよく言及される。一方、より大きいレベルの記述として、農民暴動の背景にある気温低下に目を向けることもできる。この時期は太陽活動が低下したダルトン極小期にあたり、また地球の活動としてはラーキ山や浅間山など火山噴火が頻発し、特にフランス革命前年の一七八八年には大規模に雹が降りて農作物が壊滅した（田家 二〇一〇）。

別の事例として魔女狩りを考えてみよう。魔女狩りの原因としては、体系的な魔女理論の形成と信奉、集団内における邪魔な人間の排除などの複合的な要因が考えられている（スカール、カロウ 二〇〇四）。一方、より大きなレベルからの説明として、この時代の気温低下だけでなく、中枢神経系を犯す麦角アルカロイド中毒が魔女狩りの原因であるという指摘もある（マトシアン 二〇〇四）。マトシアンは、麦角アルカロイド中毒はＬＳＤと同様の集団幻覚や痙攣を発生させ、こうした症状が魔法の犠牲者と認定されたという説を唱えており、麦角菌中毒の生じやすい地域と魔女狩り発生地域との一致などを指摘している。ただし、もちろんこうした疾病が必ず迫害を引き起こすわけではない。

こうした大きなレベルからの説明は、他の地域・時代への一般性は高い一方で、必然性を伴うような帰結をもたらすものではなく、そのため個々の歴史的事象の詳細への説明能力は弱い。フランス革命においては、もともと王室は擁護されていながら、最終的にはルイ一六世が死刑になって王室が廃止された。気候変動は何らかの暴動や革命の発生は示唆しうるが、このような詳細な歴史の過程を説明するには、パリからの逃亡未遂など個別の事象に触れる必要がある。

歴史学においてマクロに視点を移すと一般化されやすいのは、マクロ化によって個々の人物の個別性が粗視化されていくからである。この点は物理学における「マクロによる普遍性」と類似している。しかし物理学では、ミクロへの純粋化でも個々の構成要素が同じ素粒子に行きつくことによって普遍化がなされたのに対し、歴史学の場合には個々の構成要素＝各個人は最も個別性の高い存在であり、ミクロへの純粋化は普遍性ではなく個別性を際立たせる。

法則による理解

物理学による普遍的な説明・理解というと、「物理法則」がまず思い浮かぶだろう。実際、ミクロの普遍性は、力学の運動法則や電磁気学のマクスウェル方程式、あるいは量子力学のシュレディンガー方程式など、すべて基礎法則の形をとる。

一方、マクロな普遍性では、基礎法則、基礎方程式と呼べるレベルでミクロによらない普遍性が現象論的に成り立つ事例はそこまで多くない。数少ない例としては、先述した熱力学第二法則と、流体力学のナビエ・ストークス方程式を挙げることができる。流体力学は、空気などの気体から水のような液体まで、さらには蜂蜜のようなねばねばした物体まで含め、流れている物体のダイナミクスを取り扱う。ナビエ・ストークス方程式は、物体に固有のパラメータである二つの粘性係数だけで、物体の流れがどのように時間変化していくかを幅広い物体に対して非常によい精度で予言する。熱力学第二法則もナビエ・ストークス方程式も、一定の条件設定の下で、ミクロな構成要素の詳細にはよらない形での導出がなされている（Lenard, 1978/Sasa, 2014）。

ただし物理においてさえ、マクロなレベルでの法則は、ここまで強い普遍性は成り立たないことが多い。例えば摩擦のクーロン則は、動摩擦力が運動速度によらないことを主張する。これは現象の第ゼロ近似としては正しいが、より詳細な実験はこの法則の破れを報告している（Heslot et al., 1994）。これは法則と名はついているが、実際には状況限定的、あるいは一定の系統的なずれを伴うものである。「命あるものは必ず死ぬ」のような、一見すると絶対真理に見えるような命題さえ、ベニクラゲやヒドラといった不死生命の存在によって簡単に覆される。実は複雑な真核生物ではない多くの生物は特に寿命を持っておらず、むしろ有限の寿命と死こそが進化的に獲得されたものだと考えられている（レーン 二〇一六）。

自然科学においてさえ強い普遍性は難しい以上、社会科学や歴史学において時間や空間を超えて広く一般的に成り立つ性質を見いだすことはさらに難しい。冷戦史家のギャディスは、時空を超えた一般化ではなく、より狭い範囲での一般化を目指す「限定的一般化」を提唱している（ギャディス 二〇〇四）が、歴史学や社会科学においてはこのような方向性の方が有望なものだと思われる。政治学などの社会科学が普遍性を目指す場合、それは法則というよりは傾向に近くなるかもしれないが、それでも一定の説明を与えることにはなるし、緩やかな予測も立てられうる。金正日死亡後の北朝鮮では権威主義体制の崩壊は起きなかったが、これに対しては金正恩が速やかに軍首脳部を粛清し軍の力を削いだ（ランコフ 二〇一五）といった個別的な状況による説明は説得力があるが、一方でそもそも大半の場合に独裁者の死亡は権威主義体制の崩壊をもたらさない（フランツ 二〇二一）という一般則に訴えることもできる。個別の地域を詳しく調べる地域研究と、より一般的な性質を模索する社会科学とはしばしば反目し合うが、両者の融合の重要性もまたよく指摘される（例えば中東研究について、末

近 二〇二〇)。

モデルによる理解

物理学における理解は、普遍法則の発見・解明という形をとるものは実は稀であり、モデルを用いた理解の方がよく用いられている。現実の物理現象は複雑な要素や相互作用が大量に絡み合っているが、モデルはその中で現象の記述に必要な本質的な要素・構造だけを抽出して、人間が取り扱い理解するのが容易になるように作られたものである。

ここで、モデルと考え方は近いが少し異なる方法である「理想化」との違いを見ておこう。例えば、投げたボールの落下地点を計算する際、「ただし空気抵抗はないものとする」とただし書きを付けて、ボールに働く力を一様重力のみとして計算するのが理想化の代表例である。理想化はこのように、まず背景に「理想的な環境におけるきれいな方程式(一様重力場中の運動方程式)」があり、現実はそれに「余計な項(空気抵抗)」がくっついているが、余計な項の寄与が十分小さいのでそれを取り除いて考える、というものである。理想化はその背景に基礎的なきれいな方程式があるので、これは基礎法則を軸とした理解の延長線上にある。また、「余計な項」は実験状況次第で小さくして理想的な状況に近づけられることが、少なくとも原理的なレベルでは念頭に置かれている。ボール投げならば、ボール投げを行う体育館を真空引きすれば、空気抵抗は小さくすることができる。そして最後に、理想化は定量的な予測を志向している。

モデル化はこれとは方向性が異なる。モデルの例として、磁石のイジングモデルを考えよう。磁石の中の無数の電子は、実は一つ一つが小さな永久磁石のようなものであり、その向きがそろうことで永久磁石は磁性を獲得する。この性質を再現するイジングモデルは、無限に広い格子上の各点に、N極が上向きと下向きの二方向しか向くことができない小さな磁石が無数に並んでいるモデルである。小さな磁石は隣の小さな磁石とのみ相互作用し、互いの向きをそろえ合おうとする。一方、外部環境は小さな磁石の向きをかき乱すような効果を持ち、特にその効果は高温ほど強くなる。イジングモデルはシンプルかつ人工的だが、このモデルを解くと「高温では磁力を持たないが、低温にすると自発的に磁力を持つ」という観察事実が再現できる。

物理学者は、イジングモデルは非常に重要な磁石のモデルだと考えている。それは、イジングモデルが現実の磁石（より一般には相転移現象）の重要な要素をきちんと押さえているからである。永久磁石は多数の小さな磁石の集まりでできていること、小さな磁石が互いに向きをそろえてエネルギーを下げようとする効果と外部から擾乱を受ける効果の二つが組み込まれていること、両者の拮抗が磁石になるか否かを決めること、などは磁石（より一般に相転移現象）の振る舞いの本質的な要素である。現実の磁石のミクロな構成要素はもちろん斜めを向くことができるし、少し離れていても相互作用するし、そもそも量子効果は無視できない。しかし磁石の相転移の理解においてはこうした要素は必ずしも本質的ではなく、先述の要素だけで理解できる、ということをイジングモデルは明らかにする（ただし磁石の種類によっては、量子効果が本質的な場合もある）。

ここで理想化とモデルの比較をしておこう。イジングモデルの背後にあるのは人工的な数学のおもちゃであり、基礎法則・基礎方程式があるわけではない。またイジングモデルは現実の磁石の定性的な振る舞いとその本質を抉り出すためのものであり、定量的な予測はそもそも目的としていない。〔補足1：イジングモデルのように「定性的に本質のみ抽出する」ためではなく、「(関心のあるレベルで）定量的に一致するために必要なミニマルな要素を抽出する」ようなモデルも多く研究されている。後者の場合、数学的に完全に解くことはできないことがほとんどであり、数値シミュレーションが援用される。〕

〔補足2：法則の探求においてさえ、定量的一致よりも法則のシンプルさ（数学的なきれいさ）が選好されることもある。コペルニクスの太陽中心説は、実はプトレマイオスの地球中心説の周転円モデルよりも予測精度は劣っており、観測による証拠には乏しかったが、彼は自身の体系の簡潔さを重要な動機としてそのモデルを確信するに至っている（ヘンリー 二〇〇五／プリンチーペ 二〇一四）。〕

予言と説明

物理学の理論研究の目的は予言の提唱だ、というイメージは強いが、実際には新しい予言を出すのではなく、実験で明らかになった現象を説明しその本質を理解するような物理学の理論研究も非常に多い。特にモデルは、その設定から直ちには想像しづらい意外な現象を導くものも多々あり、直感的にはわかりにくい「構成要素の性質と観測される現象の結びつき」を明らかにする機能も持つ。社会科学ならば、シェリングの分居モデル（シェリング 二〇一六）がわかりやすいだろう。これは、白人および黒人の居住者が「周辺住民がほとんど異人種の場合に限り転居する」という弱い人種選好しか持たなかったとしても、結果として人種で大きく分断された居住状況が実現することを示したモデルである。このモデルは予言を与えるためというよりも、現実に存在する人種分断された居住状況の原因が強い異人種嫌悪とは限らないことを示す機能を持つ。物理学に限らず、動物行動学や進化論におけるいくつかの数理モデルも、このような意外な結びつきを与えるものとして理解できる（ソーバー 二〇〇九）。数理モデルがしばしば「モデルに過ぎない」「トートロジー」などの批判を受けるのも、数理モデルに対して新たな予言を期待していたからでもあろう。だが現象を説明するモデルの場合、起きる現象を知った後でそれに合うモデルを作るような、いわば後出しじゃんけんであっても問題はない。ただしこの場合、自明ではない結びつきを数理モデルが明らかにすることが必要である。

このように考えると、モデルという方法と歴史学の方法は案外近接して見える。歴史学の叙述もまた、何が起きたかを知った後でそのよい説明を与える営みであり、予言を与えることはあまり考えられていない。単一の因果関係を想定するのではなく、複雑に絡み合っている事象同士の関係のうち、最も重要と思われるものを取り出して史実の流れを記述する。数理モデルは用いないが、その思想はモデルと共通し、一定の限定・条件の下で一般性、普遍性を目指す。

社会科学においては、最近のシミュレーションなどを用いた研究はモデル的な見方に近いが、より伝統的な社会科学においても、いくつかの比較軸ないし両立しない要素（ジレンマ、トリレンマ）を提示する方法は、モデルとの類似が見てとれる。レイプハルトによる多数決型民主主義／コンセンサス型民主主義という民主主義体制の比較軸は、選挙制度、議会制度、中央銀行の独立性などの民主体制の諸要素を、この軸の中に位置づけながら考察させる役割を果たす（レイプハルト 二〇〇五）。現実のどの国の体制もこの軸の中間にいるが、両極の持つ性質や理念を鑑みることで、各国の具体的な民主体制内の動きに対するガイドを得ることができる。軸は一本である必要はなく、例えば待鳥聡史は代議制民主主義の体制の分析枠組として、民主主義的要素（有権者の意思を反映する）と自由主義的要素（エリート同士が競争することで権力の暴走を防ぐ）の二軸を導入して考察している（待鳥 二〇一五）。両立しない要素の提示としては、教育不平等に関して、メリット原則（能力に応じて人々を社会的地位につけるべき）、生活機会の平等（生まれによる不平等をなくすべき）、家族の自律性（親の教育方針には外部は干渉すべきでない）、の三要素をすべて満たすことができない、というトリレンマが挙げられる（刈谷 一九九五）。現実の教育制度をこの両立しえない三軸に落とし、三軸の兼ね合いの中で比較検討することは、三軸以外の要素を捨て去ったある種のモデル化に相当する。

ただし自然科学のモデルと比較した場合、ヴェーバーの「理念型」の議論がまさに問題としていたように、このような軸の設定自体が一定の価値判断を伴っており、またその価値判断自体が頻繁に議論対象となる点は、社会科学の場合の特殊性である（ヴェーバー 一九九八／盛山 二〇一三）。実際、上記のレイプハルトの民主主義論は、従来は多数決型が民主主義の理想とみなされ、コンセンサス型が逸脱や不健全とみなされていた状況に対する、コンセンサス型の復権という側面もある。

2 数学

なぜ数学を使うのか

さて、物理学の特徴づけの中で、（経済学を除く）他の分野との顕著な差異を見せる「数学の使用」

について考えよう。物理学は、世界を数学という言語で極めてシンプルに記述しつくす存在に見える。しかしそもそもなぜ物理学は数学を用いるのだろうか。

「理論を厳密に構築するため」と考える人は多いだろう。確かに絶対正しい変形や不等式評価を重ねることで、公理や仮定から厳密な結果を導き出す研究は多々あり、厳密な議論のために数学が役立つことは間違いない。しかし一方で、厳密ではない物理学の理論的結果も多数存在する。例えば近似計算は物理学の理論計算において頻繁に用いられる。しかも、「計算を有限回（低次）で切り上げたので一定の誤差が残っているが、より高次まで計算を繰り返すことでいくらでも近似精度を上げて真の値に近づけることができる」というわけではないような近似もごく普通に用いられている（例えば漸近展開の収束半径は一般にゼロであり、真の値にいくらでも近づくわけではない。湯川、豊田 一九七八）。宇宙物理では桁の概算というレベルの計算が行われることもあり、その場合には円周率は「およそ3」どころか「およそ1」と計算することもある。今知りたいのは精密な値ではなく、この量は何桁ぐらいの量なのかという大雑把な見積もりなので、数倍のずれは気にしなくてもよいのである。

近似を用いないにもかかわらず、数学的に厳密ではない変形というものも存在する。例えばレプリカ法という計算手法は、極限の順序交換を伴うものであり、レプリカ法を用いて計算したいような興味深い状況設定において、この順序交換は一般に数学的には正当化されていない（田中 二〇〇七）。しかしこの順序交換を用いて計算を進め、あるいは順序交換がうまく行かなさそうな場合にはややアドホックな処置をして計算を進めることで、何らかの有意味そうな結果を導く研究は膨大に存在し、またそれらの結果は実際に物理的にも数学的にも妥当そうな結果を与えている（西森 一九九九）。導入当初は数学的にはまったく厳密ではなかったが、事後的に数学者によって厳密な取り扱いが与えられる手法は、他にもディラックのデルタ関数やランジュバン方程式など枚挙にいとまがない。数学的に厳密な正当化がされていなくても、物理的に正しそうな結果を与えるのであれば、物理学者は大胆にもその手法を用いて計算を進めていく。

物理学において数学を使う大きな理由としては、そもそも数学以外の方法ではまともな理論の記述も現象の記述もできないという事情は指摘できる。理論レベルでの最たる例は量子力学で、量子状態や物理量測定の記述、あるいは量子干渉や量子エンタングルメントなどの諸現象を数学抜きに適切に議論するのはほぼ不可能である。物性物理のほとんどの結果はまったく厳密なものではなく、多数の論理的飛躍を含んでいるが、しかし一方で数式以外の形で表現することは難しい議論を行っている。例えば超伝導体のＢＣＳ理論は、温度を下げていくと突如として電気抵抗がゼロになる超伝導現象を非常によく説明する理論だが、これを数式抜きに説明するのは非常に難しい（Bardeen, Cooper, and Schrieffer, 1957）。

数学は自然なのか

物理学において数学は必要不可欠な言語だとして、では数学という言語は人類にとって自然なものなのだろうか。ここでは、数学の中でも特に物理学全般で使われている、解析学などの量的な見方について考えよう。アリストテレスは、物の性質のうち軽重、硬軟、寒暖などの質的なものを重視し、量的なものは偶有的でありしたがって本質ではありえず、そのため数学は自然学の方法ではないと述べた（アリストテレス 一九九四）。現代の我々から見るとアリストテレスは不見識に見えるかもしれないが、我々には「何が量的に測りうるものか」を知っているという優位があることを忘れてはならない。数量化を推し進めようとした一四世紀のオックスフォード大の学者たちは、熱さや色にとどまらず、徳の高さや優美さをも量的に測ろうとしたという（クロスビー 二〇〇三）。熱さは、日常レベルでは温度計（体積膨張）の形で、物理学においてはカルノーの定理を利用することで熱機関の効率上限として、量的な定義を与えることができる。しかし温度計がなかったならば、「熱い」という感覚は測りうるものだが「優美だ」という感覚は違うと結論づけることは簡単ではない。

そもそも量的な思考、数直線上の連続量として数を把握する見方、に我々はあまりに慣れ親しんでいるので、それを当然視してしまいがちだが、数を数直線として把握する見方もまた決して当たり前のものではない。中世までの算術はもっぱら離散的な整数（一つ、二つ、と数えることは自然である）とそれへの操作を基礎として発達しており、そのため整数の比として与えられる分数は考察対象に含まれるが、連続量としての数はなかなか考察対象とならなかった。実際、代数分野においては四次方程式の解の公式さえ一六世紀には発見されていた一方、解析分野の微積分は一七世紀のニュートン、ライプニッツまで待つ必要があった（カッツ 二〇〇五）。確率に関する議論も、比と対称性を用いた論証がもっぱらであり、量的な把握はあまりされていなかった（フランクリン 二〇一八）。天文学において六十進展開が使われていたことはあるものの、十進小数とそれが示唆する数直線上の連続的な数の思想が明示的に打ち出されるのは、一六世紀末のステヴィンの一連の著作が最初である（山本 二〇一八）。

〔補足：一つ、二つ、と個数を数える際に出てくる「数」の能力は自然なものであるように書いたが、それも一定の飛躍は伴う。動物や乳幼児、あるいはピダハンなどの数を持たない民族の実験からは、「3以下の個数を正確に数えること」と「二つの大きな数の大小の大雑把な比較をすること」は先天的に近いが、大きな数を正確に数えるには「数の文化」を学ぶことが不可欠だという（ドゥアンヌ 二〇一〇／エヴェレット 二〇二一）。〕

なぜ自然は数学で記述されるのか

量的思考は必ずしも人類にとって自然なものではないのだが、現在の物理学の広範な成功を見るならば、量的な数学は世界の記述に非常に役に立つものだといえる。しかしそもそも、なぜ自然現象は数学でよく記述できるのだろうか。これは物理学者などもしばしば言及する問題であり（Wigner, 1960）、単純な答えはない問題だが、ひとまず数学の萌芽を見いだせる側面として、第一に自然には斉一性（再現性）があること、第二にその再現性がいくつかの量的で測定可能な対象に対して見いだせること、を挙げることができるだろう。例えば、惑星の運動に再現性があるならば、その軌道はひとまず式で表すことができる。あるいは、「物体間の距離」と「物体間の引力の強さ」がともに測定でき、かつそれらに再現性があるならば、万有引力を距離の関数として書くことができる。もちろんそれが楕円や逆二乗則のようなきれいな関数で書けるかはわからないが、関数が得られたならばひとまずそれは数学の俎上には乗っている。

そして個々の得られた結果同士は互いに理論的に結びついている。運動方程式を既知とすると、惑星の軌道は必ず恒星を一方の焦点とする楕円軌道であると観測されたならば、そこから万有引力の式の形は逆二乗則でないといけないことが導かれる（これは実際にニュートンが辿った道である。山本 一九九七）。宇宙のすべてがきれいな理論で尽くされているのかはわからないが、理論同士は相互に関連しあっているので、いくつかの理論が既知ならば残りの理論のありうる範囲も絞られている。特に既知のものがきれいな形をしているのであれば、残りの理論もきれいな形でないといけない場合は多々ある。

数学による物理の記述は、一般相対論のリーマン幾何学や量子論のヒルベルト空間論のように「物理学者が欲しいと思うような数学の枠組は、幸運にもすでに数学者が導いていた」という事例もあるが、逆に「物理現象をうまく記述するために数学を発達させた」という側面もある。例えば古典力学は微分方程式で記述されるが、ニュートン以降の力学の発展の中で、微積分法もまた発展してきている（ちなみにニュートンの時点では慣性と力の混乱が一部見られ、運動法則を明確に与えることはできていない。現在のような運動方程式の定式化はオイラーによって行われた（山本 一九九七／有賀 二〇一八））。ベクトル解析は今では電磁気学の記述枠組となっているが、マクスウェルの時点ではベクトル解析は未整備で、現在の電磁気学の教科書のようなベクトル解析を用いた記述は、ヘヴィサイドやギブスなどのマクスウェル以降の物理学者の手による整理である（太田 二〇〇二／カッツ 二〇〇五）。「うまく記述できない物理現象に対し、それを記述できるように数学は必ず発展できるのか」という問題はわからないが、物理現象を記述できるように数学が発達し、その数学を我々が自然と思えるまで整備と教育が行われているという側面もあるであろう。数学は自由である、という発言はカントールなどいろいろな数学者によってなされている（高木 二〇一〇）が、物理現象の記述を包摂できるように発展させられるぐらいに、数学は非常に柔軟で自由な存在だった、ということを物理学における数学の驚異は表しているのかもしれない。

文献一覧

有賀暢迪（二〇一八）『力学の誕生――オイラーと「力」概念の革新』名古屋大学出版会

アリストテレス（一九九四）『形而上学』（岩崎勉訳）講談社

ヴェーバー、マックス（一九九八）『社会科学と社会政策にかかわる認識の「客観性」』（富永祐治、立野保男訳、折原浩補訳）岩波書店

エヴェレット、ケイレブ（二〇二一）『数の発明――私たちは数をつくり、数につくられた』（屋代通子訳）みすず書房

太田浩一（二〇〇二）『マクスウェル理論の基礎――相対論と電磁気学』東京大学出版会

カッツ、ヴィクター・J（二〇〇五）『カッツ 数学の歴史』（上野健爾、中根美知代、林知宏、佐藤賢一、中沢聡、三浦伸夫、高橋秀裕、大谷卓史、東慎一郎訳）共立出版

ガット、アザー（二〇一二）『文明と戦争（上下）』（石津朋之、永末聡、山本文史監訳、歴史と戦争研究会訳）中央公論新社

苅谷剛彦（一九九五）『大衆教育社会のゆくえ――学歴主義と平等神話の戦後史』中央公論新社

ギャディス、ジョン・L（二〇〇四）『歴史の風景――歴史家はどのように過去を描くのか』（浜林正夫、柴田千薫子訳）大月書店

クロスビー、アルフレッド・W（二〇〇三）『数量化革命――ヨーロッパ覇権をもたらした世界観の誕生』（小沢千重子訳）紀伊國屋書店

――（二〇一七）『ヨーロッパの帝国主義――生態学的視点から歴史を見る』（佐々木昭夫訳）筑摩書房
シェリング、トーマス（二〇一六）『ミクロ動機とマクロ行動』（村井章子訳）勁草書房
末近浩太（二〇二〇）『中東政治入門』筑摩書房
スカール、ジェフリ／ジョン・カロウ（二〇〇四）『魔女狩り（ヨーロッパ史入門）』（小泉徹訳）岩波書店
盛山和夫（二〇一三）『社会学の方法的立場――客観性とはなにか』東京大学出版会
ソーバー、エリオット（二〇〇九）『進化論の射程――生物学の哲学入門』（松本俊吉、網谷祐一、森元良太訳）春秋社
高木貞治（二〇一〇）『数学の自由性』筑摩書房
立川昭二（二〇〇七）『病気の社会史――文明に探る病因』岩波書店
田中利幸（二〇〇七）「レプリカ法における解析接続について」（『数理解析研究所講究録（一五三二）』一一八－一二九収録）
田家康（二〇一〇）『気候文明史――世界を変えた8万年の攻防』日本経済新聞出版社
ドゥアンヌ、スタニスラス（二〇一〇）『数覚とは何か？――心が数を創り、操る仕組み』（長谷川眞理子、小林哲生訳）早川書房
西森秀稔（一九九九）『スピングラス理論と情報統計力学（新物理学選書）』岩波書店
フランクリン、ジェームズ（二〇一八）『蓋然性の探求』（南條郁子訳）みすず書房
フランツ、エリカ（二〇二一）『権威主義――独裁政治の歴史と変貌』（上谷直克、今井宏平、中井遼訳）白水社
プリンチーペ、ローレンス（二〇一四）『科学革命』（菅谷暁、山田俊弘訳）丸善出版
ベーリンガー、ヴォルフガング（二〇一四）『気候の文化史――氷期から地球温暖化まで』（松岡尚子、小関節子、柳沢ゆりえ、河辺暁子、杉村園子、後藤久子訳）丸善出版
ヘンリー、ジョン（二〇〇五）『十七世紀科学革命』（東慎一郎訳）岩波書店
保城広至（二〇一五）『歴史から理論を想像する方法――社会科学と歴史学を統合する』勁草書房
マクニール、ウィリアム・H（二〇〇七）『疫病と世界史（上下）』（佐々木昭夫訳）中央公論新社

待鳥聡史（二〇一五）『代議制民主主義――「民意」と「政治家」を問い直す』中央公論新社
マトシアン、メアリー・ギルバー（二〇〇四）『食物中毒と集団幻想』〔荒木正純、氏家理恵訳〕パピルス
山本義隆（一九九七）『古典力学の形成』日本評論社
――（二〇一八）『小数と対数の発見』日本評論社
湯川秀樹、豊田利幸編（一九七八）『岩波講座　現代物理学の基礎　第4巻　量子力学2』岩波書店
ランコフ、アンドレイ（二〇一五）『北朝鮮の核心――そのロジックと国際社会の課題』〔山岡由美訳〕みすず書房
レイプハルト、アレンド（二〇〇五）『民主主義対民主主義――多数決型とコンセンサス型の36ヶ国比較研究（ポリティカル・サイエンス・クラシックス）』〔粕谷祐子訳〕勁草書房
レーン、ニック（二〇一六）『生命、エネルギー、進化』〔斉藤隆央訳〕みすず書房

J. Bardeen, L. N. Cooper, and J. R. Schrieffer (1957), Theory of Superconductivity, Phys. Rev. 108, 1175.

F. Heslot, T. Baumberger, B. Perrin, B. Caroli, and C. Caroli (1994), Creep, stick-slip, and dry-friction dynamics: Experiments and a heuristic model, Phys. Rev. E 49, 4973

A. Lenard (1978), Thermodynamical proof of the Gibbs formula for elementary quantum systems, J. Stat. Phys. 19, 575.

S.-i. Sasa (2014), Derivation of Hydrodynamics from the Hamiltonian Description of Particle Systems, Phys. Rev. Lett. 112, 100602.

E. Wigner (1960), The Unreasonable Effectiveness of Mathematics in the Natural Sciences, Commun. Pure Appl. Math. 13: 1

第Ⅱ部

戦後日本政治論をふりかえる――政治の未来を構想するために

岡義達　行動論・象徴論から演技論へ

澤井　勇海

はじめに

東京大学法学部で長く政治学を教えた岡義達の『政治』（岩波新書、一九七一年）といえば、内容以前に、まず文体の難解さで知られる本である。

『政治』がいかに難解であったかという点に関しては、さまざまな伝説がある。例えば、萩原延壽は書評にて、「三回よんでやっとわかったとか、五回よんでもわからなかったとか、そういう種類のうわさばなしが——もとより真偽のほどは不明だが——すでに学界やジャーナリズムの一部で、相当出回っている様子がみえる」と記している（萩原 二〇〇八：二二四）。また中島修三は、「その内容は当時の私には皆目といってよい程理解できなかった。「価値と価値体系」「正統化」「政治政策の諸類型」等々政治学の概念が、断片的な比喩を引証して、教授独特の語り口で書かれており、何度読んでも言葉だけが頭を通り過ぎていく感があった」と書いている。そこで中島は、坂本多加雄に指導を乞うたが、坂本は「ハッハーッ、難しいでしょ。実は私もかなり勉強したけれど、良しかとれなかったんですよ。それで悔しくて一年間政治学を必死で勉強したんです」と答えたという（中島 二〇〇五：七）。さらに、水谷三公は、政治学の研究者になりたい学生を諦めさせるために『政治』を手渡し、読んで面白かったらまた来るようにと伝えていたという。水谷によれば、その後再びやって来た学生はおらず、「『政治』は、非力な政治学教員のお助け神である」とまで書いている（水谷 二〇一二：二五六）。

岡の難解な文体を受け付けない者もいれば、かえってそれに惹かれる者も存在した。水谷は後者の例で、「岡先生の文章の魔力、磁力圏から抜け出すために三〇代ほぼ全部を使っていると言ってよいと思います」とさえ述べている（縣・稲継 二〇二〇：一七〇）。その一方で、大嶽秀夫は、岡政治学に影響されたことはないと端的に答えつつ、「彼はもともと文学が好きで、だから美文調なのです」と、ある程度距離をとった発言をしている（大嶽 二〇二一：五三）。

しかし、この難解な文体自体、岡が自身の政治学を突き詰める過程で、追求せざるをえなかったものであった。清水幾太郎『論文の書き方』の書評として発表した「論文――生産と消費」において、岡は、論文は常に作為としての政治性を内包するため、純粋に文体だけを切り取って論じることはできないとする。岡によれば、古い思想に支えられて「美文」が成立するように、新しい思想は新しい文体と絶えず結びついて現れる。「いかに書くべきかは、つねに何をかくべきかとむすびついてはなれない」。そのため、単なる文体論にとどまらず、論理学と文体論との関連を明らかにする必要があるとされる（岡 一九五九）。

これを敷衍すると、新たな思想や論理は、新たな文体としてしてのみ表現されるため、結果的に多くの読者にとって「悪文」として捉えられることになる。こうして、新たな政治学を追求するほどに、岡自身の文体も並行して「悪文」化していくだろう。水谷は「悪文は褒め言葉でもある」と岡に言われ途方に暮れた、とのエピソードを紹介しているが、この意味で、岡としては本当に褒め言葉のつもりであったと思われる（水谷 二〇二二：二五八）。

論文論について強いこだわりを見せるにもかかわらず（あるいはそのためにこそ）、岡自身は極めて寡筆であった。論文も書評や小品が多く、単著の書籍としては『政治』があるのみで、とくに『政治』刊行後には著作数は明らかに低減する。そのため、岡には「「政治学的便秘症」というあだ名まであった」（水谷 二〇二二：二五六）。ただ、このことは、岡が研究をしていなかったことを意味しない。『政治』刊行後も、『政治と演技』という著書の公刊に向け、岡は精力的に研究を続けていた。

他方で、「政治学的便秘症」の印象とは対照的に、岡は外界から孤立して黙考するタイプでもなかった。むしろ岡は、院生と毎週必ず一対一で食事をするほど指導に熱心であり、話し好きでもあった。大嶽によれば、そこで岡は、「佐藤が、前尾が」といった時事的な政治トピックをアカデミックに議論したという（大嶽 一九八六：iv／大嶽 二〇二一：四八、四九）。

岡は、具体的に何をどのように書くことを目指しており、なぜ書かなくなってしまったのだろうか。また、寡筆で難解な文章を書き上げる岡と、指導熱心で時事放談を好む岡は、同一人物の中にどのように調和していたのだろうか。これを知るためには、（岡自身の主張に乗る形になるが）岡自身の政治学の内容に分け入らざるをえないだろう。

以上の問題意識に基づき、本稿では、岡政治学の成立と発展の全体像を描写する。具体的には、まず「権力の循環と象徴の選択」に代表される五〇年代の岡政治学の形成を、他の論文も参照しつつ整理する（第一節）。次に、六〇年代の時代状況を反映した岡政治学の変容を、『政治』や他の関連史資料を元に明らかにする（第二節）。その後、岡政治学の演技論への跳躍を可能な限り再構築した上で（第三節）、『政治と演技』はなぜ未刊に終わったのかを考察して結語にかえる（おわりに）。

なお、以上の議論を行う上で、岡の講義録や当時の学生による講義ノートなども史資料として用いる必要があった。利用を許可してくださった方々に感謝すると共に、本稿の公刊後も、一層の史資料の収集に励みたいと考えている。

1　「権力の循環と象徴の選択」と岡政治学の形成

一九二一年に生まれた岡は、四六年に東京帝国大学法学部政治学科を卒業し、五一年に同大学院特別研究生を中退、五一年から一橋大学に属した後、六四年に東京大学法学部へ戻り（この前後、一橋と東大の両者にて並行して講義を行っていた時期あり）、八二年まで政治学を担当した。その後は大東文化大学に移って九四年まで務め、九九年に死去している。

岡の最初の本格的な論文として著名なのが、『国家学会雑誌』第六六巻第一一・一二号に掲載された「権力の循環と象徴の選択」（五三年）である。日本政治学史においては、「岡の「権力の循環と象徴の選択」論文は、未完のままに戦後日本政治学史における一つの古典の地位を占め続けることになるであろう」（田口 二〇〇一：二〇四）、「この論文は本文二四頁でしかも未完であるが、戦後政治学の中で極めてユニークで画期的な意義を持つものであった」（都築 二〇二一：二九九、三〇〇）などと評価されている。

この論文は、「一 まえがき／二 権威の循環／三 象徴の選択 Ⅰ 象徴の構造と同化（以上本号）Ⅱ 象徴の操作と選択（以下続稿）／四 政策の循環／五 あとがき」との構成だが、前半部のみが刊行され、後半部は刊行されなかった。岡は、まず第一章において、封建社会と対比しつつ、近代社会では利益の分化が象徴の分化を惹起しており、権力は象徴を機動的に操作することで象徴の分化に対応する必要があると述べる。第二章では、権力から発して社会をめぐり権力へ還流する行動連鎖を「権力の循環」と定義し、その類型として「権力の安定に関係ずけられる行動連鎖の総称」を「権威の循環」とし、「社会の安定に関係ずけられる行動連鎖の総称」を「政策の循環」と呼称している。そして、「権威の循環」において機能する装置として官僚制に着目し、その発展過程を歴史的に概観した上で、官僚制への大衆の信従をもたらすために正統性の確立が求められるとする。第三章（Ⅰ）では、正統性を通じた個人の権力への「同化」として、「行動による同化」「人格による同化」「観念による同化」の三つの類型を提示する。「行動による同化」では身分社会を、「人格による同化」ではカリスマ的指導者を、「観念による同化」では近代社会におけるナショナリズムや社会主義を、それぞれ例として扱っている（岡 一九五三）。

「権力の循環と象徴の選択」論文に顕著に見られる初期の岡政治学の特徴として、次の二点が挙げられる。

第一に、初期の岡政治学は、当時のアメリカ政治学にて発展した行動論の強い影響の下で、純粋に政治過程全体の検討を志向するものであった。

行動論の日本政治学への導入については、丸山眞男が先駆者としてラスウェル流のモデルを提示している（丸山 二〇一四）。岡自身もメリアムの著作の書評を書いており（岡 一九五〇）、この潮流の上にサイバネティックスの通信系を参照しつつ、自身のモデルを提示したと言える（京極 一九六八：二九二）。わかりやすく言えば、岡は、権力が選択し操作する象徴が、社会にて大衆の中を通過し権力へと還流する過程を、ちょうど機械から発信された電気信号が電線を通過して機械へとフィードバックするように整理して考えた。

行動論・象徴論への依拠は、単にアメリカ政治学の流行を追ったものではなく、戦後の日本政治学の刷新とも密接に関連していた。例えば岡は、丸山のゼミで「法律の連中は、戦時中は統制法、こういう時代になると、こんどは民主的な法律。そこにどんな連続があるのでしょうか」と述べ、丸山を驚かせていた。それから丸山は東大法学部の戦争責任につき考えるようになり、それが新たな政治学の出発という意識にも結び付いたという（丸山 二〇一六：五五－五七）。

また岡は、『近代国家と政治的自由』を著した研究室の先輩にあたる尾形典男に対して、福田歓一や京極純一と共に書簡を送り、「国家を直ちに肯定すべきもの、政治権力自体を価値あるものと前提するのは、戦前日本の政治学にも共通する誤謬である」「この前提からすれば、政治学は自ずと倫理的な教説のわだちに陥らざるをえない。事実を調査し事実をもって語らせよ。それが、戦後の科学的な政治学の新しい出発点ではないか」と主張したという（尾形 一九八七：五〇八）。戦前の東大法学部への反省や国家学系の学問への批判を起点に、科学的かつ自立的な新しい政治学を構築するためにも、アメリカ政治学由来の政治過程モデルは、岡にとって理想的な理論体系であったと思われる。

「権力の循環と象徴の選択」の他にも、岡は中村哲他編『政治学事典』(平凡社、五四年)にて「政党」「日本の政党」「世論」「象徴」などの項目を執筆している(「象徴」は半田輝雄と分担執筆)。これらの文章でも、行動論・象徴論の視角から、西洋や日本の歴史的事例を素材に論じる姿勢が一貫している。とくに、「政党」を支配と抵抗の中間に位置するものとして設定し、その変容や作動を詳しく論じているが、これは権力と大衆の間の象徴の循環を扱う自身の政治過程モデルに、「政党」の要素を加えて洗練させたものとして、注目に値する。

第二の特徴として、岡は自身の政治モデルにおける事例の叙述について、ある程度近代主義的な歴史的前提を持っているように見える。

「権力の循環と象徴の選択」論文では、「権力の循環」の成立において近代社会を前提としていたし、また「行動による同化」「人格による同化」「観念による同化」についても、前近代の身分社会から近代社会へという歴史的な変化と、ある程度パラレルに見えるように事例が描写されている。

このことは、同時期の岡の他の論文を見ても明瞭である。岡は、「革命の叛逆——ドイツ」『国家学会雑誌』第六六巻第一〇号(五三年、升味準之輔と分担執筆)、「福祉国家と大衆政党——イギリス」『年報政治学』第七巻(五六年)、「政党と政党政治」岡義達編『現代日本の政治過程』(岩波書店、五八年)などにおいて、日英独の過去・現在における政治過程につき、自身のモデルに基づいた事例分析を行っている。

「革命の叛逆——ドイツ」では戦間期ドイツの政治過程を扱い、ドイツ革命後の混沌の中で、「この時代における権威の無力は個人の深層の心理に一層の変化を生ぜしめつつあったのである」(岡・升味 一九五三：七六)とする。その後、ドイツはシュトレーゼマン外交や経済回復に伴い一時的な安定を得るが、そこで世界恐慌を迎えてしまう。ドイツ社会民主党は世界恐慌への洞察を欠いていたため、「政策の無力はヨリ深い根底を蔵していた」のが、後のナチの台頭を招くこととなる(岡 一九五三：八九)。ここでは、「権威」や「政策」の循環を分析視角としつつ、時系列的に政治過程が描写されていることがわかる。

同様に、「福祉国家と大衆政党――イギリス」では、戦後の四五年から五一年にかけてのイギリスの三度の選挙を分析している。当初の選挙では、労働党が綱領を象徴として提示したのに対し、保守党はチャーチルのカリスマを「国民化の有効な象徴」として訴えた。だが、後の選挙では、「福祉国家」が双方の共通了解となる中で、労働党の綱領にある国有化は影を薄め、保守党によるチャーチルのカリスマへの言及も低下した。その後、労働党は福祉国家の国際的条件である「平和」問題の争点に傾斜し、対して保守党はその国内的条件である財政問題を指摘することになった。そうして岡は、異なるタイプの「象徴」の循環を鍵としつつ、時間の経過に伴う争点の変化に従って、双方の「象徴」が再調整されたり捻れたりする過程を活写している(岡 一九五六)。

他方、「政党と政党政治」にて、岡は日本につき分析している。戦前日本の政党に関し、岡は、共同体が個人の選択から派生した近代社会では、個人の選択のみが権力との「同化」の手段になるのに対し、日本では個人より先に共同体があるとする。そのため日本では、官僚制と一体化した「体制政党」か、政権を取れないまま選挙区に固着する「大衆政党」に二分化してきた。戦後でも保守政党と官僚制の癒着は継続し、中間政党の試みは安定しなかった。講和・安保を挟んで、「独立の完成」「自主外交」や、その反面に「基地化」といった象徴が浮上、さらには「反吉田」の象徴を基軸に保守合同・社会党の統一が生じ、「保守対革新の対決」「二大政党」の象徴に転化した。しかし、岡によれば、象徴がいかに変容しようとも、事実としては「二大政党」でなく「一ヶ二分ノ一大政党制」に過ぎず、「リーダーシップにおける自主性をこの国の政党に求めることはしばしば困難である」という、日本政党政治の宿痾は解決されていない（岡 一九五八）。

岡にとって、以上のモデル構築や事例の比較分析は、当時の日本政治への問題意識から出発するものでもあった。岡は、「〔「権力の循環と象徴の選択」の〕執筆にあたり、戦後、いまだ日の浅い、きわめて不安定な政党政治を前にして、当該政治の安定する条件をさぐることからはじめたのだった」（岡 一九七七b：一七四）と回顧している。ドイツやイギリスの事例では、近代社会・大衆社会を前提に、政党が象徴を選択・操作し、またそれが変容する過程が状況の変化と共に叙述されている。対して、日本の事例では、そもそも近代社会が十分に成立しておらず、政党もその制約から脱し得ていないという前提から始まり、従って象徴の選択・操作についても、他国にはないネガティヴな特徴が見出されている。

「権力の循環と象徴の選択」で示した行動論・象徴論を基盤に、上記の事例分析に取り組んだ岡は、さらにモデルに立ち返ってその発展形を示している。その作品が、「マス・デモクラシーと政治集団」『岩波講座現代思想Ⅵ　民衆と自由』（岩波書店、五七年）である。

この論文にて岡は、個人の生存を中核とし、個々人が直面している状況が「個人状況」であり、それらを一般化したものが「制度」であるとする。「制度に一般的に収拾されなかった個人状況の総体」が「政治状況」を構成しており、「制度化」と「状況化」は逆比例する関係に立つ。「政治状況」の下で大衆は問題を認識するために、「状況」の規定・操作自体が政治的に重要な意味を持つ。その一方で、「大衆」の観念にもいくつかの類型があり、歴史の時系列に沿った整理として「数量としての大衆」「機能としての大衆」「価値としての大衆」が挙げられる。さらに、大衆の意識を高めるため、状況を規定するリーダーシップとして、「伝統的リーダーシップ」「代表的リーダーシップ」「投機的リーダーシップ」「創造的リーダーシップ」の四つの類型が存在する。これらは「状況化」の程度（低→高）に対応しており、それぞれ伝統への依拠、制度への信従、新たな状況への投機、価値自体の変革（革命）、が鍵となる（岡 一九五七）。

以上の内容からは、岡政治学の部分的な発展を見出すことができる。「権力の循環と象徴の選択」では、権力と社会（大衆）との間に象徴（権威や政策）の循環を見出し、大衆が権力に「同化」する象徴として行動・人格・観念を挙げていた。だがこの段階において、岡は、個々人が状況を通じて政治と関連を持つとしてモデルの基礎の部分を補強すると同時に、むしろ指導者（権力）がどのようにして大衆に象徴を流通させるかという課題に主要な力点を置いている。その意味で、「権力の循環と象徴の選択」で未完となった後半部分につき、考察を深めたものと解される。

以上のように、いまだ発展途上の感は強いものの、行動論・象徴論の強い影響の下で、五〇年代の岡は自身の政治学を形成していった。『政治』は、その延長線上に位置づけられるものであったと言うことができる。

2 『政治』と岡政治学の変容

五〇年代には複数の論文を著した岡だが、六〇年代には、複数の小品はあるものの、寡筆の傾向が強くなる。にもかかわらず、東大法学部の政治学講義録などにも見られるように、岡は着実に自身の政治学を発展させていた。その内容は、七一年に刊行された『政治』に反映されている。

『政治』は、「序章　政治のイメージ／第一章　個人状況と政治状況／第二章　価値体系の類型／第三章　政治権力と価値体系／第四章　政治政策の類型／第五章　体制と運動／第六章　視座構造の類型」という構成をとっている。

序章では、政治イメージの選択自体が政治的であることを指摘した上で、その類型として政策イメージ・技術イメージ・権力イメージを挙げる。三つの政治イメージが互いにプラス・マイナスに変化して別の政治イメージへと転化することを説明し、「イメージ相互連関のサークル」となることを説明する。第一章では、主体の直面する「個人状況」は異なるとした上で、制度と状況の関係や、そこから政治状況へと発展するメカニズムが説明される。第二章では、主体の価値関心として、生存の目的として意味のあるものを信条体系、生存の手段として意味のあるものを利益体系と整理した上で、両者の体系は相互に関連しつつ、政治問題の引照基準を提供するとする。第三章では、価値体系と政治権力が相互保障関係にある中で、前者は後者に正統性を付与する機能を持つとされる。正統性には「当為イメージ」と「存在イメージ」があるが、一つのみに依拠するのは困難であり、両者は相補的関係に立っている。第四章では、正統性を強化し制度を保障するために、「政治政策」によって制度のイメージが表象されるとする。「政治政策」の類型として、「制度化政策」「伝統化政策」「状況化政策」があり、「制度化政策」では普通の人々が努力して成功し得るというイメージが、「伝統化政策」では制度の存在そのものに意味があるというイメージが、「状況化政策」では現状の制度は必ずしも意味を持たず偶然的であるというイメージが演出され、それぞれ対応する人間イメージ（凡人、身分、天才など）も形作られる。第五章では、政治政策により維持される「体制」と、その問題化を図る「運動」とが扱われる。「体制」内では「正統」と「異端」の区別が生じる一方で、「運動」でも参加の拡大の中で同様の区別が生じ得る。第六章では、争点を個別に解決することで主体に帰責する発想を「羅列的視座」、争点相互を関連させ統一的に把握することで制度を問題化する発想を「構成的視座」と区分するとしつつ、両者は互いに制約される契機があるとする（岡 一九七一a）。

以上にまとめた『政治』の内容、とくに第一章から第三章にかけては、五〇年代の諸論文にて検討された内容と大きく重なることがわかる。第四章の「政治政策」の三類型は、『政治』の白眉とも言える部分であり、権力による象徴の操作とも密接に関連するが、この点も「マス・デモクラシーと政治集団」で示されたリーダーシップの類型とある程度の共通性を見出すことができるだろう。

また、『政治』の特徴として、政治モデルの理論的な洗練を追求していることが挙げられる。序章で「イメージ相互連関のサークル」が提示されていることに明瞭であるように、ある類型と別の類型との間に相補的な関係があるか、相互の間でどのように転化するかといった点が、各章にてとりわけ配慮して記述されている。六〇年代を通して講義を続ける中で、熟したものとも言えるだろう。

その一方で、『政治』は、従来の岡政治学の質的変容の萌芽を示すものでもあった。具体的には、次の三点が挙げられる。

第一に、「演技」概念の導入である。『政治』は岡の東大法学部での政治学講義をベースとしており、実際、以前の講義録（六五・六六・六七年）と比較しても、大筋の構成には共通する部分が多い。しかし、これらの講義録では、「演技」については余り触れられていない。例えば、六六年講義録の「状況化政策」の項目では、指導者は天才イメージを持つとされ、指導者は天才性を絶えず証明するか、第三者に責任を転嫁するかが求められる、と簡単に説明されている（岡 一九六六：八八、八九）。六七年の講義録では、むしろ逆に、「状況化政策」でも価値体系による拘束は継続し、カリスマ的な指導者でもそれを超えるには限界があるという側面が指摘されている（岡 一九六七：四一、四二）。

対照的に、『政治』出版直前の七一年の講義録では、指導者は「状況化の場合、舞台設定から開始し、そして演出ならびに演技の問題が発生せざるをえないのである」「leader は演技性が必要であり、状況化において極点に達する」などと説明される（岡 一九七一c：二七）。『政治』（七一年）でもこれを踏襲し、イメージ形成において「舞台設定より所作自身にいたるまで、大きな配慮を必要とするよう」、「この意味で状況化は深刻な意味で演技性にむすびつく」、「天才イメージは、この演技性とむすびついている」と論じている。そこからさらに進み、岡は、指導者は演技を通じて状況を規定し、「いわば観衆」を成立させる、と展開する。その上で、指導者が状況化をさらに進める際に、自身の演技・演出によって、観衆に対して内部・外部の敵のイメージを作出し、その危険性を強調することで自身の立場を確立する。「以上、観衆の準備から内敵の処理にいたるまで、演出と演技の内容を構成している」（岡 一九七一a：一一九－一二二）。

象徴論を基盤とする岡政治学は、政治過程の全体像の描写から進み、イメージを産出・操作する主体の行動に目を転じれば、象徴を利用して主体が行う「演技」概念へと展開することは困難ではないだろう。実際、「演技」への着目は、「状況化政策」に限らず、『政治』の行論中の随所に見られる。しかし、「演技」概念の導入と、岡政治学の変容とは、なぜ一九六七年から七一年の間に生じたのだろうか。この点につき、岡自身は次のように回顧している。

> 私が政治と演技に関心をもった際、方法的には象徴論が出発点になっている。西欧諸国では象徴論の研究はある程度おこなわれ、その応用も存在し、それらを参考にすると共に、〔…〕この研究過程にあって、発生した大学紛争は、たとえば〈姿勢をしめす〉の如き、大学関係者には公的にはなじみのなかった言葉を学内に導入したことは記憶されているかもしれない。紛争後、私は『政治』を出版したが、この中で本来、状況の主体である人間をより状況化することが演技空間設定にとって便利であることを多少の力点をおいて説明した。（岡 一九七七b：一七五）

一九六八年の大学紛争が、政治の「演技」的要素への注目の契機となったことは、岡に限らず、同時期の他の政治学者も同様であった。

例えば、岡と同じく象徴論から出発した永井陽之助は、学生運動家を「状況の固定化を否定し、たえず行動の投企によって状況をつくり、状況の流動性と不確実性のなかで行動する」と評価しつつ、学生たちは「やがてうるわしき〝師弟関係の崩壊〟どころではなく、文明と秩序の基底によこたわる、ある種の〝擬制〟〝ふり〟〝偽善性〟そのものを、旧い世代の象徴として拒否するにいたるだろう」と危惧し、むしろこれらの擬制が文明や秩序を維持していると擁護した（永井 一九七一：四三、四四）。また、京極純一は、「通常の政治活動は、自利利他、自他共存の枠組の中で、自分の主張も何らか実現しようとする。これに対して、当時の学生騒動では、学生集団相互の暴力衝突（『武闘』）も稀でなく、また、参加した学生の間からは、「否定」、「自己否定」という言葉も聞こえた。これは「意味」の世界の問題と深刻に関連する表現であった」と看取した上で、政治意識における「意味」の問題への着目が、最終的に『日本の政治』に結実したと回顧している（京極 二〇〇〇：四）。

大学紛争の渦中で、教員も学生も各々の方法で、既存秩序の根底にある擬制やふり、意味などを問題化していた。この時代状況にて岡は、自身の政治学体系に「演技」概念を接ぎ木し、とくに「状況化」や運動の過程における、政治主体の演技的な作為の問題に重心を移したと言うことができる。

第二の変容として、暴力の後景化と「共演」への重心移動が挙げられる。

先述のように、『政治』では「政治政策」として「制度化政策」「伝統化政策」「状況化政策」の三つの類型が立てられているが、大学紛争以前の講義録では、これらに加えて「暴力化政策」という四つ目の類型が存在していた。「暴力化政策」では、事実ないしイメージとしての強制をめぐり、安全価値を中心に成立するとされた（岡 一九六五：一三－一五／岡 一九六六：八九、九〇／岡 一九六七：四三、四四／岡 一九七一c：二九－三五）。だが『政治』では、暴力のイメージについて触れられるものの、「暴力化が可測性があるとしても、価値体系が安全価値だけに収斂したいま、それは政治政策をこえているであろう」（岡 一九七一a：一二六）と、明確に「政治政策」から除外されている。

その一方で、『政治』の「第五章　体制と運動」は、大学紛争以前の講義録では登場しない、新たな内容として加えられている。そこで岡は、体制の内部で正統と異端が生じつつ実は互いに「共演」している点や、それが保守のみならず革新や反体制的運動の内部でも同様に生じることを指摘している。

これらの変容は、第一点の変容と密接に関連しつつ、並行に生じた現象であった。すなわち岡は、六〇年代以降の政治的混乱に前後して、暴力の契機を自身の政治学から後景化させつつ、異なる政治的立場の間で見られる共通のパターンや、それらの「共演」を強調するようになった。この点を正しく捉え、萩原の上記書評は、「岡さんは、政治を舞台の上で演じられる芝居に見たてている」「善玉と悪玉は共演関係にある」と指摘しつつ、「共演」という視角を含む『政治』が「この数年来、しきりにジャーナリズムの話題をかきたててきた、いわゆる「政治の季節」の真っ只中に放り出されたことに、わたしはひとつの警世の意味を付与したい」と書いている（萩原 二〇〇八：三六－四一）。岡がこの後暴力に触れなくなったわけではないが、『政治』以後の岡政治学は、「共演」「共存」といった概念を核として発展することになる。

第三の変容として、岡自身の文体の変容と、その背景にある文化人類学の影響とが見て取れる。「権力の循環と象徴の選択」を中心とする第一章の時期では、岡は近代主義的な歴史理解に立ち、具体的事例を検討する場合でも、時系列的に整理することが多かった。これに対して『政治』では、抽象的な理論の説明の合間に、古今東西の歴史的事例や文学作品に由来する例示が、断片的に列挙される文体となっている。例えば次のように、わずか一頁未満の紙幅に、過去の米大統領から英語の問題、中国古典、同時代の前尾繁三郎の言葉などが、それぞれ濃縮され還元されないままに登場する。

技術がマイナスのシンボルならば、すでに述べたように、素人性が歓迎されることになる。で、このさい「人民による政治」を尊ぶ民主政ならば、かつてアイゼンハウアーによってなされたように、政治ぎらいの標榜もでてくるわけである。この人は技術は上手であるとはいえない。そして〈アイク〉はまさに政治ぎらいであるかもしれない。しかし、イギリスと異なって、politician が statesman に対してマイナス・シンボル、つまり政治屋を意味するとすれば、政治ぎらいをもって任ずることは重要である。

このような人こそ、かつて俗事をいとうて隠退した人のケースと似て、三顧の礼をもって手厚くむかえなければならない。「桃李モノ言ワズ、下自ラ蹊ヲ成ス」。たしかに「なにもしないのも一つの政治」ではある。そしてまたそれゆえに、またそれなのに「三日でもいいから総理をやりたい」ということにもなろう。これはまたレヴェルを異にして「一度は町議をやってみたい」という気持になり、このため買収事件が発生したりする。（岡 一九七一a：九）

『政治』ではこの文体が最初から最後まで続くが、岡の初期の文体と比較すると、この「悪文」には明確な意図がある。つまり岡は、歴史の発展という観念を意識的に捨象し、時間・空間を超えて人類一般に通用する政治の思考様式を追求していたと言える。

　このような歴史意識・叙述の転換は、相当程度、同時代の知的状況を反映していた。山崎正和は、「六〇年代は政治学と文化人類学が大衆化する時代にもなりました」と指摘している。山崎によれば、「政治学が、いはゆる冷戦イデオロギーの退潮とともに力をつけ、人類学が、全国的な学園紛争の渦中で発言力を増した」のだが、「この二つの学問は、どちらも単純明快な法則化を嫌ひ、数字に還元できない、人間の営みそのものを捉へる点で、共通点を持ってゐる」たという（山崎 一九八二：一六一）。

　このような知的状況の中で、政治学と人類学の融合も開始されていた。例えば、同時代の政治学者である前田康博は、行動論的政治学における理論的出発点の不在や、近代主義的な発展史観を批判しつつ、人類学的な知見を基盤に「共存」を人類社会の根幹に据えた「政治人類学」を構想していた。（例えば、前田 一九六七／前田 一九七〇／前田 一九七六）。前田における人類学の摂取と、岡のそれとを同一視はできないが、前田の論文を岡が『政治』で参照していることからも（岡 一九七一a：一七四）、その影響関係を窺うことが可能だろう。この意味で、岡の叙述における超歴史性への転換は、その実、すぐれて時代的なものでもあった。

　『政治』の叙述から看取される歴史観の変容は、同時代の政治学者からも把握されており、一部からは批判もされていた。マルクス主義に近い立場である小林丈児は、『政治』では「歴史の体系的理解一般が斥けられているのである。およそ歴史の体系的理解の否定の上に出てくる実存性を、岡氏は問題にしているように見える」「岡氏にとって歴史とは何か。それは文化の背景にあるものである。

しかし正面に立つのは主体の評価である」と批判する。また、岡は政治の根拠に「共存」を置いているが、「岡氏の随伴者と考えてよい前田康博氏」の議論を検討すると、「共存」はアプリオリに設定されている空辞に過ぎない。結局、このような立場をとると、「現実の階級的社会構成は捨象され、階級抑圧は無視され、政治の本質的成立契機が不問にされる」と小林は指摘している（小林 一九七二：一一―一三）。

「演技」概念の導入、暴力の後景化と「共演」、文体の変化と文化人類学の影響。岡は、大学紛争を契機として自身の政治学を発展させる一方で、同時代の政治的混乱に対しては俯瞰的に警世の意を示し、併せて当時の知的流行を貪欲に摂取していた。『政治』におけるこれら三点の変容を基盤にして、以後、岡は自身の政治学をさらに跳躍させることとなる。

3　『政治と演技』と岡政治学の跳躍

岡の著作が『政治』に限られることや、その抽象度・完成度の高さや文体の問題もあって、『政治』は岡、ひいては日本の政治学のある種の到達点とさえ形容されてきた。水谷は「ここには、近代の政治学が到達した極点の一つがある」（水谷 二〇一二：二六〇）と、都築は「これこそまさに小野塚以来の政治（学）原論的考察の一つの到達点であった」（都築 二〇二一：八六）と書いている。

しかし、『政治』刊行後の七〇・八〇年代の岡政治学の展開を鑑みると、『政治』は岡にとってはむしろ過渡期の作品であったことがわかる。事実、岡はいまだ自身の政治学体系を完成させたわけではなく、むしろ『政治』で萌芽的に示された点を基盤として、自身の体系を大きく跳躍させようと試みていた。

その一端は、岡が執筆した『ブリタニカ国際大百科事典』（七四年）の「政治」の項目から窺える。岡は「人間は共同生活（共存）においてしか生存を続けていくことはできない」と書き起こし、動物の共同生活と対比しつつ、人間社会の共存の特質を説く。そして、「政治とは、人間の共存と共存象徴との間に存在する矛盾の解決にほかならない」という、著名な一節が飛び出す（松田 二〇一六／熊谷 二〇二〇、が言及）。

こうして政治を端的に定義した上で、岡は、「政治と共存象徴」「政治と価値」「権力と正統性」などの項目を論じるが、それらは『政治』との共通点が多い。注目すべきは、その後に岡は「政治と演技」「政治の発展」の項目を立て、次のように『政治』よりも掘り下げて書いていることである。

政治は本来「演技的」なものであるが、演劇では観衆は役者が役を演じており本人自身（素の自分）ではないと捉えるのに対し、政治では役者である政治家と本人は同一視される。また、政治家自身もそれらを区別できず、自己欺瞞が存在する余地が大きい。未開社会では参加による共同演技が重要であり、役者と観客の分化は進んでいないが、技術の進歩により社会全体の方向を決定する必要が生じる際には、リーダーの観衆に対する演技が求められる。しかし、通信技術が発達した際には象徴過程が逆に単純化されるので、「リーダーの演技と大衆の観客化とが、高度に発達した通信技術によって結合されている場合、リーダーの独演に代って、未開社会にきわめて類似した演技共同体が出現することは否めない」（岡 一九七四：五九）。

『政治』では「状況化」での状況規定に係る演技的側面が強調されていたのに対し、如上の岡の議論は、政治家・観衆自身や両者の関係性に対し、より内在的にアプローチするものであった。岡自身、次のように回顧している。

いわゆる〈状況の定義〉が、活用されるのはその〔状況化の〕初期段階に他ならない。したがって、ここでは空間設定に比して、さきに述べた役割取得、表象構成にあらわれてくる行動主体についてはᅟ〔『政治』の〕後の研究により多くをゆずる結果となった。したがって後に『ＴＢＳブリタニカ』の政治の項を執筆するにさいして、政治指導の様式をさぐり、その類型化にさいして多少の考慮を払ったと考える。（岡　一九七七ｂ：一七五）

また、『政治』後の東大での講義・演習において、岡は「演技」概念の拡張と文化人類学の本格導入をさらに進めている。例えば、六九年度・七一年度の演習では、政治人類学の過程論的方法をとる研究者であるベイリーの*Stratagems and Spoils*を講読し（岡　一九七一ｂ：七二／岡　一九七三：七一）、七五年度の演習では、ウェルスフォードの*The Fool*やウィルフォードの*The Fool and His Scepter*といった、文化人類学の著名な道化論を題材としている（岡　一九七七ａ：七〇）。

これらの検討をもとに、岡は自身の演技論をさらに展開している。その一端は、東大法学部の年報に収録された研究結果報告書から、部分的に窺い知ることができる。七六年の報告書で岡は、観衆も政治主体の演技を見ることで最小限演技に参加しており、見ないことで疎外の方向に進む、と述べる。その上で、「見ることからはじまる参加は、実はその人の演技者化、ついでは自らの演技に自分自ら参加する対自参加によって完成する」とし、さらに疎外の局には局外者（面）や道化（性）が位置すると説明する。ブリタニカの「政治」での政治主体と観衆との関係にかかわる議論は、なおもリーダーシップ論の色彩が残るものであった。だがここにおいて岡は、観衆の側の演技への参加や、観衆自身が演技者となる方向性を把捉しつつ、その過程からの疎外の側面についても目を向け始めていた（岡 一九七七b：一七六）。

その後、七九年の報告書では、「儀礼と演技の区別ならびに関係」に注目し、儀礼が既存の人間関係を固定・再確認するのに対し、演技はその浮揚・再構成に向かうと記述している。さらには、上記の演技について、演技者の自分自身に対する演技（「対自参加」）の上手さが他者の参加を誘うとしており、演技論を着実に深化させている（岡 一九七九：八七、八八）。

人類学の摂取と演技論の発展の一方で、岡は時代状況との対話も続けている。佐藤政権の終焉にあたり、岡は日本と英国を比較しつつ、日本では文化として「ひきい型はまとめ型に比してそれほど好まれない。〔…〕トップはしばしば象徴的なものであってもいいのである」と分析している（岡 一九七二）。岡は、「八年間にわたる佐藤内閣の政治は、日本における〔リーダーシップの〕様式をかなり明確とした。〔…〕〈微調整〉の語にしめされるように、集団の〈まとめ〉をこえた指導者の行動性をもとめることはしばしば困難である」と、佐藤政権を題材に、日本の政治指導の特徴を論じている（岡 一九七七b：一七五）。なお、「ひきい型」「まとめ型」の概念は岡の弟子の田中善一郎の助手論文にも見られ（田中 一九七四：六三－六七）、岡と田中のどちらが先に用いたのかは判然としないが、指導熱心で時事放談を好む岡の姿は『政治』後も健在であったと言える。

八〇年度の岡の政治学講義からは、上記の議論その他の内容を、ある程度体系的に看取できる。当時の学生による講義ノートによれば、「序論／第一章　政治的共同体と政治的表現／第二章　権力と影響力／第三章　指導者の象徴的性格／第四章　する政治と見る政治／第五章　観衆の行動／第六章　観衆と疎外／第七章　完全他者と政治秩序／第八章　政治行動と言語行動／第九章　演技と儀礼／第十章　指導の類型」との章立てとなっており、六〇年代の講義録や『政治』とは構成が大きく変化している。

序論で岡は、政治は「共存の技術」であると説き起こしつつ、共存の「型」に関する争いは絶えないとし、そのために共存が破壊されることもあると述べる。さらに、人間の能動性がある「事件」と、能動性がない「事故」という概念を導入し、とくに序論から第三章前後までは、「事件」「事故」と政治主体の対応・演技や、これらと制度との関係について、さまざまな側面から論じられている。第四章・第五章では演技論となり、上記に論じた政治主体と観衆の問題から、「対自参加」や「自己参加」、相互の融合といった内容を論じる。第六章・第七章では観衆の参加の逆転となる「疎外」を扱い、社会の「完全他者」である「道化」を笑うことで観衆として社会に復帰するメカニズムを洗い出すと同時に、指導者が愚性を採用してカリスマを演出する局面にも言及する。第九章では演技と儀礼の差異を扱い、儀礼はシナリオや役柄といった「型」が固定されているのに対し、演技（＝政治）ではシナリオを読みながら主体が役柄＝「型」を作り上げる必要があるとする。第十章では、指導の「型」として「まとめ型」と「率い型」を挙げ、これまで論じてきた演技や観衆、道化性などの側面から両者の特質を議論している（岡 一九八〇）。

さらに、八三年の報告書では、岡は「事件」を「さまざまな行事や犯罪のように、制度自身の生む事件」と、「天災や革命のように制度を崩す事件」の両極に区分し、それらの性質が政治主体に演出される側面を指摘、「こうして祭事と革命は連関することとなる」と書いている（岡 一九八三：八七）。だがこの記述は極めて断片的であり、八〇年以降の岡政治学の内容は詳らかにせず、資料も不足している。

岡は少なくとも七一年から『政治と演技』の執筆を準備しており（岡 一九七一b：七二）、十数年を経た八六年六・七月頃には、東京大学出版会にて企画書が作成されている。この企画書によれば、八六年一〇月に原稿予定、八七年四月に刊行予定、原稿枚数は三四〇枚とされている。内容説明および目次は次のようになっており、『政治』以後の岡政治学の跳躍をまとめようとした形跡が窺える。

東大法学部における講義「政治学」をもとにして書きおろす教科書

演技は既存の人間関係の浮揚・再構成にむかって動く。その中核をなすものは、演技主体のイメージである。しかし、共同体内には、演技に対して、参加者となる方向と局外者となる方向がある。このような場において政治的事件（犯罪と行事、天災と革命）がおきる／をおこすことによって、祭事は革命と連関する。そして儀礼は、人間関係を固定・再確認する方向にむかう。

第一章　政治—事実と認識

第二章　共存の象徴
第三章　過程と事件
第四章　附きあいと憑きあい
第五章　観衆と参加
第六章　儀礼と演技
第七章　政治－業（ごう）と芸

（『政治と演技』企画書）

しかし、『政治と演技』が刊行されることはついになく、岡は九九年に世を去った。

おわりに——岡政治学のその後

『政治と演技』は、なぜ未刊となったのだろうか。その理由や背景として、次の二点を指摘しておきたい。

第一に、外的な背景として、初期の岡が依拠していた象徴論研究が、七〇年代以降の政治学界では急速に衰退していたことである。

アメリカ政治学では計量・統計的手法を用いたアプローチが発達していたが、これらの手法はそもそも象徴論とは相性が悪く、象徴論は次第に政治思想や政治文化論などの分野に吸収されていった。また熊谷は、象徴論は権力が大衆に対して象徴操作を行うという戦間期の経験に根ざしていたが、実際には象徴はより多様で複雑な循環過程を持っており、権力者による操作は一面に過ぎないという理論的弱点があったとも指摘している（熊谷 二〇二〇：九〇‐九二）。

自身、象徴論の旗手の一人であった京極が指摘していた通り、日本政治学の象徴論はそもそも十分操作的に定義されておらず、実証的研究の視角として用いるには曖昧な部分が多かった（京極 一九六八：二九二）。その中で岡は、象徴論に演技論を接続し、演技と観衆の相互作用や対自参加といった、必ずしも権力による操作のみに縛られない、新たな視野を切り開いたと言える。にもかかわらず、象徴論的前提はやはり岡政治学の根本に横たわっており、主要な検討対象はなおも政治指導者であった。その意味で、政治学界における岡政治学の置かれた状況も、如上の潮流と軌を一にしていた。

象徴論の退潮と並行しつつ、後期の岡の人類学的・演技論的視角を継承する研究者も多くはなかった。大嶽も水谷も、岡政治学の人類学的な側面は面白いものの、「これで日本政治は分析できないのではないかと思ったことも事実です」（大嶽 二〇二一：五四）、「しかし行政学とどうしても結びつかないわけです。絶望的な気分でした」（縣・稲継 二〇二〇：一七八）と述懐している。

事実、大嶽や樋渡展洋といった弟子筋は、米国留学を挟んでポリティカル・サイエンスへと転換していった。演技論的なアプローチを継承していた後継者の田中は八六年に東工大に転出し、東大法学部の政治学講座は佐々木毅が担当、その後はポリティカル・サイエンス系の研究者が引き継いでいる。坂本孝治郎や永森誠一など、岡政治学の直系にあたるアプローチをとる研究者は今もいるものの、全体的な退潮傾向は否定できない。このような外的状況の中では、岡も自身の著作を世に出す気にはならなかったのかもしれない。

第二に、より岡自身に即した理由として、岡政治学そのものに内在する制約があったと考えられる。その一つは、岡が象徴論に演技論や人類学を接ぎ木した方法論を構築すると同時に、その叙述は超歴史性・普遍性を志向していたため、方法・叙述の双方において多種多様な資料を読み込む必要があったことである。実際、岡は「演技論を中心〔と〕する拡がりは狭いものでなく、且つかなりの補助知識を必要とする」と述べている（岡 一九七七b：一七六）。事実、「岡義達先生旧蔵書」（東京大学法学部図書館所蔵、計一二七九冊）でも、日米英中ソなどの政治史・現代政治や、政治思想、文化人類学、演劇論といった多種多様な書籍が収められており、政治学・行政学の分野の書籍（分類H、計一八七冊）よりも、歴史（分類G、計七九一冊）や諸科学（法学・政治学・経済学・社会学以外の社会科学系の分野、分類D、計一八一冊）といった他分野の書籍の割合が際立っている。

もう一つの制約として考えられるのは、「はじめに」でも触れたように、岡の文体と思考様式に関わる問題である。そもそも『政治と演技』さえも未刊となったのだが、岡自身は「演技論が上梓されるならば、政治の言葉あるいは語彙の問題にすすみたい」と、『政治と演技』の先に政治と言葉に関わる研究テーマを見据えていた（岡 一九七七b：一七六）。岡は実際にある程度準備を進めていたようで、八〇年の講義では、第八章で「政治行動と言語行動」につき論じている。そこで岡は、言語共同体の成立や区別が政治と関わることを指摘し、言語体系の独立性も相対的であるとした上で、一義的でなく具象性を持った言葉による比喩が、政治指導や統合において象徴として機能するなどと論じていた（岡 一九八〇）。

言葉が象徴でありその操作が政治的であるとすれば、それは同時に岡自身の紡ぐ言葉についても適用されるだろう。また、単に政治主体と観衆の関係だけではなく、観衆の側からの参加や対自参加、相互参加といった関係までも演技の対象とするのであれば、自然、政治を論じる岡自身の政治性や自分自身に対する演技を含めて、メタにメタを重ねる思考法をとらざるをえない。そのような思考は、確かに新しい文体をもたらすだろうが、同時に難解たらざるをえないし、また思考を整理しながら文章に起こすこと自体も、極めて困難になるだろう。

大嶽は、「あまり美文調なものだから、凝りすぎて書けなくなってしまう」（大嶽 二〇二一：五三）と岡を評している。そのような部分もあるだろうが、やはりそれだけが要因とは考えにくい。岡政治学の変容を可能な限り追跡した上で、改めて振り返ってみると、岡を寡筆としその文体を難解としたのは、書かれなかった岡の研究内容そのものであったと言うことができるだろう。

岡政治学の直接の系譜は次第に退潮し、岡自身も『政治』以外にまとまった著作を残さなかった。しかしながら、岡政治学は今なお人を引きつけてやまないし、とくに政治史や政治思想史の研究者の中には、岡政治学から陰に陽に影響を受けた者も多い。例えば御厨貴は、自著『明治国家をつくる』に関連し、統治を演技論として見た場合、井上馨や三島通庸はトリックスターや道化として立ち現れると述べた上で、これらの視点・概念は七五年の岡義達の演習に基づくと述べている（御厨 二〇一二：二三六－二三九、二四六、二四七）。今後、岡の影響をより広い文脈から考察するためにも、本稿において、可能な限り岡の足跡を辿ってみた次第である。

文献一覧

縣公一郎、稲継裕昭編（二〇二〇）『オーラルヒストリー　日本の行政学』勁草書房
大嶽秀夫（一九八六）『アデナウアーと吉田茂』中公叢書
――著、酒井大輔、宗前清貞編（二〇二一）『日本政治研究事始め――大嶽秀夫オーラル・ヒストリー』ナカニシヤ出版
岡義達（一九五〇）「メリアム著　木村剛補訳『体系的政治学』」『アメリカ研究』第五巻第五号
――（一九五三）「権力の循環と象徴の選択」『国家学会雑誌』第六六巻第一一・一二号
――（一九五六）「福祉国家と大衆政党――イギリス」『年報政治学』第七巻
――（一九五七）「マス・デモクラシーと政治集団」『岩波講座現代思想Ⅵ　民衆と自由』岩波書店
――（一九五八）「政党と政党政治」岡義達編『現代日本の政治過程』岩波書店
――（一九五九）「論文――生産と消費」『文学』第二七巻第九号
――（一九六五）「岡義達先生　政治学（三完）」東大出版会教材部（小林佑輔氏所蔵）〔昭和四〇年二月〕
――（一九六六）「岡義達先生　政治学（一）　昭和四一年九月刊」東京大学出版会教材部（竹中英俊氏所蔵）
――（一九六七）「岡教授　政治学　巻之二　昭和四二年一一月刊」東京大学出版会教材部（竹中英俊氏所蔵）
――（一九七一a）『政治』岩波新書
――（一九七一b）「教授・助教授個人の活動　岡義達」『東京大学法学部研究・教育年報』第一号
――（一九七一c）「岡先生　政治学（2）　昭和四六年一月刊」東京大学出版会教材部（土井翼氏所蔵）
――（一九七二）「政権交代の力学――政策よりも人事の重み」『日本経済新聞』一九七二年二月四日
――（一九七三）「教授・助教授個人の活動　岡義達」『東京大学法学部研究・教育年報』第二号
――（一九七四）「政治」フランク・B・ギブニー編『ブリタニカ国際大百科事典』第一一巻、TBSブリタニカ
――（一九七七a）「教授・助教授個人の活動　岡義達」『東京大学法学部研究・教育年報』第四号

――（一九七七b）「研究結果報告書」『東京大学法学部研究・教育年報』第四号
――（一九七九）「教授・助教授個人の活動　岡義達」『東京大学法学部研究・教育年報』第五号
――（一九八〇）「政治学Ⅰ～Ⅲ」塚本元氏によるノート（塚本元氏所蔵）
――（一九八三）「教授・助教授個人の活動　岡義達」『東京大学法学部研究・教育年報』第七号
岡義達、升味準之輔（一九五三）「革命の叛逆――ドイツ」『国家学会雑誌』第六六巻第一〇号
「岡義達『政治と演技』企画書」（竹中英俊氏所蔵）
尾形典男（一九八七）『議会主義の政治理論』岩波書店
京極純一（一九六八）『政治意識の分析』東京大学出版会
――（二〇〇〇）「五〇年の本棚『日本の政治』」『ＵＰ』二〇〇〇年四月号
熊谷英人（二〇二〇）「象徴と政治」明治学院大学法学部政治学科編『初めての政治学〔増補第三版〕』風行社
小林丈児（一九七二）「日本における『現代政治学』の理論形成――岡義達氏の場合（一～三）」『白門』第二四巻第四、九、一〇号
田口富久治（二〇〇一）『戦後日本政治学史』東京大学出版会
田中善一郎（一九七四）「保守政治の支配過程（二）」『国家学会雑誌』第八七巻第一・二号
都築勉（二〇二一）『おのがデモンに聞け――小野塚・吉野・南原・丸山・京極の政治学』吉田書店
永井陽之助（一九七一）「柔構造社会における学生の反逆」『柔構造社会と暴力』中公叢書
中島修三（二〇〇五）「坂本多加雄選集月報2　院生時代」杉原志啓編『坂本多加雄選集2　市場と国家』藤原書店
萩原延壽（二〇〇八）「人生地図の中の政治――岡義達『政治』」萩原延壽『萩原延壽集5　書書周游』朝日新聞社
前田康博（一九六七）「政治と非政治」『思想』第五二二号
――（一九七〇）「反近代と近代の相克――小人物社会から徳の共和国へ」『別冊潮』第一六号
――（一九七六）「政治人類学――政治統合論の視座」『年報政治学』第二七巻
松田宏一郎（二〇一六）「「である」ことと「ということにしておく」こと――共存象徴と擬制について」『政治思想

学会会報』第四三号
丸山眞男、松本礼二編注（二〇一四）『政治の世界　他十篇』岩波文庫
丸山眞男、松沢弘陽他編（二〇一六）『定本 丸山眞男回顧談（下）』岩波現代文庫
御厨貴（二〇一二）「楕円の構造と異端の系譜――自註自解『明治国家をつくる』」『政治へのまなざし』千倉書房
水谷三公（二〇一二）「一瞬は長く、人生は短い――岡義達『政治』」水谷三公『読書三酔』吉田書店
山崎正和（一九八二）「おんりい・いえすたでい'60ｓ」『山崎正和著作集』第一一巻、中央公論社

＊　＊　＊

岡の講義録や講義ノート、企画書などの資料に関しては、小林佑輔氏、竹中英俊氏、塚本元氏、土井翼氏よりお借りし、利用の許可をいただいた。また、塚本恒氏には講義ノートの利用につき、ご尽力をいただいた。大嶽秀夫オーラル・ヒストリーや小林丈児の論文については酒井大輔氏より、『アデナウアーと吉田茂』中の記述については浜岡鷹行氏より、それぞれご教示をいただいた。苅部直氏、および二〇一三年度夏学期苅部ゼミの出席者からは、本稿の原型となる報告につき貴重なご意見をいただいた。
また、荻健瑠氏からは、本稿の原稿を通読していただいた上で、岡と田中との関係につきご教示をいただいた。また、岡の暴力論の理解についても、鋭い批判をいただいている。紙幅の関係もあり、これらの点について検討を深められたとは言えないが、今後の課題としたい。記して感謝する。

追記
本稿の脱稿後、永森誠一（二〇二二）「革命と演技」『國學院法學』第五九巻第二号が公刊された。「書かれるはずであったが書かれなかった岡義達『政治と演技』を、勝手に、引き継ぎたいと気に懸けてきたこともある。この「革命と演技」を、その入り口としたい」（二二二頁）と述べ、七〇年代以降の岡の跳躍を継承しようと試みている。

「一九五五年体制」再考

佐藤　信

1　惑う「一九五五年体制」

五百旗頭薫と奈良岡聰智という当代きっての壮年政治史研究者は、放送大学のために共著した『日本政治外交史』という教科書のなかでそれぞれ一九五五年体制に触れている。

こうして、自民党が政権を掌握し、革新勢力が憲法改正を阻止するという、一九五五年体制が成立した。（五百旗頭 二〇一九：一八二）

五五年体制とは、衆議院第一党の自民党が政権を維持し、社会党が第二党の座を占め続けた政治体制のことである。（奈良岡 二〇一九：二一三）

他の記述と併せると、両者ともこの政治体制が一九五五年に成立して一九九三年に崩壊したことについて見解の一致があるが、「一九五五年体制」と「五五年体制」と語句が違ううえ（以下では一九五五年体制に統一する。二〇五五年も近づくいま「五五年体制」は混乱のもとだからである）、定義も異なっている。前者の改憲阻止の条件では、非自民政権という断絶はありながら、同一方向の改憲勢力が両院で国会発議可能な三分の二議席を得た二〇一六年参院選まで体制が存続したことになってしまう。後者はなるほど一九九三年に自民党が政権を失い、その後一九九六年に社会党が社民党へと名称を変更するので、定義上一九五五年体制の復活はありえない。が、「衆議院第一党の自民党が政権を維持し、民主党が第二党の座を占め続けた政治体制」と何が異なるのか。無言の前提とされているであろう自民党と社会党の性格づけを含めなければ一九五五年体制の特異性は理解できない。

何も極端な事例を言挙げているわけではない。高校教科書はみな「五五年体制」（「一九五五年体制」を併記しているものを含む）を掲載しているものの、その記載にも一貫性は見られないのである。奈良岡と同様に衆議院で自民党が約三分の二、社会党が約三分の一とするもの（『日本史B』（清水書院））、議会での保革の議席比二対一を挙げるもの（『現代の日本史』（山川出版社））など議席の数え方もそれぞれである。自社両党の議席比二対一を状況として描きながら定義としては「冷戦を背景とした保守一党優位の政治体制」と定義するもの（『新日本史B』（山川出版社））、「保守一党優位のもとでの保革対立という政治体制」と定義するもの（『詳説日本史B』（山川出版社））など、性格づけも一貫してはいない。保守一党優位を核心とする観方をさらに透徹したのが『新選日本史B』（東京書籍）で、「五五年体制」とは自民党の一党優位体制だと説明したうえで、自民党政権誕生と崩壊をそのまま「五五年体制」の始期と終期としている。筋は通っているが、自民党長期政権と同義ならばなぜ

「五五年体制」という言葉を教える必要があるのか疑問ではある。一九五五年に成立して一九九三年に崩壊したという期間だけは一致して、イメージも一定程度収斂してはいるようだが、その定義や詳細は不安定である。

いや、一九九三年で崩壊することすら合意されているわけではない。『日本史B』(実教出版社)は、「五五年体制」は一九八六年の総選挙で自民党が圧勝、社会党が惨敗し、自民党に政策的に接近する野党が増えていたことによって「実質的に崩壊」し、自民党が下野した一九九三年ではなく、社会党首班政権が誕生して社会党が日米安保条約と自衛隊を容認したことによって「名実ともに消滅」したとする。果たしてこの理解が、「国会で三分の二近い議席を占めて安定的に政権を維持する自民党と、三分の一の議席をややうわまわる野党とが対立する体制」という同教科書の定義と整合するかは疑問ながら、野党の政策的位置に着目して一九五五年体制の本質をとらえようとした知的格闘の跡は見える。

要するに「一九五五年体制」という概念は、人口に膾炙しているにもかかわらず、第一線の研究者においても、教科書においても、見解が一致し、正しく定着している概念とはいえないのである。

一九五五年体制が無定形という問題提起は新しいものではない。北岡伸一は一九八一年執筆の論考のなかですでに「今日、五五年体制という概念は、あまりにしばしば用いられた結果、「現代日本の政治構造」とほとんど同義に、著しく無限定・広範囲な内容を指して使われるようになってしまった」と指摘し(北岡 一九八一→一九九〇：一四九―一五〇)、自民党政権の画期は包括政党化が明確化された一九六〇年だと喝破した(同様の画期を強調するものとして松浦 一九八六/村松 一九九二)。

この一九五五年体制崩壊前の論考のなかで、北岡は「五五年体制」に拘ることで自民党単独過半数が将来崩壊したとき生じる変化が過大に予測されることを問題視している。北岡の見立てによれば、自民党単独過半数が崩壊して「五五年体制」が崩壊しても、自民党を中心とした連立政権が生じるだけで政治体制は大きく変動しないのであった。実際――選挙制度改革など当時の北岡が予想できなかった条件変化があるにもかかわらず――長期的な視座でみれば、自民党は連立を定着させてなおも長期政権を担っている。

この北岡の理解を併せ見たとき、現今の一九五五年体制理解は一九九三年に崩壊したことを前提にする余り、本質への探究を怠ってきたのではないかと疑わざるをえない。そこで本稿は、幾重にも霧のかかってしまったこの一九五五年体制という基本概念を、先人の遺した系脈の尾根を踏みしめて歩くことで再考しようとするものである。

2　「一九五五年体制」論の来歴

一体、一九五五年体制とは何か。山で迷ったら出発点まで戻るのが安全であるらしいが、まず語の出所に霧がかかっている。

「五五年体制」という用語の初出について政治学者・大嶽秀夫は、共産党系（のち除名され社会党系に）の軍事評論家・山川暁夫（筆名は山田昭、川端治など）が一九六〇年代初頭から『前衛』、『文化評論』、『赤旗』などに執筆する際に用いたものとしている（大嶽　一九九九）。そこでの意味は、一九五五年はＮＡＴＯ、日米安保、ＳＥＡＴＯに続いてＣＥＮＴＯが結ばれて米国によるソ連、中国包囲網が完成し、国内では保守党の再編がこれに対応した状況を指すものであったという。とはいえ実際に調べてみると、山川は確かに当時同趣旨の内容を多く書いているが「五五年体制」という用語はほとんど用いていない。後述のように「五五年体制」という語が人口に膾炙すると山川自身も用いるようになるが、国際秩序から出発する独自の「五五年体制」論であって我々の知る一九五五年体制とは距離がある（山川 一九七六ａ／山川 一九七六ｂ）。

大嶽が山川に聞いたところでは、共産党の論客・上田耕一郎も当時「五五年体制」を同義で用いていたという。ところが、管見の限り上田による用例は確認できない。そもそも上田は日本の置かれた国際環境について、アメリカの対日政策が転換された一九四八－一九四九年を画期とし（上田 一九五九ｂ）、その後対共包囲網は「東北アジア軍事機構（ＮＥＡＴＯ）」に向かって完成途上という見方を採っている（上田 一九五九ａ）。

確かに上田の著述のなかに――「五五年体制」という用語は使わないにせよ――一九五五年を画期とするものはあるが、これは国際政治を重視した山川とは違って国内政治の観点からである。上田は共産党が出遅れるなか一九五五年に自社両党による二大政党制が成立し、また総評では第六回大会で高野ラインから太田・岩井ラインへの転換が行われたことを重視する。そしてそれが「一ヶ二分の一政党制」であろうとも、予期せざる危機によって社共――上田は社共戦線を志向していた――に政権を渡さなければならない虞がある以上、自民党やそれを支える独占資本はその座を安泰にするために強権的政策を連発せざるをえず、結果として二元的対立を激化させるというのである（上田 一九五九

c）。

こうして一九五五年の二大政党制の成立を重視する議論は一九五〇年代末から登場している。だが、その内実をよく調べ、一九五五年の「体制」として包装したのは、やはり一九六四年六月号の『思想』に掲載された東京都立大学の政治学者・升味準之輔の「一九五五年の政治体制」ということになる。これについては後述するが、升味自身が語るように当初この議論はまったく反響を得なかった（升味 一九九八→二〇〇〇→二〇〇七）。

「五五年体制」の語が世間に知られるようになったのは、一九七六年に朝日新聞政治部記者・深津真澄が用いてからである。深津は当時、升味の議論を知らなかったと述懐している（深津 一九九三）。本人の回想によると、深津による「発見」の経緯は一九六八年に朝日新聞政治部編で『政党と派閥』という著作を出版した際に革新政党部分を担当して、保守合同と社会党統一の経緯を調べたことにある。同書の社会党への記述を繙くと――深津の筆に拠るかは明らかではないが――社会党の派閥が人事を中心に激しく対立する「人事派閥」となったことを重視し、その遠因を「左右両社統一以来、一三年間にわたって野党の座から脱け出られず、結果的に三分の一の支持に〝安住〟させられてきたため、党内エネルギーが〝内攻〟したこと」に見出している（朝日新聞政治部 一九六八：八二）。そして保革の派閥全体について述べる際にも――これまた深津の筆に拠るかはわからないが――「自民、両党の派閥を今日の姿に定着させた土壌は、実は保守合同・社会党統一であった」と一九五五年を重視している（朝日新聞政治部 一九六八：二一九）。深津が党内派閥の生態の歴史を振り返るなかで一九五五年の画期性を発見したことは事実であろう。

深津はこうした時代認識を前提に一九七六年に『朝日ジャーナル』に掲載された「社会党〝終わりの始まり〟か」において初めて「五五年体制」という語を用いる（深津 一九七六）。ここで深津は「三木おろし」や新自由クラブの分裂で大揺れの自民党を横目に、社会党でも党としての意思統一を欠いた自壊が進んでいると論じる。そのうえで、自社両党が同時に動揺していることは偶然ではなく「ロッキード事件を契機として、戦後民主主義の構造――〝五五年体制〟が清算の過程に入った」と予感を書きつけたのである。深津は一九五五年に生じた社会党統一、それに触発された保守合同、さらに高度成長の足固めのなかで体制の安定装置となった春闘（八単産共闘）の開始、六全協による共産党の軍事闘争路線清算を挙げて、その画期性を主張した。

ここで労働運動や共産党が挙げられているようにそこには自社両党以外の要素も含まれているのだが、「五五年体制の基本的な骨組みは、自民、社会両党が対峙する形の疑似二大政党制」であり、それが「疑似」である所以は野党が三分の一の勢力しか取れない政治的安定であり、そのもとで保守政権と財界・官庁との癒着による構造的腐敗を生み、また社会党側も万年野党に慣れきったことにあるとされる。そこに次々に生じた衝撃として、第一に一九六七年の多党化の幕開け、第二に公害問題や資源制約による高度成長の限界、そして第三にロッキード事件が生じ、こうして「五五年体制」の命脈も尽きようとしていると論じたのであった。

翌年以降、「五五年体制」は爆発的に用いられる。ここで着目しておきたいのは当時すでに「崩壊」が議論されていたということである。一九七七年七月の参院選前、論者たちは自社両党の得票低下、自社両党からの新自由クラブ、江田新党の離脱を挙げて、その崩壊を予期していた（例えば村上 一九七七／内田健三　一九七七）。蓋をあけてみるとこの選挙で自民党は小康状態を得たので、「崩壊」論は別の方向から提起されることになった。「五五年体制」は二大政党制でありながら政権交代ができず、そのため政策も明確に示されない自社なれあいであることが批判されたのである（日比谷　一九七七／俵・佐々木　一九七八）。民社党とその系列メディアに至っては「五五年体制」を当面の戦略目標に定めて徹底的な攻撃を行った（例えば民社党本部教宣局　一九七八）。この批判は篠原一らの多党制・連合型政治の構想と接続する。民社党の「五五年体制」打破にも寄稿している政治評論家・和田教美《たかよし》は篠原の議論を受けて「五五年体制」が「多党制のもとでの連合政権は不安定」という観念を浸透させていることを問題視したうえで（和田　一九七八a）、その浸透にもかかわらず「五五年体制」は連合型政治に向けて「半崩壊」期にあるととらえている（和田　一九七八b）。一九七九年の『日本政治学会年報』では「五五年体制の形成と崩壊」が特集されるに至るが、そこでの「五五年体制」の意味はほぼ自社二大政党制と同じであって、そこで「崩壊」が議論されているのはこのような状況を前提としていた。しかし、その後も民社党が政権交代可能な政党となることはついぞなく、一九九三年まで一九五五年体制の崩壊予測や黄昏が呟かれ続けたのである。

さて、出発点に向かったはずがもはや霧の海である。せめても最も確からしい尾根を手懸かりとすべく、政治学における一九五五年体制論を確立した升味の議論の把握を目指そう。筆者の目論見では、読者をさらなる濃霧に誘い込めるはずである。

3　升味準之輔における「一九五五年体制」の発見——附・「一ヶ二分の一政党制」の起源

升味は元から一九五五年の画期性に注目していたわけではなかった。升味はスカラピノとの共著『現代日本の政党と政治』では——資料を升味が準備してスカラピノが執筆したと本人が述懐しているのでどこまでが升味のアイデアであるかは不明だが——一九四九年までを動乱の戦後第一期、その後を一層安定の戦後第二期と区別している。前者において「合同しようと分裂しようと、保守党は、いつも三分の二近くの票を得」ていたのだが、後者では「保守派の強力な支配と、一ヶ二分の一政党制の成立」が生じたというのであった（スカラピノ・升味　一九六二＝一九六二：四四、四六）。

ここで「一ヶ二分の一政党制」について補足しておこう。この言葉が人口に膾炙したのはこの『現代日本の政党と政治』によるものであったらしい（例えば内田満　一九八〇）。ただ升味はこの概念の起源についてのちに「その当時「一ヶ二分の一体制」といわれた」（升味　一九八三）と岡義達の一九五八年刊行の論文（岡　一九五八）を指示しており、その着想は岡によって与えられたものであった（中北　二〇〇二：二も参照）。もっとも、奔放で詰めの甘い升味らしく先の引用における用語は正確ではなく、岡が用いたのは実際には以下のとおり「一ヶ二分の一大政党制」であった。

こうして第二三国会において、自由民主党は社会党と相対し、ここにいわゆる〈二大政党制〉の成立を戦後はじめてみることになった。しかし、事実は必ずしもこの象徴に符合しない。〔…〕

それは〈二ヶ二分の一インターナショナル〉(The Two and a Half International) の呼称に準じて、むしろ〈一ヶ二分の一大政党制〉とも名づけるのがふさわしい。(岡 一九五八：一〇三)

升味が伝道者として媒介したことで用語が変更されたわけである。なお、『現代日本の政党と政治』の英語版では“one-and-one-half party system”と呼称されている (Scalapino & Masumi 1962)。

以上の岡の記述が示すとおり、元来この概念は一九五五年以来自民党と社会党とが非対称に相対する議席構造を描いたもので、先の教科書の事例にみえるように現在もしばしば一九五五年体制と同義に用いられている。ところが、先のスカラピノ・升味の記述をみると、彼らがそうは考えていなかったことが明らかになる。升味は自民党成立以前から事実上提携する保守政党が議席の三分の二を占め、しばしば分裂した社会主義政党が議席の三分の一を占める政党制は存在していたと考えていたのである。

したがって一九五五年を画期とした論文「一九五五年の政治体制」は、升味自身にとっても新たな時代区分の創見であった。この一九六四年論文についてはのちに検討するが、升味は多くの加筆修正を経て一九六九年にこれを「現代日本の政治体制」という論文に改め (升味 一九六九a)、さらに同年に章題を「一九五五年の政治体制」に戻して論文集『現代日本の政治体制』に所収した (升味 一九六九b)。一九六四年から一九六九年までの間、その論旨には方向修正があり、一九五五年体制をより安定的なものとみなすようになったという見方もあるが (牧原 二〇一三)、一九六四年以前からの自民党の利益政治の体系を重視する体制論に回帰したと見る方が正確である。

ところが、自ら加除して単行本に所収したにもかかわらず、その後の升味は一九六四年の原論文に立ち戻り続けた（升味 一九八三／升味 一九九三／升味 二〇〇七）。それは、未完成だった一九六四年論文にこそ表現されていた一九五五年体制理解があったと升味が考えていたことを意味する。

4 「長い一九五五年体制」と「短い一九五五年体制」

升味自身が両者の違いを明確に語っている。

私の「一九五五年体制」は、一九六〇年代の高度成長期の自社体制（つまり自民党長期政権の前半期）を指し、いま常用されている「五五年体制」は、低成長期の与野党伯仲体制を含みますから、自民党長期政権とまったく同義であります。といって私は「五五年体制」に文句をつけているのではありません。ただ、違いがあることを指摘しておきたいのであります。（升味 一九九八→二〇〇〇→二〇〇七：二一〇－二一一）

一九九三年まで続いた「一九五五年体制」を仮に「長い一九五五年体制」と呼ぶなら、升味が想定したのは一九七〇年前後に終焉する「短い一九五五年体制」とでも言うべきものであった。彼によれば一九六九年に『現代日本の政治体制』を纏めた理由は「五五年体制成立以来の戦後「第二期」が終わると考えたから」であった（升味 一九九三）。つまり、升味は一九六九年にその後も続く「長い一九五五年体制」を発見したというより、「短い一九五五年体制」の終焉と新たな体制への転換を論じていたということになる。

もっとも、升味はこの認識を一貫したわけではなかった。一九八〇年代の著作には未だ一九五五年体制が継続しているかのような記述がみられ（升味 一九八五a：二六／升味 一九八五b：六七〇）、一時は「長い一九五五年体制」の立場に立っていたのである。政権交代が起きた一九九三年以降には巷間の「一九五五年体制」論への違和感からか、「短い一九五五年体制」も書き込むものが現れるがそれでも記述は両論併記で（升味 一九九三／升味 一九九五）、升味自身が明確に「短い一九五五年体制」に帰還するのは先の引用の通り、世紀転換期のことである。升味は二〇〇七年にも「私としては〔一九五五年体制は〕一九七〇年代初に終ったと考えたい」と書いている（升味 二〇〇七）。

升味は一九六四年に「短い一九五五年体制」論から出発し、一時は「長い一九五五年体制」論に身を寄せたが、のちに「短い一九五五年体制」論に帰還したのである。

5 「一九五五年の政治体制」（一九六四年）をめぐる疑問

とはいえ「短い一九五五年体制」の原型というべき一九六四年の論文は粗削りで、疑問点に満ちている。ここに不可解な点を摘要しておこう。

第一に、なぜ五五年なのか、よくわからない。確かに升味は一九五五年の社会党統一と保守合同による二大政党の成立を画期として「ダム」が成立したと書いている。ところが、彼が挙げるその構造各部の始点をみると、個人後援会が目立つようになったのは一九五八年ごろ、利益団体の活動が活発化したのは一九五三年ごろ、保守・革新両勢力においてそれぞれ中央官庁・労働組合が人材補給源として重要になったのも一九五三年ごろ、政党の立法活動が積極化したのは一九五二年といった具合に、一九五五年に収斂しない。升味が重視する政治構造が生じたのは本当に一九五五年なのであろうか。

第二に、これが果たして「政治」体制なのか、よくわからない。升味政治学の特徴は社会経済における産業化や流動化を、政治体制の前提としてではなく政治体制そのものとして描く点にある。その視角は一九五五年体制論でも変わることはない。議席の比率だけではとらえ切れない議会慣行にも光を当てている。これらもまた「体制」の一部なのだとすれば、そこで想定されている「政治」体制は少なくとも国会の議席数だけ数えている「政治」体制とは随分異なっている。

第三に、これを「体制」と呼べるのか、よくわからない。大嶽は升味の組織「化」、集団「化」といった表現を挙げて、升味の一九五五年体制論は「スタティックな「体制」の構造」をとらえていないと批判している（大嶽 一九九六→一九九九：四九）。また、升味がダムの基本構造たる個人後援会や利益団体の意義自体がマスメディアによって揺るがされていると語るとき、それはまるで体制の変容を記述しているかのようである。何より、この体制は一九五八年に警職法改正問題をめぐって、また一九六〇年に日米安保条約をめぐって、院内政党の衝突が院外大衆運動に発展したとき、二回決壊したとされている。「復旧」したとはいえ、そう何度も壊れているものを「体制」と呼んでよいのだろうか。

6 「一九五五年体制」再見

さて、ひとまず升味に限って出発点への遡行を続けたけれども、升味の自由奔放と無軌道に翻弄されて我々はなお霧のなかである。コンパスなしで彷徨いながら、足裏で政治の現実を踏み外さないような登攀は升味の名人芸であって、その足取りをいちいち追うことがあまり得策とは思われない。ここでは升味の議論を振り返り、彼が無意識に、もしくは言外に前提としていた「体制」性を摘出することに努めよう。

第一に、升味が強調したのは社会党の機能である。先に指摘したように升味の政治観察において自民党の利益政治は基調であり、一九五五年体制論——とりわけ一九六四年のそれ——の特異性は二大政党の対抗を強調したこと、換言すれば社会党を過大評価したことに求められる。その後の彼の議論をみても、社会党は三分の一の議席を有することで保守二党論を非現実的ならしめる確固たる存在として把握されていた(升味 一九六六)。晩年になって「短い一九五五年体制」へと回帰した際にも、その基本的条件は、自社両党が得票と議席を寡占し、その勢力比が二対一というもので、やはり社会党には重要な役割が与えられている。かくして自民党長期政権とは別物として一九五五年体制をとらえるならば、社会党をいかに把握するかが問題になる。そのことは、上田や深津が革新側の視点からもしくは革新側に着目していたこと、また民社党が「五五年体制」を自社なれあいの体制として批判したことと無関係ではない。

第二に、既述の大嶽の「スタティックな「体制」の構造」でないという批判にみえるように、升味がとらえた「体制」の各要素が多く動的であることである。各要素が動くことで体制全体が変容し続けているなら、それは状況化であって体制化とは対極にある。各要素が動きながら、なおも全体として一定の秩序が見出せるのなら、そこに我々は動的平衡を見出さなければならないだろう。

升味自身の概念を用いると、以下のように整理できるのではないか。まず保革二大政党、ないし一ヶ二分の一政党による議席寡占のもと、議会においても政策決定過程においても慣習が定着してゆく。これに対して生ずる変化は、まず政党や利益団体が「組織化」を進め、地方政治を含めてそれらは自社二大政党の国政部分に「系列化」されてゆく。集票構造は変化するけれども二大政党の票とカネと影響力は強化される。地方分権に伴い逆説的に生じた地方利益の「集中化」ないし「集権化」は、自民党議員を通じて中央官庁に働きかける「中央＝地方にまたがる陳情路線」によって自民党支配を強化する。他方、「産業化」と「流動化」、またマスメディアによる「全国化」は長期的にはこの体制を揺るがすが、全国政党の影響力を強めて「系列化」を促し、また個人本位から政党本位への投票を促すことで既存巨大政党にとって有利な条件を作り出す。升味はここで「遠距離組織化」や「画一化」を挙げている。とりわけ「集中化」が自民党に有利なところ、「産業化」と「流動化」は革新政党側にとって有利であり、これらが平衡を保つことで自社が二対一の比率で議席を寡占することができる。こうして動的平衡を保ちながら、体制はさらに強固なものとなる。

「短い一九五五年体制」の限界は「産業化」と「流動化」が「大衆化」を呼び、その支持が社会党の受け皿から外れるときに生じる。社会党はなおも「系列化」で一定の得票を得られるであろうが、一度、二大政党の対抗軸としての象徴性を失えば、「遠距離組織化」はむしろ多党化時代の野党を利することにもなる。「長い一九五五年体制」の限界は、さらなる「産業化」に伴って労働組合の集票能力に限界が生じ、「系列化」どころか「非系列化」が生じて、社会党を支える動態が失われ、「大衆化」が他の政党を専ら利することとなり、遂に野党第一党すら維持できないときにやってくる。このとき「大衆化」は同時に自民党の基盤をも切り崩すであろうが、それでも政権を維持して「集中化」ないし「集権化」の恩恵を得、また一定の象徴によって「全国化」から利を得られる限りは、なおも生き続けることができる。ここでも社会党の動態が重要である。

第三に、自民党長期政権とほぼ同義である「長い一九五五年体制」と比較して、「短い一九五五年体制」にはこれまで登場した自社両党や、それを壊しながら支え続ける動的要素以外に、多様な要素が書き込まれている。とりわけ党内や議会内の運営慣行の定着にはかなりの紙幅が割かれている。また僅かながら参議院の政党化にも言及がある（升味 一九八三：四六四、参議院における一九五五年体制について小宮 二〇二〇を参照）。動的平衡は極めて危うく脆いので、こうした慣行は体制の安定性と予見可能性を高めるいくつかの仮留めの役割を果たす。

こうしてみれば、升味にとって動的であることと、「体制」であることとは矛盾しない。したがって、「体制」の内実は彼が新たな解釈を加えるたび更新され、それとともに彼に宣告される余命も変化した。これを寄せ集めと批判することもできよう。ただ、我々がいまも一九五五年体制という用語を用いているように、確かに政治社会の各領域に及ぶ一定の秩序が存在したことは事実であり、それを見出した升味の卓見は以上のような点から評価すべきである。

7　一九五五年体制の再定義――メタ的な「体制」として

以下、升味の足跡を基に、改めて自民党長期政権とは区別されるものとしての一九五五年体制をいかに構想しうるか試論して稿を閉じることにしよう。要するに、升味はかなりよい足場を見つけているので、それらに立脚すればなかなか良い見晴台が得られるのではないかということである。

升味が描いたのは主として社会経済的変化に伴って各要素が動的でありながら全体として一定の秩序を保ち続ける体制の姿であった。彼の視点からは、動的なもの、また内的連関が見出しにくいもの、さらにはマスメディアの浸透や党組織の近代化のような傾向までもが体制の自己破壊的要因として体制のなかに組み込まれた。そこで「体制」と呼ばれたのは、一九六四年の原論文で決壊しても復旧すると述べられていたとおり、一定の秩序を秩序ならしめているメタ的な構造に他ならなかった。したがってその「体制」性を支える根幹は、動的平衡を可能ならしめた体制の自己修復能力と、それを支えた条件にある。以下七つを挙げよう。

第一に保革二大政党による国会議席の寡占である。それは各選挙区における有権者の選択肢が、また利益団体や地方政治団体の系列化の先が事実上二つに絞られていることを意味する。議会慣行も政策知識も二大政党とそれに連なる者たちのなかに蓄積され、二大政党の寡占性は循環的に高まってゆく。こうして二大政党の象徴性が高まれば、一般的には状況化を後押しする大衆社会化やマスメディアの浸透は——少なくとも一時的には——やはりこの二大政党への認知を後押しする。これを支えた要因として第二に、中選挙区制を挙げないわけにはいかない。

以上の観点からは自社二大政党の議席が二対一である必要性はない。そこで翻ってなぜしばしば議席率の二対一が挙げられるのか考えたい。一つの説明は冒頭の五百旗頭に見られるように社会党が三分の一を占めて改憲を阻止することであるが、当初の社会党は政権奪取を目論んでいたのだし、自民党側自体が一九六〇年（北岡 一九八一→一九九〇：一五三）、遅くとも七〇年代初頭には改憲志向を捨て去るから、改憲・護憲の対立構造を基軸に理解するには限界がある。

升味は議席二対一を、圧倒的優位に立つ自民党の分裂を抑止する条件として理解する。そこに我々は社会党首班の少数内閣であった片山内閣の残像を見るべきだろう。つまり、旧自由党、旧民主党の亀裂が鮮やかななか、自民党の二分は社会党を第一党、そして少数与党へと押し上げると考えたのである。しかし、実際の一九五五年体制の進行をみると、自民党もまた政界の観察者たちも、社会党の少数与党を心配したのではなかった。そもそも自民党自体が派閥の凝集体へと変化して二分するような分裂は見通せなくなったし、自民党議員たちは何より落選のリスクを嫌って分裂回避に動いてきたのである。

したがって、第三の要素としては議席における二対一ではなく、自民党が一貫して政権を握り、またそれが予見されていることを挙げるべきであろう。一貫して自民党が政権を握る限り、官僚は自民党と結びつく必要を強め、官僚制は自民党と一体化する。これは升味の説明するとおり、地方利益が自民党を通して官僚の政策形成に影響を及ぼす「陳情の路線」の確立を促す。かくして自民党の基盤は票とカネの両面で循環的にその盤石さを増す。

第四にこれら二大政党を中心に、保革の人的・イデオロギー的距離が大きく、連立の可能性がない。一九九四年に実現したように自社連立が可能であるならば、両者の対抗関係は明確化しないし、社会党に自民党の分裂を抑止するという機能はない。戦後初期には人的にもイデオロギー的にも両者の距離は近かったことを考えると、これは逆コース以降の歴史的産物である。

しかし、この体制が一方的に自民党を利するならば動的平衡は崩れてしまう。そこでなお体制を維持する第五の要素として国民のイデオロギー布置が二大政党と一致しており、大衆社会化に後押しされる革新政党が野党側であったことを挙げなければならない。系列化した労働組合による支持はもちろんのこと、国民のイデオロギー布置が容易に自民党の包括政党化を許さなかったからこそ、社会党は野党第一党の座にとどまり続けたことができた。もっとも自民党政権が圧倒的であり続ければ、しぜん民意は社会党に接続されずアノミーに転化する。従ってこれは期限付きの動的均衡である。

メタ的な秩序として「一九五五年体制」をとらえるならば、最後に升味が少なくとも当初は重視しなかった二つの要素を挙げなければならない。第六に国際冷戦である。升味やその後継者たちは、国際冷戦と国内冷戦とを整理した坂本義和など他の論者と比較しても、国際環境と国内の一九五五年体制との関係を詳しく検討したとはいえないが（中北 二〇〇二：五－七）、これが体制の大きな条件であったことは疑いえない。升味自身ものちには、マッカーサーは日本占領のため天皇制を温存し、日本共産党を疎外・抑圧すると同時に、帝国主義復活を危惧する周辺諸国向けに戦争放棄を規定したとして、「米ソ冷戦の中に日本は組み込まれ、アジア東辺の反共防波堤とされ、それに対応する国内体制としてやがて「一九五五年体制」が成立した」と総括してもいる（升味 二〇一〇：六四）。

第七に、政治アクターとしての女性が視界の外に置かれた。升味はその母が岐阜県議を務めていたことから女性議員の活動には興味をもっていたが、婦人団体が独自候補を擁立できない限りは女性議員の本格的進出はできないと考えていた（升味 一九六三）。それは女性の政治アクターを女性性抜きにとらええない思考様式の現れであった。升味でさえ一九五五年体制論において女性について触れなかったことは、一九五五年体制下では保革両陣営や政治観察者の多くも、男女の性別役割分担を前提とし、女性を政策決定過程の枠外にいる――不在ではない――ととらえていたことの反映でもあった。

以上を前提とすれば、「一九五五年体制」とは、国際環境、議会、国民を貫いて、権力を把持する自民党に系列化された勢力とそれを補完する勢力とが、議会主義や選挙制度やジェンダー秩序といった共通の基盤のうえで、排他的かつ二元的に対立し続けた秩序と再定義することができよう。衆議院議席における二対一はその動的均衡のなかの不動（に近い）点の一つに過ぎない。こうとらえ直すなら、多党化の急速な進行は升味が論じたとおり「短い一九五五年体制」の終焉を意味しており、自民党が政権を失った一九九三年はこの体制が「長い一九五五年体制」という薄い意味でも崩壊したことを意味したのである。この枠組みは、升味がそうしたように、政治体制を議会における与野党対立に矮小化させることなく、社会経済や国際環境と連関させながら論じることを要請するだろう。

これは升味の奔放に乗じた仮設の見晴台に過ぎない。しかし、これまでの内実不明な通俗的「五五年体制」理解に比すればましな足場を提供してくれる。奔放の精神を継受しながら、よりよい眺望を得ることは今後の我々に残された課題である。

文献一覧

朝日新聞政治部編（一九六八）『政党と派閥　権力の座をめぐる人脈』朝日新聞社
五百旗頭薫（二〇一九）「日米安保体制の確立」五百旗頭薫、奈良岡聰智『日本政治外交史』放送大学教育振興会
上田耕一郎（一九五九ａ）「日米相互防衛条約の生みだすもの」『前衛』一九五九年二号
――（一九五九ｂ）「日本の帝国主義復活と中立問題」『中央公論』七四巻六号
――（一九五九ｃ）「戦後日本における組織の問題」『思想』四二〇号
内田健三（一九七七）「拡散に向かう政治　五五年体制崩壊の後に来るもの」『朝日ジャーナル』一九巻一八号
内田満（一九八〇）「五五年体制とは何か」『公明』二二五号
大嶽秀夫（一九九六→一九九九）「利益政治による自民党支配――升味準之輔」『高度成長期の政治学』東京大学出版会／初出：『ＵＰ』一九九六年八月号
――（一九九九）「利益政治による自民党支配――升味準之輔」追記『高度成長期の政治学』東京大学出版会
岡義達（一九五八）「政党と政党政治」岡義武編『現代日本の政治過程』岩波書店
北岡伸一（一九八一→一九九〇）「包括政党の合理化」『国際化時代の政治指導』中央公論社／初出：「自由民主党――包括政党の合理化」神島二郎編『現代日本の政治構造』法律文化社（一九八五年）／執筆：一九八一年三月
小宮京（二〇二〇）「五五年体制の成立と展開」筒井清忠編『昭和史講義【戦後編】』（上）筑摩書房
Scalapino, Robert A. & Masumi, Junnosuke. 1962. *Parties and Politics in Contemporary Japan*, University of California Press.
スカラピノ、ロバート・A、升味準之輔（一九六二＝一九六二）『現代日本の政党と政治』中央公論社／原書：Scalapino, Robert A. & Masumi, Junnosuke. 1962. *Parties and Politics in Contemporary Japan*, University of California Press.
俵孝太郎、佐々木良作（一九七八）「「五五年体制」の打破と民社党」『革新』九四号

中北浩爾（二〇〇二）『一九五五年体制の成立』東京大学出版会
奈良岡聰智（二〇一九）「五五年体制の展開と崩壊」前掲・五百旗頭、奈良岡『日本政治外交史』
日比谷一郎（一九七七）「崩壊たどる五五年体制」『時事解説』八五七二号
深津真澄（一九七六）「社会党〝終わりの始まり〟か」『朝日ジャーナル』一九七六年七月九日号
――（一九九三）「「五五年体制」の素性を明かす」『日本記者クラブ会報』二七八号
牧原出（二〇一三）『権力移行』NHK出版
升味準之輔（一九六三）「女の選挙」『月刊婦人展望』一〇四号
――（一九六四）「一九五五年の政治体制」『思想』四八〇号
――（一九六六）「自民党反主流派の生態」『朝日ジャーナル』一九六六年一一月二〇日号
――（一九六九a）「現代日本の政治体制」猪木正道、神川信彦編『現代日本の政治〔講座　日本の将来2〕』潮出版社
――（一九六九b）『現代日本の政治体制』岩波書店
――（一九八三）『戦後政治　一九四五－一九五五年』（下）東京大学出版会
――（一九八五a）『現代政治　1955年以後』（上）東京大学出版会
――（一九八五b）『現代政治　1955年以後』（下）東京大学出版会
――（一九九三）「1955年体制の崩壊」『日本政治学会会報』二六号
――（一九九五）「戦後史の起源と位相」中村政則ほか編『占領と改革〔戦後日本2〕』岩波書店
――（一九九八→二〇〇〇→二〇〇七）「日本政治学会五〇年」『なぜ歴史が書けるか』東京大学先端科学技術研究センター御厨貴研究室・御厨塾・日本政治史プロフェッショナルセミナー／初出：一九九八年一〇月（日本政治学会創立五〇周年記念講演）／加筆修正：二〇〇〇年五月。ただし、刊行されたかは不明。
――（二〇〇七）「一九五五年体制、再考」『聖学院大学総合研究所紀要』三九号
――（二〇一〇）「日本近代史研究回顧」『軍事史学』第四六巻第一号

松浦正孝（一九八六）「〔書評〕升味準之輔著『戦後政治』上・下」『国家学会雑誌』九九巻七・八号
民社党本部教宣局（一九七八）『55年体制の打破と民社党の任務』民社党本部教宣局／初出：『革新』九六号
村上寛治（一九七七）「五五年体制への福田政権の郷愁」『教育評論』三四五号
村松岐夫（一九九二）「日本政治のアウトライン」村松岐夫、伊藤光利、辻中豊『日本の政治』有斐閣
――（一九七六b）「五五年体制崩壊期の支配と被支配」『現代の眼』一七巻一一号
山川暁夫（一九七六a）「リヴァイアサンの尾――「ロッキード」」『現代の眼』一七巻五号
和田教美（一九七八a）「多元化する政治」総合研究開発機構編『事典　日本の課題』学陽書房
――（一九七八b）「逆流か前進か」『革新』一〇一号

＊　＊　＊

本稿は科研費20K13394の成果の一部であると同時に、さまざまな出会いの産物である。

直接の面識がない升味準之輔への興味を掻きたててくれたのは、かつて都立大で升味と同僚だった御厨貴先生であった。深津真澄の「五五年体制」論は酒井大輔さんがツイッター上で紹介して知ったもので、今回の執筆にあたっても相談させていただいた。本稿執筆の直接の契機はたまたま都立大に赴任し、着任初年次に「都立大政治学」を読む学部ゼミを開催したことにある。参加してくれた――しかもコロナ禍のオンライン授業で対面では一度も顔を合わせぬまま――のは川西龍さんただ一人だったので、一緒に升味らの論文をじっくり読むことができた。執筆過程では五百旗頭薫先生や前田亮介さんから貴重な情報提供をいただいた。ここに記せなかった方々を含め、出会いと支援に感謝申し上げる。

一九九〇年代日本におけるリーダーシップ待望論の諸相
——小沢一郎と佐々木毅

佐々木　雄一

はじめに

一九九〇年代からの諸改革によって、日本政治のあり方は大きく変化した。ただその「改革」とは何だったのか、全貌をとらえるのは容易ではない。特に、政治過程の分析はともかく、アイデアや言説の次元における改革論の検討は、吉田（二〇一八）や待鳥（二〇二〇）があるもののなお大きな課題として残っている。

取り組まれた諸改革は、政治改革、選挙制度改革、行政改革、司法制度改革、地方分権改革など多面的であり、推進主体も多様であった。提起された時期や、実現した時期も異なる。制度変更が断続的に続いているものもある。複数の領域の改革が論理的・必然的に連関している場合もあれば、そうでない場合もあった。そうした改革と改革論の諸相を分解し、誰（どの集団）がどの時点でいかなる議論を展開していたのか掘り下げて見てみることには、大いに意味があるだろう。

本稿はその一つの試みとして、リーダーシップという観点に即して、小沢一郎と佐々木毅の議論を検討する。小沢と佐々木はともに一九四二年生まれ。一方は政治家として、もう一方は学者・言論人・有識者として、一連の改革に関わり影響を与えた代表的人物である。その両者の議論から、一九九〇年代にいかなる背景や論理に基づいて政治的リーダーシップの確立が求められたのかを考える。主に取り上げるのは、『日本改造計画』と『いま政治になにが可能か』である。

なお、後でも触れるように、一九九〇年代以来の改革で追求されてきた政治的リーダーシップというのは多義的である。権限・力を有するという意味合いもあれば、決断をするとか大きな方針を示すといった意味合いもある。そして、直接的にそのような説明をするかどうかはさておき、指導者が巧みに課題を解決する、状況を改善させる、といった期待も込められていた。

そうすると、その三つの要素に限っても、一致する保証はない。制度上の権限が集中していても、指導者に決断力が欠けていれば機動的な決断はなされないだろうし、適切な対応策を見出せなければ物事をうまく処理できないだろう。あるいは逆に、指導者がトップダウン型の決断よりも調整や根回しを重視していても、その政権の課題解決能力は高いかもしれない。しかし一九九〇年代以来の改革論においては、そのあたりについてあまり突き詰めることなくリーダーシップの確立が訴えられた。

また、戦後日本の政治学においてリーダーシップの概念は相応に注目されてきた（丸山 一九五四／丸山 一九九八／京極 一九五六／篠原・永井 一九六五／篠原・永井 一九八四参照）。しかしながら、一九九〇年代の改革に何らかのかたちで関わり、あるいはそれについて発言した政治学者は多いが、その際に学術用語としてのリーダーシップの概念が特に意識されていたようには見えない。したがって本稿も、当時世上一般に使われていたかたちの広い意味で、リーダーシップの語を用いる。

1　『日本改造計画』と小沢一郎

『日本改造計画』は一九九三年五月二〇日付で刊行され、発行部数七〇万部を超えるベストセラーとなった。ちょうど、六月に宮澤喜一内閣に対する不信任案が可決され、衆議院解散となり、七月の衆議院議員総選挙を経て自民党長期政権に終止符が打たれるという激動の時期だった。そして小沢は、羽田孜らとともに内閣不信任案に賛成票を投じて不信任案可決をもたらし、自民党を離党して新生党をつくり、総選挙後には非自民・非共産連立の細川護熙内閣成立を導くなど、まさにその変動の中心に位置していた。

政治家の名で発表された文章にはよくあることだが、『日本改造計画』は小沢自身が全面的に執筆したわけではない。御厨・芹川（二〇一四：七二－七三）では具体的に、「政治の部分はぼく〔＝御厨〕と飯尾〔潤〕が書いて、外交と安全保障は北岡伸一、経済は竹中平蔵と伊藤元重が書いたんですよ」と記されている。

もっとも、小沢も協力者の存在を特段隠そうとはしていない。後年、「『日本改造計画』は、ずーっと前から、いろんな先生方に集まっていただき、ご意見をいただいて、まとめたんです。「フォーラム〔＝改革フォーラム21〕」を作った頃は、まだ原稿の推敲をかさねていました。僕は、自分でちゃんと推敲します。もちろん先生方からいろいろな意見を聞きながら作りました」、「メンバーは10人くらいで、ほぼ決まっていた。政治家はいなかった。官僚と学者の方々。官僚のほうが少なかった。そして、60回くらい、議論したかなあ」などと説明している（五百旗頭ほか 二〇〇六：九五－九六）。学者や官僚の話を聞き、議論し、小沢が原稿に目を通したうえで『日本改造計画』は発表されたのであって、細部の記述内容はともかく、総じて小沢の考えを示したものと位置づけることができる。それは、その頃の小沢のインタビュー記事などを見てもうかがわれる（例えば、小沢・松崎 一九九〇／小沢・城山 一九九一／小沢・田原 一九九三）。また小沢の政策論の根幹は、『日本改造計画』以降、一貫性を示していた（山本 二〇〇九／佐々木 二〇一九ａ）。

2 『日本改造計画』概観

『日本改造計画』は、アメリカのグランド・キャニオンには転落を防ぐ柵も注意を促す人も立て札もない、という「まえがき」から始まる。日本であれば前もってあらゆる事故防止策が講じられるはずだとして、「大の大人が、レジャーという最も私的で自由な行動についてさえ、当局に安全を守ってもらい、それを当然視している」日本と、「自分の安全は自分の責任で守っている」アメリカを対比したのである（小沢 一九九三：一－二）。後年、このグランド・キャニオンの例を用いた導入部について、学者のアイデアかと尋ねられたのに対し小沢は、「あれは僕自身の経験なんです。実際に行ったときに僕はほんとにそう思ったから書きました」と述べている（五百旗頭ほか 二〇〇六：九六）。

そして、規制を求め規制に安住する風潮は社会全体に当てはまる、と話が展開する。「日本の社会は、多数決ではなく全会一致を尊ぶ社会」であり、「社会は個人を規制し、規制に従う個人は生活と安全が保証される、という関係だった」。「個人は、集団への自己埋没の代償として、生活と安全を集団から保証されてきた」のであって、「そこには、自己責任の考え方は成立する余地がなかった」（小沢 一九九三：三）。

しかしそのような社会のあり方では立ち行かなくなった、ということで、改革が提起される。

しかし、いまや時代は変わった。日本型民主主義では内外の変化に対応できなくなった。いまさら鎖国はできない以上、政治、経済、社会のあり方や国民の意識を変革し、世界に通用するものにしなければならない。

その理由の第一は、冷戦構造の時代のように、自国の経済発展のみに腐心してはいられなくなった。政治は、経済発展のもたらした財の分け前だけを考えていればよい時代ではない。世界全体の経済や平和を視野に入れながら、激変する事態に機敏に対応しなければならない。世界の経済超大国になってしまったわが国の責任は、日本人が考えている以上に大きい。

第二は、日本社会そのものが国際社会化しつつある。多くの日本人が国際社会に進出し、多くの外国人が日本社会に入って来ている。もはや、日本社会は、日本型民主主義の前提である同質社会ではなくなりつつある。

改革の柱は、政治のリーダーシップの確立、地方分権、規制の撤廃、である。リーダーシップの確立については、「それにより、政策決定の過程を明確にし、誰が責任を持ち、何を考え、どういう方向を目指しているのかを国内外に示す必要がある」と説明されている。そして、「これら三つの改革の根底にある、究極の目標は、個人の自立である。すなわち真の民主主義の確立である」と論じられた（小沢 一九九三：四－五）。

その後、この「まえがき」の内容と対応するかたちで、本論において多岐にわたる具体的な提言がなされている。『日本改造計画』が描く、なすべき改革と改革後の日本のあり方は、以下のようなものである。

国民によって権力を付託された者が、一定期間責任を持って政治をおこなう。決断する。必要な権力を民主主義的に集中させ、その権力をめぐる競争を活性化する。政権交代の可能性のある政治にする。その際、本当に中央政府に必要な権限以外は地方に委譲し、中央は国家レベルの課題に取り組む。中央の事務量を減らし、官僚は大局的な観点から政策を考える。

首相周辺のスタッフを充実させ、官邸機能の拡充・強化を図る。多くの与党議員が政府に入り、内閣と与党が一体化し、そのなかで首相がリーダーシップを発揮する。官僚は、純粋にテクノクラートとして政治家を補佐する。国会を、政治家同士の本格的な議論・討論の場にする。

衆議院の選挙制度は、小選挙区制にする。それにより、政治のリーダーシップとダイナミズムを取り戻す。各政党が、政党本位・政策本位で選挙をおこなう。

国内社会では規制を緩和・撤廃し、個人や企業は自己責任を伴うかたちで自主的に、自由に活動する。対外的には、真の意味での国際国家として、また国際環境の平和・安定と自由な貿易から恩恵を受けてきた経済大国として、世界の平和や秩序を維持するための責任と役割を積極的に果たす。

3 『いま政治になにが可能か』概観

続いて、『いま政治になにが可能か』（一九八七年刊）の内容を確認する。著者の佐々木毅は東京大学教授。元来の専攻は政治学史・西洋政治思想史だが、一九八三年頃からアメリカ、次いで日本政治に関する論稿を度々発表し、注目を集めていた（佐々木 一九八三a／佐々木 一九八三b／佐々木 一九八四a／佐々木 一九八四b／佐々木 一九八四c／佐々木 一九八六a／佐々木 一九八六b／佐々木 一九八六cなど。その間の経緯については、『読売新聞』二〇一八a参照）。そこで用いられていた「政治的意味空間」や「横からの入力」といった概念は、『いま政治になにが可能か』でもキーワードとなっている。

執筆の背景と意図は、以下のように述べられている。

ここ数年間、われわれの眼前に繰り広げられたのは政治的意志結集そのものの欠如であり、小出しの場当り的政策への安住であった。事態を放置すれば重大な危機が招来されるのはわかっていながら、対症療法に逃避し、自ら実行を伴ったメッセージを発しようとはしなかった。あげくの果てに国民にそのツケを回し、回避できたはずの犠牲まで国民に強いることになった。このように見てくると、日本の政治の仕組みにはなにか根本的な欠陥があると思わざるをえない。本書はこの点に焦点を当て、可能な限り、それを解明しようとした。（佐々木 一九八七：二一九）

主に念頭に置かれていたのは、日米の経済摩擦やその周辺の問題群だった。第一章で具体的に問題提起をおこなっている部分を引用する。

アメリカやヨーロッパからは経済貿易を中心に矢の催促が毎日のように続く。またアジアの国国〔ママ〕は日本の経済活動や教科書問題などで根強い不信の念を持っている。こうした状況を適切に処理する原則があるのか。かりにあるとしても、それを諸外国に対して説得的に示す行動が見られるであろうか。前川リポートは産業構造を外需依存型から内需中心型に転換することを約束したが、昭和六十二年度予算はそうしたメッセージにふさわしい内容を具えているとは言えないのではないか。貿易赤字と議会対策に苦しむレーガン政権がこれを見て、円高促進を目論むのは当り前ではないか。〔…〕長い目で見て、国民にとって重いコストを支払わせることになるのではないか。しかもこの不手際に対して内外に政治的責任を明らかにし、ケジメをつけるのを怠っているのではないか。これでは日本がどこへ向おうとしているのか、わかってもらえるほうがおかしいのではないか。局面局面ではそれなりの対応が出来ても、それらを総合的に捉える見通しや戦略構想がおよそ欠けているか、これまでの政治の仕組みが時代遅れになってしまったのではないか。「発信体としての日本」はいつになったら可能であろうか。（佐々木 一九八七：二三二―二三四）

そして、そうした課題に対処するうえで「残された活路は政治」であり、「政治はますます重大な責務を負っており、その改革は急務である」と論じ、「政治について少し遡って考察し、その可能性を追求」する作業をおこなったのである（佐々木 一九八七：三七）。

第二章は、諸外国の要求、すなわち「横からの入力」が日本の政治・行政に対して大きな影響を与え、流動化現象を引き起こしている様子を描いた。第三章は、西洋の思想家・哲学者の議論を多々紹介しながら、政治と政治的意味空間について説明した。「政治的意味空間」とは、「政治社会の全体と各部分のあり方について、主として政治家集団やその周辺から国民に送られるメッセージを軸に形成される、理解と説得の世界」を指す（佐々木 一九八七：一〇五）。第四章は、日本に政治の中心がないと断じたカレル・ヴァン・ウォルフレンの論稿（Foreign Affairsで発表。その後『諸君！』に和訳掲載。Wolferen. 1986／ウォルフレン 一九八七）の内容を紹介しつつ、日本の政治的意味空間が破壊され、分断され、閉塞状況にあると論じた。そして第五章では、内外政の展望といくつかの改善策を示している。

4 重なる問題意識と主張

両書は、一九八七年と一九九三年という、政治改革の気運が高まっていく時期を考えれば大きいというべき刊行年の差がある。『いま政治になにが可能か』刊行時の時代状況について、佐々木は数年後、次のように記している。「当時は、いまとくらべれば、日本の政治に対する危機感は低く、政治の可能性にこだわるなどといった観点は、言論界の一部を除けばあまり一般的ではなかった。その中で選挙制度改革問題などを提起したわけであるが、数年後に、これが日本の政治の焦点になるなどということはまったく予想すらしなかった」（佐々木 一九九一：二八二）。

にもかかわらず、両書の問題意識や主張内容は多分に重なり合っている。まずいずれも以下のように、政治が本来のあるべき姿になっていないと論じ、そのような状況をもたらしている中選挙区制を批判し、選挙制度改革を主張した。

「地元民主主義」「地元の面倒」は、一見きわめて能率的で効果的な政治のやり方のように見える。しかし実は、いま述べたように、そこでは政治の分断、破壊が極度に進行し、政治というよりも行政のシステムのなかに政治が埋没し、その本来の姿はすっかり見失われている。〔…〕そこでは政治社会全体のあり方を考え直す政治術などに用はない。既存の体制を見直すどころかそれにドップリ浸かり、ここから「選挙に勝てばよい」という「私事」以外に視野がなかなか拡大しない政治家像が出てくる。そして「地元の面倒」は行政を通して、そのなかに潜行する。〔…〕「地元民主主義」は行政的中央集権体制を前提としている。従ってその病理は、ひとり政治家の「心がけ」だけで片付けられない制度上の要因にも根ざしている。いま一つ制度的側面で忘れてならないのは、中選挙区制が採用され、しかも同じ選挙区で自民党が複数の候補者を樹立するという点である。これは、そうでなくても政策への展望の乏しいシステムを、ますます脱政策化へと加速する結果となった。（佐々木 一九八七：一四五－一四六）

日本の戦後政治の最大の問題はその「ぬるま湯構造」にある。

国際秩序の維持はすべてアメリカに任せて、経済発展に専念し、それによる財の分配に終始してきた。野党の言い分も聞きながら、予算をできるだけ公平に配分すれば済んだ。その談合が政治のすべてだった。そこには、日本の進むべき針路をめぐる真剣な議論も政策上の真に激しい対立もない。

〔…〕衆議院の中選挙区制はぬるま湯構造の維持装置といっても過言ではない。現に政権を握っているから現状を変えたくない与党はもちろん、政権から遠ざかっている野党にとっても、現状改革の意欲を失わせてしまうほど居心地がよい。

〔…〕中選挙区制が社会党を筆頭とする野党をダメにした、と私は思う。その結果、自民党の半永久政権がつづき、自民党自身も閉塞的な状況に陥っている。したがって、政権を狙える、あるいは政権を狙う意欲のある野党をつくり、ぬるま湯構造を打破するためには、中選挙区制を廃止しなければならない。（小沢 一九九三：六五－六七）

この引用部分からもわかるとおり、両者の力点は異なる。佐々木は、地元の面倒、地元民主主義、利益政治といったものばかりが横行し、政治が細分化・断片化されている状況を問題視した（『読売新聞』二〇一八b参照）。それに対し、小沢が根本的な問題と位置づけていたのは、国政中枢におけるぬるま湯構造や談合であり、コンセンサス重視の社会である（五百旗頭ほか 二〇〇六：七〇－七三、九七－九八参照）。

しかしいずれにしても、国家レベルでのなすべき決定や議論が日本政治に欠けているという認識は共通している。そして、求められる政治のあり方を、「総合」や「戦略（ストラテジー）」といった同じ言葉を用いて説明した（佐々木 一九八七：三四、七一、九五、一七七／小沢 一九九三：二一、一〇七－一〇八）。

他にも両書は共通して、例えば、政権交代がないのは民主政治にとって本質的によくないことであると論じた。首相が明確なメッセージを国内外に発信する必要性と、それが現状はできておらず海外から不評や不信を買っていることも指摘した。また、国政における政治の強化を訴える一方で、それと対になる変革として、地方分権を主張した。

正確にいえば、『いま政治になにが可能か』は、政治的リーダーシップの確立を直接的に訴えているわけではない。そもそも、政治のあるべき姿を論じる際に、プラトンやアリストテレスに言及しながら示された「政治術」という言葉は繰り返し用いられているが、「リーダーシップ」の語はほとんど出てこない。ただ、日本における政治の機能不全を批判し政治の復権と集中を訴えるという展開は、政治的リーダーシップの確立を求める議論と軌を一にしている。

したがってもう少し後の時期になると、佐々木の議論は小沢の改革論とさらに一致の度合いを増す。例えば一九九二年の著作では、「万年与党万年野党体制こそ、日本の政治の活力を妨げている諸悪の根源であり、その問題にフタをして「きれいな政治」を云々するだけではこの体制は変わらないことが明らかになった」、「〔政治は〕依然として過去の環境の中で惰眠を貪っており、政治的リーダーシップの姿はますます見えにくくなるありさまである」、「「冷戦の終焉」は政治の流れを猛烈に加速したわけであるが、日本の政治はなお冷戦時代の時間感覚に慣れ切っている。しかし、早晩、「横からの入力」の増大もあり、政策決定のスピードを上げ、多くの課題を処理していかなければならなくなるであろう。〔…〕そのためには、政治力の集中と責任体制の確立は避けて通れない」などと論じている（佐々木 一九九二：一六五、二一三、二一四）。また、主査を務めた民間政治臨調（政治改革推進協議会）が一九九三年に発表した政治改革大綱の導入部分の文章で、リーダーシップの死滅を指摘し、制度改革を通じて権力やリーダーシップの「切れ」を回復させるよう説いた（佐々木 一九九三）。

5　国際環境と日本の改革

それでは、刊行年に差があり時代状況が異なるにもかかわらず、両書がいずれも日本の政治はあるべき姿になっていないと指摘し、改革を訴えた背景には何があったのだろうか。言い換えれば、改革や政治的リーダーシップの確立は、どのような論理に基づいて求められたのだろうか。

まず重要なのは、待鳥（二〇二〇：九三－一〇四）などでも論じられているように、国際環境である。『日本改造計画』は、もはや冷戦構造の時代ではないため、リーダーシップを確立する必要があると主張した。この点につき、すでに「まえがき」部分の記述を引用した。他にも、「冷戦の終結は日本政治の総談合構造の崩壊を意味する。〔…〕世界の激変に対応し、日本の平和と繁栄の基盤を再構築するためには、なれ合い、もたれ合いの構造を壊し、政治のあり方を根底から変えなければならない」といった論じ方がなされている（小沢 一九九三：六六）。冷戦の終結が、日本政治の改革を求める最大の根拠となっていたのである。湾岸戦争やＰＫＯ協力法をめぐる問題も、リーダーシップと責任ある決断の必要性を示す例として挙げられた。

そうすると、その議論は一九八七年刊行の『いま政治になにが可能か』においては成立しない。まだ、冷戦の終結も湾岸戦争も起きる前である。しかし同書も、「政治を無視し軽蔑し、それでことがすむ時代は過ぎ去った。また、政治家が何をしていようと天下泰平ですむ時代は過ぎ去った」と論じた（佐々木 一九八七：三七）。時代が変わったから改革をしなくてはならない、政治が果たすべき役割を果たさなくてはならない、というのである。そしてその変化は、国際環境ないし対外関係において生じているのだった。すなわち、日本の経済大国化や貿易黒字の増大、経済面の国際化、アメリカの貿易・財政赤字といった背景のもとで、外国からの要求が日本に突きつけられ、日本の政治・行政に対して重大な作用を及ぼすようになった。その状況に対し、「地元の面倒」、「業界の面倒」、「行政の集中」、「政治の行政化」、族議員といったものに特徴づけられる従来のような個別的利益中心の政治ではうまく対応できず、そこで、政治（家）のあり方の変革が求められたのである（佐々木 一九八七：二五－七六、一三八－一七九、二〇一－二一七）。

広い意味では、両書は同じ現象を指摘していた。つまり、日本が冷戦構造のもとでアメリカに依存しながら経済成長に専心していればよい時代からそうではない時代に変わった、ということである。同様の議論は、例えば時期的に両書の間に位置する北岡（一九八九）などにも見られる。「そうではない時代」をどのように描写するかは時期によって違いが出てくるのであって、一九八七年時点では、具体的な事象をいくつか説明する必要があったと思われる。冷戦終結後は、言うまでもなく、冷戦の終結が時代の転換の象徴となる。そのうえで、湾岸戦争など個別の大きな問題もつけ加わるかたちで論じられた。ただいずれの場合も、「そうではない時代」の日本の対外行動において、主体性や迅速さ、発信力が求められるという図式は同様だった。

6　経済大国・日本

ここまで紹介してきたところからもわかるように、両書の議論の前提には、日本の経済大国化という状況があった。『いま政治になにが可能か』は、さまざまな経済指標から見て日本が「上昇する太陽」とのイメージを内外に与えることは避けられず、その「上昇する太陽」に対して世界から各種の不満や要求が寄せられるのは当たり前であるとした（佐々木　一九八七：三―五）。そうした不満や要求が日本政治の改革の必要性を浮き彫りにしたという構図は、前述のとおりである。

『日本改造計画』の方はより直接的に、大国であることを根拠に改革やリーダーシップの確立を訴えた。例えば、以下のように論じられる。同書ではこのような論理が繰り返し用いられた。

日本のGNPは世界の一六パーセントを占めている。これは、アメリカに次いで第二位というより、アメリカと二ヵ国で世界のGNPの半分近くを占めている、といった方がわかりやすい。そして、ヨーロッパ、アメリカと並んで、世界の三つの極の一つを構成している。つまり、日本の一挙手一投足が、世界の隅々にまで影響を及ぼす状況になっている。

日本は世界の大国になってしまったのである。したがって、好むと好まざるとにかかわらず、大国としての責任を免れることはできない。アメリカが単独で世界を取り仕切っていた時代のようなわけにはいかない。日本は、その広く深い影響力をきっちりとコントロールし、世界のために役立てる義務がある。

そのためには何が必要なのか。強力なリーダーシップである。その強いリーダーシップが日本にあるだろうか。（小沢 一九九三：一六―一七）

経済大国であるはずなのに国民はその豊かさを享受していない、実感していない、という指摘も両書に見られる。そしてその問題が、政治の改革と結びつけて論じられたのである。『いま政治になにが可能か』は日本の状況を次のように説明し、従来とは異なる政治の必要性を説いた。


日本人はこの三十年の間、猛烈な勢いで経済活動を行ない、そのGDPの伸びは確かに世界の脅威の的になった。猛烈な勢いで飛び上るのはやさしいことではないだろうし、ましてや飛び続けるのも難しいことであろう。しかし最も難しいのはどこへ、どう着陸するかである。

〔…〕今日、日本は貿易摩擦、円高、経済構造の調整といった一連の難問に直面しているが、それは先のことを考えずに猛烈に飛び続けているうちに燃料切れで失速していく姿に似ている。

「過ぎたるは及ばざるが如し」の喩えのように、ドグマと化した一つの路線が、周囲の状況や自

らの生活への適切な目配りを欠いて暴走し、自己破壊を行なっているのではないか。（佐々木一九八七：二九―三〇）

『日本改造計画』は、「経済大国の国民であるはずの日本人は、豊かな生活を送っているという実感がない」と記し、貧弱な国民生活から脱却するために諸種のしがらみを取り除くことを訴えた（小沢一九九三：一八〇―一八七）。それは、規制を批判し国民に自由と責任を求めたのであり、政治のあり方の改革と方向性を同じくする議論だった。

一九九〇年代半ば以降の日本は一転して、経済状態の悪化・停滞や社会不安が意識されることが増え、そこに少子高齢化や中国の台頭といった要素も加わってきた。したがって、日本が大国であるとか上りゆく国であるとの共通認識を前提とするような議論はなされなくなっていった。しかし、それで改革を求める声が後退したわけではない。長年にわたりさまざまな人々が関与して進展してきた一九九〇年代以来の改革において、改革論の基礎となっていたある状況や論理が変化・消失しても、別の状況や論理に支えられて改革論の方は持続するということはよくあった。

7　選挙制度論に表れた両者の差異

以上見てきたように、問題意識や主張内容、改革を訴える際の論理に多くの共通点がある両書だが、大きな違いもある。それは、中選挙区制を問題視したうえで、どのような選挙制度を提起するかというところである。

『いま政治になにが可能か』は、衆議院の選挙制度に比例代表制を導入することを提案した。それにより、政治における政党の存在感が高まり、個別的利益政治のような脱政治的傾向は後退し、政治家は「業界の面倒」・「地元の面倒」専門の政治屋《ポリティシャン》ではなく、本来の政治術の担い手たる政治家《ステイツマン》となる、というのである（佐々木 一九八七：二〇七―二〇八）。

日本で政治改革や選挙制度改革の気運が高まる以前の著作であるから、いくつかの改革案のうち特に比例代表制がよいとの主張ではない。ただ、もう少し後の時期に、選挙制度改革が日本政治の焦点になり小選挙区制導入も提起されたなかにおいても、佐々木は、いずれにせよ中選挙区制をやめることが重要であるとして、小選挙区制と比例代表制のどちらが望ましいという点に踏み込まない論じ方を見せていた（佐々木 一九九一：一八五、一九〇、一九八／佐々木 一九九二：二一七）。

一方、『日本改造計画』は、小選挙区制の導入を求めた。比例代表制的な要素を加味した小選挙区比例代表並立制は否定しないものの、「政治のダイナミズムを阻害しているのは、あまりに強すぎる比例代表制的な原理である」というのが『日本改造計画』の立場だった（小沢 一九九三：六八―七一）。

こうした主張の違いは、両者の改革論の根幹と関わっている。前述のとおり、佐々木が個別利益中心の政治を問題視していたのに対し、小沢が根本的に変革の必要性を感じていたのは、ぬるま湯構造やコンセンサス社会だった。

したがって小沢の場合、単に政党中心の選挙や指導者による大局的な視点の国家運営がなされればよいのではなく、政治における対立・対抗の創造や多数決主義、そしてそのなかでの国民の選択、責任を伴う自己決定といったことが強調される。『日本改造計画』は、「政治のリーダーシップを回復し、ダイナミズムを取り戻すためには、多数決原理をもっと前面に出さなければならない」として小選挙区制の導入を主張し、「これほど明瞭に多数決原理の考え方を反映している選挙制度はない」と論じた（小沢 一九九三：六八‐六九）。また小沢は後年、「小選挙区制によって有権者は、あっちかこっちかを選ばなけりゃならないことになった。〔…〕国民一人一人がきちっと自分の意思をはっきりさせるようなシステムをつくっていかなきゃいけない。今はあまりにも意識が低過ぎますからね」と述べている（五百旗頭ほか 二〇〇六：七二）。

それに対し『いま政治になにが可能か』は、日本社会のあり方に触れた部分もあるものの、基本的には、政治家の世界に注目したかたちの、どのような政治が望ましいかという政治分析・改革論である。そして、政権交代や政党間競争、「ケジメと責任の仕組み」の意義は論じるが、日本政治は多数決原理に立脚しなくてはならないとは主張していない。むしろ、「戦後史のなかで、国民生活にとって最大と思われるこの変動期が必要としているのは新しい「大政治」である。日本の今後のあり方についてのコンセンサスの創出とストラテジーの確立である」との記述がある（佐々木 一九八七：七一）。それ自体は何気なく書かれた一節かもしれず、日本政治の変革方法として多数決型とコンセンサス型のどちらがよいかという選択をしているわけでもない。しかし、『いま政治になにが可能か』は、政治における説得や納得を重視していた。そもそも、同書の中核的な用語である「政治的意味空間」が、そのような概念である。「政治的意味空間に足場をおく「納得ずく」の政治は、政治権力を理解と了解で包み込み、あるいは支え、それによって問答無用の要素を少なくする道である」と論じられた（佐々木 一九八七：一〇八）。政党のあり方も政治のあり方もすべてが改善され、国民を説得しようとする政党間競争が起これば、両者の描く政治像は同じようなところに帰着するのかもしれないが、小沢の多数決主義とは根本的に異なる発想の議論だったと言えよう。

8 リーダーシップの確立をめぐる陥穽

両者の差異は、リーダーシップ待望論が抱えていた矛盾を示唆する。小沢の改革構想は、必要な権力を民主主義的に集中させ、国民によって権力を付託された者が、一定期間責任を持って果断に政治をおこなうというものである。国民は政権選択の機会である選挙において、政治に主体的に関与する。政権獲得を本気で目指す意思と能力のある政党が本当に自民党以外に誕生するかどうかという問題はあるものの、一応それが実現したとすれば、日本政治において衆議院総選挙の意義は高まる。

しかしながら、『いま政治になにが可能か』では、一九八六年のいわゆる死んだふり解散による衆参同日選挙実施を例に、「選挙に勝てばよい」型民主主義が政治的意味空間を破壊しているものとして批判されていた。すなわちそれは、「目的のためには手段を選ばぬ術策のオンパレード」であり、政治家はウソをつき、言うことをクルクル変え、とにかく同日選ならば勝てるということで、解散したいがために衆議院解散がなされた。しかも、「円高の影響が深刻化するなかで、国民生活そっちのけでこの芝居」はおこなわれた。選挙戦においても、各党が減税を掲げながら説得的な財源を示さず、税をめぐる議論は深められなかった。中曽根康弘首相や自民党候補は大型間接税の導入を否定し、結局、翌一九八七年に売上税をめぐる混乱が生じることとなる。そうした様子は、「国民に議論の焦点を示し、討論し合うどころか、「選挙に勝てばよい」型民主主義丸出しに争点を隠し、数ヵ月の間、国民を欺くのに狂奔した」と断じられた。また、「国民の納得、説得に基づく政治を行なわないならば、国民を騙すか強権で押えつけるかしか道はない」とも指摘された（佐々木一九八七：一二八－一三八）。

もしそのような状況が存在するならば、小選挙区制の導入によって選挙の対決感が高まり多数決原理が前面に押し出されれば、悪弊はより深刻化するだろう。政権獲得の期待や野党転落の危機感は、ますます選挙に勝つことを自己目的化させるはずである。小選挙区制を導入することで本気で政権獲得を目指す自民党以外の大政党が生まれるというのは、実現するかどうかはともかく、理屈は通っている。しかし、中選挙区制下で真摯な議論をおこなわない政党や政治家が、小選挙区制になればそれをするとは考えにくい。

もっとも、『日本改造計画』の場合、多くの与党議員の政府入りや国会改革、各党の候補者選出方法の改革なども論じているため、それらがすべて達成されれば、与野党間の価値ある政策論争がおこなわれるのかもしれない。ただいずれにせよ、権力の集中や対立・対決の創出とは別の部分での改革を必要としていることに変わりはない。

制度の変更であるとか力・権限の強化は、問題解決や状況の改善をもたらすのか。そしてまた、政治家がおこなうべきより優れた政治、よりよい政治活動とはどのようなもので、それはいかにして達成されるのか。顧みられるべき点だと思われる。

おわりに

両書を比較検討すると、論点は他にもいくつも浮かぶ。最後にもう二点、簡潔に触れたい。

第一に、両書では「責任」という言葉が多々用いられている。しかしその意味合いは定かでない。おそらく少なくとも、①誰（もしくは何）が責任主体か、②何をすべきか、③結果について責任を負う、という三つの要素が、必ずしも区別されずに含まれていた。『日本改造計画』でいえば、「誰が責任を持ち、何を考え、どういう方向を目指しているのかを国内外に示す」というのは①、「世界の経済超大国になってしまったわが国の責任」は②、国民に求める「自己責任」は主に③だろう。ただ、特に③の「責任を負う」というのは、政治の世界では一筋縄ではいかない。責任の帰属を認めるか、失敗を認めるか、どのような引責行動をとるか、といったいくつもの段階があり、それは制度的に責任体系を明確にしても同様である。改革論を通じて責任への意識が高まり、しかし責任をめぐる議論は続くことが予想される。日本政治における責任という語の用いられ方は興味深い検討課題であり、一九九〇年代の改革はその重要な画期だったと思われる。

第二に、両書は日本政治における中枢権力の弱小性や指導力の欠如、責任の不明確さを指摘している。戦後日本政治に関するそうしたイメージや言説は、明治憲法体制の割拠性であるとか指導部における主体的責任意識の欠如といった、辻清明や丸山眞男の戦前日本論から影響を受けていたと筆者は考えている（佐々木 二〇一九b参照）。ただ、日本政治史研究者が協力した『日本改造計画』にはそうした面もあるものの、小沢自身は、やはり政治生活上の実体験に根差した論じ方をしているように見える。また、『いま政治になにが可能か』は、中枢権力の不在という問題を、日本の学界・言論界における一般的な見方としては説明していない。ウォルフレンの議論をくわしく紹介したうえで、「日本には政治の中心がない」との指摘は傾聴に値するものを含んでいる。この指摘は多くの人には異様に聞えるかも知れない」としている（佐々木 一九八七：一二七）。北岡（一九八七：三六）がいわば日本政治史の常識に依拠するかたちでウォルフレンの議論を、「別に氏の新発見というわけではない。〔…〕日本における中心権力の所在が明らかでないことには、ペリー以来多くの外国人が悩まされてきたのである」などと評したのとは、対照的である。戦後日本において、政治中枢の権力構造やリーダーシップに関する言説・イメージがどのような展開をたどってきたのかは、一九九〇年代の改革論を考える前提として、重要な点だろう。

本稿では、主に小沢一郎『日本改造計画』と佐々木毅『いま政治になにが可能か』を取り上げて、政治のリーダーシップが求められた論理や背景を検討した。さらに本格的に研究しようとするならば、この両者に限ってもより長い時間軸でさまざまな資料を用いて分析する作業があり得るだろうし、無論、他の論者や集団、報道上の言説の検討も欠かせない。一九九〇年代初めまでの議論とその後の時期の議論がどのような関係にあったのかというのも、解明すべき問題である。政治改革・選挙制度改革の気運を高める最大の要因となった政治とカネの問題や改革のその他の諸要素が、リーダーシップの確立・強化の観点とどのように関わっていたのかも考える必要がある。いずれ機会があれば、取り組みたい。

文献一覧

五百旗頭真、伊藤元重、薬師寺克行編（二〇〇六）『90年代の証言　小沢一郎　政権奪取論』朝日新聞社

ウォルフレン、K・G・V（一九八七）「日本問題《ジャパン・プロブレム》」〔西岡公訳〕『諸君！』第一九巻第四号

小沢一郎（一九九三）『日本改造計画』講談社

小沢一郎、松崎哲久（一九九〇）「九〇年代政界再編はわが手で」『中央公論』第一〇五巻第一号

小沢一郎、城山三郎（一九九一）「マスコミを気にしてたら神経衰弱で死んじゃうよ」『文藝春秋』第六九巻第一号

小沢一郎、田原総一朗（一九九三）「「にわか改革派」はいずれ分かる」『中央公論』第一〇八巻第四号

北岡伸一（一九八七）「日本だけが特殊なのか」『諸君！』第一九巻第五号

――（一九八九）「国際化革命とリーダーの資質」『中央公論』第一〇四巻第九号

京極純一（一九五六）「リーダーシップと象徴過程（その一）――リーダーシップ・グループ内における諸相」『思想』第三八九号

佐々木毅（一九八三a）「現代アメリカの「新保守主義」」『思想』第七〇四号

――（一九八三b）「現代アメリカの選択肢――政治思想状況をみる」『世界』第四四七号

――（一九八四a）『現代アメリカの保守主義』岩波書店

――（一九八四b）「〈地元民主主義〉を超えて」『世界』第四五八号

――（一九八四c）「分断的政治システムに代る「政治空間」を求めて」『中央公論』第九九巻第六号

――（一九八六a）『保守化と政治的意味空間――日本とアメリカを考える』岩波書店

――（一九八六b）「〈一国民主主義〉の隘路――新しい国際状況と政治変動への視角」『世界』第四八五号

――（一九八六c）「日本政治を動かす「横からの入力」――政治活性化のための一視点」『エコノミスト』第六四巻第四三号

――（一九八七）『いま政治になにが可能か』中央公論社

――（一九九一）『政治に何ができるか』講談社
――（一九九二）『政治はどこへ向かうのか』中央公論社
――（一九九三）「なぜ改革なのか」民間政治臨調『日本変革のヴィジョン――民間政治改革大綱』講談社
佐々木雄一（二〇一九ａ）「実践的オーラル・ヒストリー方法論と一九九〇年代日本政治における保守――野中広務オーラル・ヒストリーを中心に」御厨貴編『オーラル・ヒストリーに何ができるか――作り方から使い方まで』岩波書店
――（二〇一九ｂ）「明治憲法体制における首相と内閣の再検討――「割拠」論をめぐって」『年報政治学』二〇一九－Ⅰ
篠原一、永井陽之助編（一九六五）『現代政治学入門』有斐閣
――（一九八四）『現代政治学入門〔第二版〕』有斐閣
待鳥聡史（二〇二〇）『政治改革再考――変貌を遂げた国家の軌跡』新潮社
丸山真男（一九五四）「リーダーシップ」政治学事典編集部編『政治学事典』平凡社
――（一九九八）『政治学　１９６０〔丸山眞男講義録　第三冊〕』東京大学出版会
御厨貴、芹川洋一（二〇一四）『日本政治　ひざ打ち問答』日本経済新聞出版社
山本健太郎（二〇〇九）「小沢一郎と政界再編――「政策」と「政局」のはざまで」御厨貴編『変貌する日本政治――90年代以後「変革の時代」を読みとく』勁草書房
吉田健一（二〇一八）『「政治改革」の研究――選挙制度改革による呪縛』法律文化社
『読売新聞』（二〇一八ａ）「時代の証言者　学問と政治　佐々木毅　19」『読売新聞』二〇一八年一〇月一〇日朝刊
――（二〇一八ｂ）「時代の証言者　学問と政治　佐々木毅　20」『読売新聞』二〇一八年一〇月一一日朝刊
Wolferen, Karel G. van. 1986. "The Japan Problem." *Foreign Affairs* 65(2).

「失われた二〇年」の日本政治研究——困難と希望

川口　航史

はじめに

本稿では、蒲島郁夫『戦後政治の軌跡——自民党システムの形成と変容』（岩波書店、二〇〇四年）（二〇一四年に同社より岩波人文書セレクションの一冊として「岩波人文書セレクションに寄せて」を追加して刊行）とFrancis McCall Rosenbluth and Michael F. Thies, *Japan Transformed: Political Change and Economic Restructuring* (Princeton University Press, 2010)（徳川家広訳『日本政治の大転換——「鉄とコメの同盟」から日本型自由主義へ』として二〇一二年に勁草書房より翻訳が刊行）の二冊を取り上げる。この二冊は、日本とアメリカにおける日本政治研究の第一人者により、アカデミックな知見をとりいれながら一般の読者層も考慮して書かれた、二〇〇〇年代における代表的な日本政治の研究書であり、比較政治という枠組みに基づいて日本政治を分析している。本稿ではこの二冊を紹介しつつ内容を分析することで、日本政治とその見方がどのように変遷していったのかを明らかにし、二〇一〇年代の状況を踏まえ、二〇二〇年代以降の日本政治や日本政治研究の展望を述べる。

1　蒲島郁夫の研究

蒲島（二〇〇四）は、五部一六章から構成される。第一部「自民党システムの形成」を構成する第一章は、蒲島がハーバード大学に提出した博士論文の一部を基にした、*World Politics* に一九八四年に掲載された論文、“Supportive Participation with Economic Growth: The Case of Japan”を一般向けに簡略化したものであり、「経済成長を進めながら、その成長の果実を、経済発展から取り残される社会集団に政治的に配分することによって、政治的安定を達成しようとするシステムである自民党システム」を提示し、それが継続・変容していく過程が次章以降で分析される。第二部「田中支配と中曾根政治の時代」を構成する第二章から第六章までは、一九八三年に行われた参議院選挙や衆議院選挙に際して得られたサーベイ・データや、一九八〇年代に著者らが行ったエリート調査、さらに集計データを用いて、その後の時代と比べて盤石だった自民党政権時代の有権者の支持動向やマスメディアのあり方を分析している。また、著者が提唱した概念である、「基本的に自民党政権を望んでいるが、政局は与野党伯仲がよいと考えて投票する有権者」（七五頁）を指すバッファー・プレイヤーに関する議論も含まれている。第三部「自民党政権の〝ゆらぎ〟」を構成する第七章から第一一章では、一九八九年の参院選から一九九八年参院選までが分析され、一九九三年の政権交代の前後における日本政治の変動が検討される。ここには、消費税をめぐる争点投票となった一九八九年参院選、自民の復調が見られた一九九〇年総選挙、政治不満が投票行動に与える影響や新党による候補者擁立の有無によって有権者の選択肢が狭められる問題点を指摘した一九九三年総選挙の分析、橋本龍太郎内閣の経済政策の失敗に対する業績投票の存在を指摘した一九九八年の参院選の分析などが含まれる。第四部「連立の時代」を構成する第一二章から第一四章では、自民党と他党からなる連立政権下における政治家や有権者の行動が分析される。自民党と自由党の連立が合意された一九九八年一一月から一二月にかけて行われた読売新聞と蒲島研究室合同の政治家調査に基づく分析や、地方での自民党の支持基盤の強さと都市部における民主党の支持拡大、さらに党首評価の重要性を指摘した二〇〇〇年衆院選の分析が含まれる。第五部「自民党システムと小泉政治」を構成する第一五章と第一六章では、小泉純一郎内閣が誕生した二〇〇一年以降の二つの国政選挙が分析される。二〇〇〇年総選挙と同様の首相評価の重要性と「分配の政治」から「説得の政治」への変化が示唆される二〇〇一年参院選の分析や、自民党に対する公明党の選挙協力の重要性と民主党の支持基盤の弱さから二大政党による政権交代の可能性が否定される二〇〇三年総選挙の分析から構成される。

以上の内容からなる本書は、アカデミックな分析と一般読者向けの平易な解説とのバランスをとった著作である。「はじめに」で著者が明らかにしているように、本書には蒲島が（一部は共著者と）執筆した、『レヴァイアサン』のような学術誌や学術的な単行本と、『中央公論』などの一般誌との両者に掲載された論文がまとめられている。正確さが重視される学術的な分析と、速報性が求められる一般誌向けの論考は、必ずしも両立しないわけではないが、難しい判断が求められる作業である。得られたデータは貴重だとしても社会において起こる現象のすべてをとらえられているわけではなく、その限界を自覚しながらも限られた時間のなかで何かを言い切る、ということは至難の業であり、その困難さへの果敢な取り組みがうかがえる。

また、本書の「定点観測」としての価値も指摘できよう。人々が政治的現象をどのくらい正確に理解し、記憶しているのかは、難しい問題である。そもそも、日々の政治現象への強い関心がある者も限られるうえに、それをその後も覚えていることはなおさら難しい。あの選挙の争点は何だったのか、どんなことが議論されていたのか、まったく思い出せないということも往々にしてあろう。本書を読み通せば、一九八〇年代から二〇〇〇年代前半までの日本政治における主要争点を理解することができる。これらの時代を生きてきた人は、それらを思い起こすことができ、まだ物心のついていなかった人は、日本政治がどのような発展を遂げてきたのか、その概要を理解することができる。

さらに、比較政治としての日本研究を志向し、その内容が国際的な発信に基づく点も特筆されよう。第一章の基となった論文が、比較政治や国際政治の分野におけるトップジャーナルの一つである *World Politics* に掲載されたものであるように、本書に所収された論文のいくつかは *Electoral Studies* や *Journal of Japan Studies, Social Science Japan Journal* などの英文雑誌に論文として掲載されている。掲載媒体だけではなく内容も比較政治としてどのように日本政治をとらえるか、ということが主眼となっており、選挙結果についてもアドホックな解釈ではなく、政治学における理論に基づき、他国への一般化可能性を追求した分析となっている。

このような志向は、蒲島が編集委員として参画した政治学の雑誌である『レヴァイアサン』の編集方針とも通じる。雑誌『レヴァイアサン』は猪口孝、大嶽秀夫、村松岐夫が創刊し、蒲島も第四号から編集に加わっている。創刊号に掲載された「『レヴァイアサン』発刊趣意」では「日本政治の現状分析の目覚ましい台頭」を指摘し、「日本政治分析を専門の研究対象として自らの本格的研究の中核に据え」、「普遍主義的な比較政治学への可能性を開」くような研究を発表する場を提供することの意義を述べている。発刊は一九八七年であるが、上記の蒲島の論文は一九八四年の出版であり、蒲島はこうした趣旨をキャリアの初期から自身の研究に反映させていたことがうかがえる。蒲島以外の編集委員も *American Political Science Review* や *International Organization* などの国際誌や英語書籍での出版実績をもち、日本国外の研究動向を意識し交流をもちながら、現代日本政治の分析に取り組んでいた。近年は日本人研究者が政治学の国際ジャーナルから出版する論文も増えているが、この意味でも創設者たちはフロントランナーであり、読者は本書を読むことで、日本政治だけでなく蒲島による研究や現代日本政治分析の軌跡の一部をもうかがい知ることができよう。

2　ローゼンブルースとティースの研究

蒲島の分析は二〇〇三年の衆院選までとなっており、その後の展開を知る者にとっては、どのような解釈が可能なのか気になるかもしれない。とりわけ、二〇〇五年のいわゆる郵政解散による自民党の地滑り的勝利や、二〇〇九年の衆議院議員総選挙を経た鳩山由紀夫を首班とする民主党・国民新党・社会民主党からなる連立政権の誕生など、本書の対象となる時代以降、日本政治は大きな変化を経験した。こうした現実政治を読み解く手がかりを提供するのが、次に紹介するローゼンブルース＝ティース『日本政治の大転換』である。上記の二つの総選挙の後の二〇一〇年に発表された本書は、アメリカに拠点を置く二人の日本政治研究者による著作である。ローゼンブルースは二〇二一年一一月に亡くなるまでエール大学などで、ティースはカリフォルニア大学ロサンゼルス校で長年教鞭をとっている。日本政治の概説書として著された本書において二人が注目するのは、一九九四年の衆議院選挙制度改革である。それまで採用されていた、一つの選挙区から二‐六人が選出される中選挙区制を廃止し、各選挙区から一名が選出される小選挙区制の比重が多い小選挙区比例代表並立制が導入されたことである。この選挙制度改革によって、日本の政治システムはより「健全」なものになり、「普通の民主主義国」になったとされる。すなわち、二大政党による政権交代が可能な英米型へと変化を見せていると主張する。著者らの理論によれば、政策選択は文化や経済的側面によるものよりも政治的側面が大きいとされ、政治制度と物質的な諸勢力の間の相互作用に焦点が当てられる。

具体的な内容は以下のとおりである。第一章で上記の本書を貫く問題意識を説明した後、各章で時代ごとの説明がなされる。第二章では、縄文時代から江戸期までの日本を振り返り、平等主義や紛争の少なさなど、日本文化の特徴とされているものが常に観察されるわけではなく、状況によって政治文化は変化しうるということを指摘する。例としては鎌倉時代の訴訟社会の出現などが挙げられる。第三章では幕末・明治維新から終戦直後までを取り上げ、この時代を理解するには経済的な側面への注目のみでは不十分であり、政治エリートの行動の重要性が指摘される。

第四章と第五章では、本書の中心的議論である、選挙制度の変更とその影響についての議論の前提として、旧来の選挙制度下における日本政治・経済の分析がなされる。第四章では一九五五年から一九九三年の自民党下野までの、自民党による一党優位政党制が見られたいわゆる一九五五年体制下の日本政治が、選挙制度とそれが与えた影響を中心として分析される。選挙区内で同一政党から立候補した複数の候補者同士が争う中選挙区制は、政策よりも人物重視の選挙を促し、派閥政治や利権政治をもたらした。その結果、近代的な産業部門（鉄）から政治献金を得て、伝統的な産業部門（コメ）の票を動員する「鉄とコメの同盟」が成立し、このシステムが自民党政権を支えることとなったとされる。第五章では、五五年体制下の日本政治の特徴が、日本経済にどのような影響をもたらしたかが分析される。人物中心の選挙運動に必要な費用の獲得のためにさまざまな規制が導入され、保護主義的な経済政策が実施された。しかしそれはグローバル化に伴う外圧などの状況の変化によって、維持することが困難になっていった。著者らは、こうした日本経済への選挙制度の影響を重視し、小選挙区制や比例代表制などの異なる選挙制度が導入されていれば、異なる経済状況が見られたのではないかと推論する。

第六章から第八章では、新選挙制度下での日本政治・経済・外交が分析される。第六章では、選挙制度の変更を含む政治改革以降の日本政治が分析される。小選挙区制によって選出される議員の比率が大きい新選挙制度は、選挙区内における同一政党の候補者同士の競争の発生を抑え、派閥の弱体化や政党の集権化をもたらし、選挙の顔としての党首の重要性を高めた。そして自民党と民主党からなる二大政党制へと政党制も変化していった。第七章では、こうした変化によって引き起こされた経済の変化が分析される。選挙制度の変更により選挙運動の争点は人物重視から政策重視へと変化した。こうして政治家が政治献金に頼らなくてもよくなったゆえに、大企業重視の政策は減少し、金融改革や労働市場の改革、さらに従来行われてきた農業・中小企業などへの保護の減少が行われた。著者らは日本の政策形成がイギリス型に近づいていくのではないかと結論づける。第八章では、政治改革後の日本外交のあり方が分析される。中選挙区制では外交争点は利権政治の対象とはなりにくく票にはならなかったが、小選挙区制下では利益誘導よりも政策が重視されるようになるため、政治家にとって外交に関する自らの国政上の重要案件は主要争点となりうる。さらに小選挙区制下での派閥の弱体化によって党内の集権化が進んだため、総理大臣へ権力が集中し、その制度的帰結として、アフガニスタン・イラク戦争に関して小泉純一郎首相は迅速にアメリカへの支援を決定することができた。さらにエピローグでは、二〇〇九年総選挙を、二〇〇五年総選挙に引き続き新選挙制度から予測される結果になったと位置づけ、今後の日本政治はイギリス型の党内規律の強い政党同士の競争となり、中道右派と中道左派の二大政党制に近づいていくのではないかと予測する。

本書で注目される点は、第一に制度から日本政治を説明しようとしている点である。選挙制度に着目し、それを独立変数としてとらえ、経済や外交に与えた影響を分析していく、というのが本書の基本的姿勢である。これは文化による説明の否定と表裏一体である。本書は第二章で、我々の多くが伝統的な日本文化だと考えているものは、時代をさかのぼってみれば自明のものではなく、その時々の社会状況によって規定される部分が大きかったということを示し、文化による説明力の低さを強調する。著者らはこれまでにも、Cox, Rosenbluth, and Thies（2000）で自民党の派閥主義は文化ではなく選挙制度によるものだと主張するなど、文化よりも制度による説明に重きを置く研究を発表しており、本書もその延長線上にあると考えられる。これは他の日本政治研究者にもみられる態度である。例えばスティーブン・リードはReed（1993）において、日本を文化から理解することを否定し、日本は「普通の人々が住む普通の国」（四頁）であるということと、日本の他国との比較可能性を強調する。第一章では日本の特殊性に関する議論に対する反駁が展開され、とりわけ戦後の自民党による一党優位政党制は有権者の意図ではなく、中選挙区制という選挙制度によるところが大きいことなど制度の違いによると指摘し、日本は決して特殊な国ではなく、制度の違いによって、そのアメリカなどの国家との差異が理解可能な国家である、ということが強く主張される。このように文化によって日本を説明することへの反駁は、アメリカにおける日本政治研究の少なくとも一部には通じている姿勢であった。本書においても、日本は特殊な国ではないということが強調され、日本文化だとされているものであっても、制度による説明が可能であると主張される。日本国外に拠点を置く研究者たちによる、より大きな視座に基づく著作であるとも言えよう。

第二に、二〇〇五年と二〇〇九年という、二つの総選挙の影響を強く受けたと思われる記述になっていることである。前者では小泉純一郎首相が率いる自民党が、後者では、鳩山由紀夫が率いる民主党が、地滑り的大勝利を見せた。本書はこの直後の二〇一〇年に出版された。"Transformed"という本書の原題が示すように、これまでの日本政治のイメージから脱却し、日本も政権交代が行われる普通の民主主義国になった、という認識の下に分析されたと思われる。

3　両書の意義と日本政治研究の現状・将来

本節では、両書の日本政治研究における意義を踏まえ、今後の日本政治研究の課題について考察したい。両者とも、日本の特殊性について否定的な側面がある。蒲島らが日本国内の研究への反論を意識していたのに対して、ローゼンブルースらの立場はアメリカ国内における従来の日本政治研究への反論が含まれていた。両者ともに、反論する相手の立場は日本が特殊な国家であるという議論であり、この点において日本とアメリカという場所は違えども、日本を比較政治の視座から位置づけるという観点から、共通の論陣を張っていたと言える。

ただし、特殊性の否定において難しいのは、日本が「普通の民主主義国」であるという結論と、日本という研究対象の魅力の十分な説明の両立である。例えば、先述のリードによる著作では、日本に関心をもつ理由の例として経済大国であることなどが例として挙げられる。一方で、ローゼンブルースとティースの著作では、"Why Study Japanese Politics"という第一章のタイトルにも象徴されるように、バブル崩壊などに見られる経済運営の失敗などが指摘され、日本経済は選挙制度によって政治的指導者らが誤った選択をしたことを示す事例として用いられる。私事で恐縮ではあるが、筆者が二〇一〇年代にアメリカ合衆国に留学した際にも、日本に対する政治経済面での関心の低下を体感することがあった。留学中に週に一回、日本語教育に携わる経験を得たのだが、日本語学習者の動機づけの多くが、アニメや音楽、ドラマなどの日本文化に対する興味関心であり、ビジネス上有利であるといった動機に基づいて学習する者は、筆者の周りには見つけられなかった。無論、これは筆者のわずかな経験に過ぎず、どこまで一般化可能なのかは定かではないものの、筆者にとって日本文化への関心の高さに驚くと同時に、その経済的地位の周縁化を実感する機会となった。

このように現実の国際社会における日本のプレゼンスが小さくなっている状況では、日本を研究する理由を説明する必要性が増し、比較政治の枠組みに照らし合わせた場合、日本はどのような特徴があり、その事例を分析することで他の国家に対してどのような含意が得られるのかが問われる。日本そのものへの興味が減少している現状では、蒲島らが取り組んだ日本政治研究の国際化は、当時に比してより難しいものになっているのかもしれない。例えば河野（二〇一八）は、政治分析の精緻化によって現実政治の分析を敬遠する向きや学術雑誌の序列化が促された結果、日本政治の研究が評価の高い雑誌に掲載されることが難しくなり、北米の大学における日本政治専門の教員の減少など、日本以外における日本政治研究が先細っていく現状を指摘する（v－vi頁）。日本政治を事例とした研究においてすら「日本」という単語が後景化していく状況は、日本政治研究の将来を考えると、憂慮するべき事態なのかもしれず、日本政治の研究を専門とする教員の減少は日本政治を研究する人材の供給の減少も意味し、悪循環となる可能性も考えられる。こうした憂慮は多くの研究者に共有されている。二〇二〇年六月にＮＩＲＡ総合研究開発機構が発行した『わたしの構想』第四八巻も「海外での日本研究の停滞」と題した特集を組んでおり、アメリカ・イギリス・韓国などの各国における、日本研究を専門とする教員や院生、研究センターの減少を指摘し（デイビス 二〇二〇／パク 二〇二〇／ヒューズ 二〇二〇など）、「海外における日本研究者に対する長期的支援」や「日本国内での優れた研究成果の海外向け発信の支援」を求めている（谷口 二〇二〇）。しかし、必要な資金を財政的余裕のない日本政府にどこまで求めることができるのか、見通しが明るいとは言えない。谷口（一九九八）では、財政赤字による高等教育予算の削減を一因とした、一九八〇年代末以降のアメリカにおける地域研究から社会科学志向への変化と対比させる形で、「研究戦略の見直しを余儀なくされるほど大学予算が削減されてはいない」と当時の日本の状況を描写しているが、二〇年を経て日本の側の状況も厳しくなっている。

一方で、これが杞憂である可能性もあろう。二〇一〇年代の日本政治のあり方を考えると、二〇〇〇年代とは異なる姿も見えてくるからである。二〇一二年以降、衆院選で自民党が三回（二〇二一年も含めると四回）連続で勝利を収めたことを考えると、日本の政党システムが、ローゼンブルースらが主張するように二大政党制化を進めたと言い切ることは難しい。また、ローゼンブルースらは日本がイギリス型の政治システムへ近づいていくと結論づけるが、そのイギリスでは、自由民主党やスコットランド独立党など、保守党と労働党という二大政党以外の政党が多くの議席を獲得するなど、二大政党による統治が必ずしも制度のみによってもたらされるのではないことをうかがわせる状況が見られる。小選挙区制を採るアメリカにおける分極化の進展とそれによるデッドロックも、中位投票者の意向が政策に反映されるわけでは必ずしもないことをうかがわせ、ローゼンブルースらの見立てに対する疑問を惹起する。このように必ずしも制度が万能ではないことを考えさせられる状況の出現を考え合わせると、日本の事例を研究する意義を主張する余地はまだあると言えるのかもしれない。近年では、有権者のポピュリスト的態度と候補者への選好との関係性や、ポピュリスト的態度の尺度の非西洋圏での適用可能性を分析した Hieda, Zenkyo, and Nishikawa（2021）や、女性の国会議員の割合がＯＥＣＤ中最も低い日本におけるジェンダーステレオタイプと候補者への支持の関係性を分析した Ono and Yamada（2020）など、他国で観察される（ない）現象が日本では観察されない（る）ことの発見や分析で評価される研究もある。こうした方向性も、学界における日本研究の存在感の上昇と国際的評価の両立の可能性を示すものの一つであろう。

また、日本国外における日本への研究関心も、まったくなくなったわけではなく、これまで見られなかったような研究トピックへの関心が、海外の研究に端を発することも見られる。これまでも、日本国外に拠点を置く研究者たちは、日本国内の研究者とは異なる視座をもって研究にあたり、国内の研究潮流に大きな影響を与えてきた。日本政治における参与観察研究の古典的な著作であるCurtis（1971）など、例を挙げれば枚挙にいとまがない。近年でもMcLaughlin（2019）における創価学会への参与観察など、海外に拠点を置く研究者による、国内の研究者ではなし得なかったであろう新しい研究が出版されており、こうした研究が国内の研究活動をより一層刺激する可能性もある。二〇一九年八月にDartmouth Collegeで開催されたNortheast Workshop in Japanese Politicsや、二〇二〇年七月よりオンラインで開催されているJapanese Politics Online Seminar Seriesなど、海外在住の日本政治研究者と国内の日本政治研究者の両者が参加する研究会も企画・開催されており、今後もこうした研究上の交流を続け研究の質を高めていくことが、日本政治研究の発展に貢献する一つの道であろう。

おわりに

以上、本稿では主に蒲島（二〇〇四）とRosenbluth and Thies（2010）を対象として、ここ数十年の比較政治としての日本研究と世論研究の試みと、現実政治の変化による日本研究の課題の変化、そして今後の展望を議論した。両者に見られる日本を比較のなかに位置づけようとする試みは、日本を普通の民主主義国として説明したものの、それは同時に研究対象としての日本政治の魅力や有益性を失わせる可能性もあった。一方で、後者が強調した政治制度の影響は近年の政治状況を鑑みると再検討の余地があり、普通の民主主義国という前提自体に疑問が呈される状況下では、事例としての日本政治の意味は依然として残るのかもしれず、また国外に拠点を置く日本研究者による研究も引き続き生産されている。このように、比較としての日本政治の意義には、まだ希望がもてる要素もあり、今後の研究の発展に期待したい。

文献一覧

Cox, Gary W., Frances M. Rosenbluth, and Michael F. Thies. 2000. "Electoral Rules, Career Ambitions, and Party Structure: Comparing Factions in Japan's Upper and Lower Houses." *American Journal of Political Science* 44(1): 115-122.

Curtis, Gerald L. 1971. *Election Campaigning, Japanese Style*. New York: Columbia University Press.

Hieda, Takeshi, Masahiro Zenkyo, and Masaru Nishikawa. 2021. "Do Populists Support Populism? An Examination through an Online Survey Following the 2017 Tokyo Metropolitan Assembly Election." *Party Politics* 27（2）: 317–328.

McLaughlin, Levi. 2019. *Soka Gakkai's Human Revolution: The Rise of a Mimetic Nation in Modern Japan*. Honolulu: University of Hawai'i Press.

Ono, Yoshikuni, and Masahiro Yamada. 2020. "Do Voters Prefer Stereotypic Candidates? Evidence from a Conjoint

Survey Experiment in Japan." *Political Science Research and Methods* 8: 477-492.

Reed, Steven R. 1993. *Making Common Sense of Japan*. Pittsburg: University of Pittsburgh Press.

Rosenbluth, Frances McCall and Michael F. Thies. 2010. *Japan Transformed: Political Change and Economic Restructuring*. Princeton University Press.（『日本政治の大転換——「鉄とコメの同盟」から日本型自由主義へ』〔徳川家広訳〕勁草書房、二〇一二年）

蒲島郁夫（二〇〇四）『戦後政治の軌跡——自民党システムの形成と変容』岩波書店（二〇一四年に岩波人文書セレクションとして再刊）

河野勝（二〇一八）『政治を科学することは可能か』中央公論新社

谷口将紀（一九九八）「〈書評〉日本政治と合理的選択論争——その視点—— Masaru Kohno, *Japan's Postwar Party Politics* (Princeton University Press, 1997)」『レヴァイアサン』臨時増刊号、一七七－一八五頁

——（二〇二〇）「日本研究の灯を絶やさないために——日本専門家の減少は国益を損なう」『わたしの構想』第四八巻、四－七頁

デイビス、クリスティーナ（二〇二〇）「日米関係の基盤となる日本研究」『わたしの構想』第四八巻、一〇－一一頁

パク・チョルヒ（二〇二〇）「民間も含めて研究に戦略的投資を」『わたしの構想』第四八巻、一四－一五頁

ヒューズ、クリストファー（二〇二〇）「次世代に対して、日本研究のパイプラインをアップデートする」『わたしの構想』第四八巻、一二－一三頁

市民社会の構造的変異と政策過程――人口減少局面を迎えて

森川　想

1　インフラ、政府、市民社会

　修士課程の頃から、スリランカにおけるインフラ整備に伴う用地取得・住民移転の研究を行っている。学術的にも実務的にも重要なテーマである「インフラと社会のかかわり」を探るために、高速道路事業で移転の対象となった家計を訪れ、移転前の家計に対しては、移転後の生活再建の道筋や行政とのやり取りに関する意見・認識について、移転後の家計に対しては、年単位にわたる生活の変化について聴き取りを続けているのである。

　そのようなわけで、「戦後日本のインフラ合意形成論」を真正面から扱っているのは、あくまで本稿で取り上げるダニエル・P・アルドリッチ『誰が負を引きうけるのか――原発・ダム・空港立地をめぐる紛争と市民社会』（二〇一二、原著二〇〇八）であり、本稿自体がこのテーマの核心に迫るわけではないということは予めお断りしなければならない。とはいうものの、戦後日本のインフラ整備が市民社会にどのようにとらえられてきたか、その来し方行く末について、発展途上国で現在行われている建設事業から想像したことを書き残してみるのは学術論文ではなしえない良い経験である。

巨大インフラの整備は国家プロジェクトであり、そのための資金調達や立地選定、技術的要件設定に至るまでが政治的議論の対象となる。ここでいう政治的議論が行われるのは、政治家たちが繰り広げる狭義の政治の場にとどまらない。最終的な意思決定者側の論理だけではなく、意思決定に働きかけ、それを受け入れる側に立つ市民社会の特徴が、インフラ整備をめぐる政治過程と帰結を決する、というのが本書著者の主張である。

主に日仏のインフラ立地過程を分析した本書の原題は、"Site Fight: Divisive Facilities and Civil Society in Japan and the West"であり、邦題「誰が負を引き受けるのか」は意訳となっている。インフラ整備にかかわる政治的調整は、立地地域の被る負担やそれに対する補償をめぐって、その他多くの地域が得る便益との関係性を踏まえて行われるものであり、また、その影響が長期的なものであるがゆえに、現在世代と未来世代の利益と負担を采配する行為でもある。その意味で、「誰が負を引き受けるのか」という問いが「立地をめぐる紛争」(原題のメインタイトルに近い)の中心的な部分を占めることは間違いない。

その場合、ナイーブに考えれば、整備されるインフラのもたらす利益と負担の時空間的分布の特徴が、政治的主体の反応や行動を規定し、ひいてはその合意形成の過程と内容を導くことになりそうである。しかし、本書による比較分析の結果は、それらが整備されるインフラの性質のみによっては説明できないことを示している。具体的には、同じ空港でも、日本では市民社会の反応は基本的に弱く(成田空港は例外的な事例として取り扱われている)、政府によるハードな社会統制(土地収用)が行われたのに対して、フランスではそれらはともに中程度であったこと、原子力発電所に関しては、日本では強い市民社会の反応があり、政府もソフトな社会統制（広報活動などによる説得）を行ったのに対して、フランスでは市民社会の反応が弱く、政府によるハードな社会統制が行われたと分析されている。

このような日仏間、そしてインフラ間の比較を通じて、本書では「市民社会の強さ」と「政府の社会統制の選択肢の広さ」との間にある相関関係の存在と、前者が後者を規定する経路が示される。弱い市民社会に対しては、企図するインフラを実現するために政府はハードな社会統制手段を用い、場合によっては弱い市民社会を狙って整備のための負担を強いることができる。一方、強い市民社会に対する社会統制は、ハードな手段のみでは実現できず、ソフトな手段も選択肢として持っており、そのことが政府の政策面での強さを支える。そして、これらの関係は一般的な中央政府の強さ（フランスでは強いとされる）には必ずしも依らない――「むしろ自発的な組織の国内ネットワークは、国が「強い」とされているところでさえ、その政策にある程度の影響力を有している」――ことが指摘されている。

スリランカ農村のフィールドを駆けずり回って修士論文を書き終えた私は、博士課程進学後一年たった頃、邦訳版で本書に出会った。それは新たな研究課題に取り組み修士論文の熱がほどよく冷めた頃合いで、本書はスリランカの移転住民や行政官とのやり取りのなかで観察したことを、その内容と突き合わせながら冷静に考え直す機会を提供してくれた。

実のところ、私の当初の関心は、実証研究でいう外的妥当性――スリランカのような発展途上国でも、日仏で見出された「市民社会の強さ」と「政府の社会統制の選択肢の広さ」の相関関係が観察されるか否か――ということに過ぎなかった。しかし、スリランカのノンビリとした農村風景を思い出しながらの思考は結局、本書の枠組みの一般性云々を越えて、経済水準や社会文化も異なった日本の政策過程の今後についてまで飛躍していったのである。

2　スリランカから顧みたこと

当時の私の研究対象は、国際協力機構が一部区間を出資し、日本の建設会社も施工を担ったスリランカで初めての高速道路建設事業である。アルドリッチの枠組みとの整合性の議論に先を急ぐなら、本事業においてはまず、政策や職員とコミュニティとの関係が確かに重要な役割を果たしていた。国際機関からの融資条件として用地取得プロセスを適正に行うことが求められていたことから、スリランカ政府はそれら機関の協力を得ながら、用地取得・住民移転委員会という、補償の決定にあたる参加型組織の導入と、不服審査手続きの整備を行った。これらの手続きそのものの存在は、国際機関からの高い評価とはやや乖離して、現地住民にはそれほど認められているわけではない。しかしながら、それらの手続きに住民が参加するための支援を行う行政職員として「移転担当官」が設置され、既存の行政部署の担当者からではなく、新たにこの事業のために若い職員が採用された。移転担当官は、円滑な用地取得と移転の説得をする政府職員としてのみならず、コミュニティに足繁く通ってその状況を把握し、必要に応じて住民の要望や意見を政府に伝える役割を果たしたのである。

大局的には、この移転担当官が用地取得・住民移転の円滑な実施に相当程度貢献した。しかしながら、コミュニティの状況によっては、準備された制度の活用や移転担当官の採ったアプローチが制約されざるをえない場合もあり、それはアルドリッチのいう「弱い市民社会－ハードな社会統制手段」、「強い市民社会－多様な社会統制手段」といった関係の存在をコミュニティレベルで示すものであった。具体的には、紐帯の弱いコミュニティでは、移転担当官も住民やコミュニティ全体が抱えている課題の全容を把握することができず、個別の交渉に限界を感じた住民は政府に指示されるがままに移転を強いられ、強硬に反対する住民は政府とのコミュニケーションを断って最終的には強制的な収用手段が採られるといったことが発生した。このことは、アルドリッチが指摘する市民社会が弱いところで政府はより原始的な統制手段を採るという主張と整合的である。一方で、住民同士で道路事業や移転、そして補償に対する議論がよく行われているコミュニティでは、その姿勢が事業に対して肯定的なものであれ否定的なものであれ、不服審査制度や移転担当官のチャンネルを利用して、自らの求める補償や支援を主張し、政府もその意向を受けた対応を行った。

発展途上国では一般に、先進国との相対的な比較において、国家による集権的な政策や事業の実施が行われやすい。そしてその態様は、政策領域にかかわらず「弱い市民社会－ハードな社会統制手段」の組み合わせが現実的には多くなりがちである。しかしながら、本書の主張どおり、一般的な中央政府の強さに依らず、「市民社会の強さ」と「社会統制の選択肢の広さ」の間の相関関係が成立するのなら、先進国に限らず発展途上国でも、市民社会が強くなることで、政府がソフトな手段も含む多様な社会統制の選択肢を持ってゆけるということを示唆する。それは、途上国開発においてガバナンス概念を広くとらえ、その改善を支援することの意義（宮川・山本編 二〇〇二／下村 二〇〇六／木村二〇一一）を再確認できたということでもあり、ガバナンスを中心に研究を進めようと意気込んでいた当時の私を満足させるものだった。

しかし直ちに、次の疑問が浮かんできた——そうであるなら、スリランカのコミュニティにおける紐帯の強弱を決する条件はどのようなものだったのであろうか。本事業で移転を強いられたコミュニティは、その性質によって現在に至るまでさまざまな新しい環境への適応を示している。ダム建設に伴う住民移転の動的過程を描写したScudder（2005）は、新しい環境下でのポジティブな態度への変容が、コミュニティの再建と経済発展の鍵となることを指摘している。実際スリランカでも、移転時の政策的介入とは別に、当該高速道路の整備が国の発展をもたらすという期待が、コミュニティの結束と再建を促す一つの経路となっているものと思われた。

この点が、これから述べるように市民社会の強弱と高齢社会との関係に私の関心を導いたのである。私がそれまでフィールドで着目していたのは、主に移転時のリスクと移転後の生活再建という観点（Cernea & Maldonado Eds. 2018）で、その観点から困難があるのは、家計内に若い働き手のいない高齢世帯である。しかし、生活再建の困難さのみならず、コミュニティの紐帯の弱さにもこうした世帯の割合が関係しているようであった。家計を支える高齢者は、それまでの生計手段を切り替えることが難しく、物理的にも心情的にも将来の見通しが立てられずに、事業の実施に対して悲観的な気持ちを表明することが多い。一方、若い働き手が世帯にいる場合は、家長の世代の生計手段が断たれてしまった場合でも、子の世代が新しい仕事を始めるなどして、積極的であれ消極的であれ、新しい環境を受け入れ、気持ちの切り替えができることが多い。

「市民社会の強さ」という観点からは、こうした若い世代は家計内にとどまらない影響力を持つ。高齢者は土地を手放すことや移転を強いられることを受容するほかない、といった消極的な態度をとっていることが多く、事業や移転後の生活に対してコミュニティで議論するというような行動はあまり起こさない。このような高齢者が多数を占めるがゆえに「弱い市民社会」となってしまったコミュニティでは、「ソフトな社会統制手段」が行き届かず、生活再建に向けた支援が行き届きにくい。一方、「強い市民社会」となっているコミュニティでは——たとえ事業の実施に対して批判的であっても——、その中心を生産年齢人口が支えており、用地取得・住民移転の過程において、政府からのフィードバックを得ることに成功していた。

そして何よりも、若い世代の存在はインフラ整備による「将来世代の豊かさ」を期待させる効果を持つ。用地取得・住民移転プロセスに対する満足度の高低にかかわらず、高速道路整備そのものがもたらす期待を語った住民が、家族やコミュニティにおける若い世代の人物を具体的に示しながら、彼ら彼女らへの将来の恩恵のために事業を受け入れるのだと語っているのが、現地調査で印象的だった。移転の説得にあたった移転担当官に若い職員を採用したことにも、同様の効果が少なからずあったであろう。

同国初の高速道路建設の現場において遭遇したこのような言説から、私は戦後日本のインフラ整備において用地取得や住民移転の対象となった人々が抱いた思いもこれらと似たものではなかったかと想像した。そして本書の読後は特に、人口構造という観点から、アルドリッチが対象とした二〇〇〇年ころまでの戦後日本の市民社会とその後を、スリランカでの観察と結びつけて考えるようになった。

3　これまでの緊張関係の変容

ダムや水道、基本的な交通手段（都市間鉄道や一般道路、港湾、主要都市の空港など）にかかわるインフラは、経済社会発展の早い段階から建設される一方、都市鉄道、高速道路、高速鉄道といったインフラは人口の集積や都市間移動の活発化に伴い、新たに整備が進められてゆく。都市の人口規模がまったく異なるものの、国際機関からの大型融資によるインフラ整備という点で、名神高速道路の開通（一九六三年）や東海道新幹線の開業（一九六四年）に始まる時期が、人々のインフラに対する認識を現在のスリランカのそれと比較してもよい時期と思える。それに少々先立って一九五〇年に制定された国土総合開発法に基づく初めての全国総合開発計画が策定されたのが一九六二年、この時期の日本の老年人口は六％弱に過ぎない。そこから日本が生産年齢人口のピークを迎える一九九〇年頃に至るまでの時期は、生産年齢人口の増加が総人口の増加を引っ張る時期でもあった。

日本でもこの間、生産年齢人口が牽引し、将来の豊かさへの期待が共有された市民社会の強さと、それに伴う政府が政策の選択肢を拡張する機会の双方が実現していたのではないか、ということがスリランカの事例からの類推である。アルドリッチのいうように、インフラの種類によっては「弱い市民社会」のコミュニティが選択され、ハードな社会統制手段によってその整備が進められた側面もあるだろう。しかしそれは、紐帯の弱いコミュニティにおいてハードな社会統制が用いられたスリランカの事例でも見られることであり、全国的に見れば人口構成の変化による市民社会の強化が、政府に対する緊張関係を生じて、その政策手段のレパートリーを増やしたということができるだろう。一九九〇年代までの経験がそうした政策面でのエンパワーメントに貢献したことは、本書で「弱い市民社会－ハードな社会統制」の組み合わせとして位置づけられている空港に関してすら、中部国際空港の計画と羽田拡張工事のあと、ソフト戦略の萌芽がみられる旨の指摘があることに示されている。

生産年齢人口のピークからやや遅れる形で、一般会計における公共事業関係費は一九九〇年代半ば～後半にピークを迎える（インフラ再生研究会 二〇一九）。国土形成計画に名称を改める前の最後の全国総合開発計画である「二一世紀の国土のグランドデザイン」（一九九八年）は、その背景として「人口減少・高齢化時代」を掲げている。世紀をまたぐ頃までには、次世代の豊かさを支えるというスローガンの下で新しいインフラ開発を実施することよりも、次第に維持管理や防災といった側面にインフラ政策の焦点が当てられるようになるのである。

本稿での主眼は、こうした公共事業の減少が経済社会にもたらした影響や、「コンクリートから人へ」といった政治的スローガンの起源や功罪を検討することではないし、実務的に極めて重要な課題である、地域のインフラを支える人材の不足に関する議論（河合 二〇一七）でもない。ここで興味があるのは、本書が対象としている、インフラの開発をめぐって、市民社会と政府が、相互刺激によりお互いを強化しあってきた過程が今後どのようになっていくのか、ということである。世界に先駆けた人口構造の変化を経験している日本で、インフラ整備という相互刺激の現場を失うことは、いったい両者の関係にどのような影響を与えるのだろうか。

正確には、インフラ整備という現場自体の減少はここでは重要ではないというべきかもしれない。

インフラ整備に限らず、あらゆる政治的意思決定において市民社会と政府が相互に刺激しあうことは可能であり、社会問題の複雑化につれてそのような潜在的機会は増えてさえいるともいえる。場の存在というよりはむしろ、市民社会と政府の双方から、それらを支える人々の数が（生産年齢人口はもちろん、総人口さえ）減少していくとき、すなわちあたかも、綱の両側で市民社会と国家権力が引っ張り合っていた緊張関係が、それを引く者が一人二人と抜けて行き両者で力がスッと緩んでいくような事態が進行するとき、市民社会と政府の関係はどうなってしまうのだろうか。本書の示す「市民社会の強さ」と「政府の社会統制の選択肢の広さ」との間の相関関係が頑健なものであれば、高齢化と人口減少によって市民社会が弱まるにつれ、政府による社会統制手段の選択肢はよりハードなものに「縮小」していく、という明るくない未来を予測することになる。

アルドリッチは、日本の空港の事例について扱った第三章を、「皮肉なことには、二〇〇八年時点では、日本の航空機収容能力は過剰な状態で、今のところ、近い将来に空港が建設される予定はない」と結んでいる。当該最終節の訳題は「まだみぬ場所へ」となっており、ここでいう「まだみぬ」ものがソフトな社会統制の手段を指すとすれば、この皮肉を受けてのものということになろう。とはいえ右記のとおり、少なくとも一九九〇年代を通じて外形的には政策の選択肢の拡大が実現したのだとすると（実際に、原語ではInto the Wild Blue Yonderとなっており、そのトーンは明確ではない）、戦後日本にとって真に「まだみぬ場所」とは、本書が対象とする時期のさらに先——人口減少の局面にあるというべきかもしれない。

4　「まだみぬ場所」の明暗？

日本政府がチェルノブイリ原子力発電所以後もソフト戦略に徹し、原子力政策の破綻を招かないようにしていたことをアルドリッチは「メルトダウンの阻止」と比喩しているが、私たちは比喩に先立って現実にその失敗を見ることになってしまった。そして、多くの命を奪い大事故を引き起こしたその災害の前年は、日本の総人口が国勢調査におけるピークを迎えた年でもあった。

高齢化を超えて人口が減少してゆく「まだみぬ場所」において、人口減少に由来する「政府と市民社会の間の緊張関係の緩み」が、「弱い市民社会と、社会統制の選択肢が限られた政府」という関係への退化をもたらすかもしれないという懸念が、実際に人口減少の進む政治的コミュニティから現実のものとなっていくかどうかの検証は、そうならないでほしいという希望を持ちつつ進めるこれからの作業である。悲観ばかりしなくてよいと思うのは、市民社会と政府の関係が、両端を引っ張っている人数だけで決まる綱引きではないだろう、という前提に基づく。それを認めるなら、人口減少という生態学的な現象が不可避であっても、「緊張関係」を取り戻すような別の手段を考えることができる。幸いなことに、例えば土木デザイン分野の研究と実践は、従来のインフラ設計の知見を「公共デザイン」に発展させる形で注目すべき重要な貢献を行っており、東日本大震災からの復興に関するものを含むいくつかの事例は、人口が減少する地域でも政府と市民の間を新しくつなぎ直すことができる可能性を示している（福島 二〇一九）。

発展途上国を研究していると特に、戦後日本の政治経済を特徴づける注目すべき要素の一つは、開発＝経済成長ということになる。インフラの整備は、それがハードなものであるかソフトなものであるかにかかわらず、日本の経済成長を支えたと考えられてきた。いま、その意味でのモデルとしての日本のプレゼンスは、往年に比べれば大きいとは言い難いかもしれない。しかしながら、本稿で述べた戦後日本のインフラ合意形成の今後は、引き続き他国にとって重要な参照事例であり続けるだろう。世界全体の人口ピークも遠くないなかで、アジア諸国では、昨今話題となった中国の人口動態に言及するまでもなく、高齢社会の到来と人口減少を近い将来に迎えることになる（広井 二〇一九／ブリッカー・イビットソン 二〇二〇）。

本書を読んで人口構成の話にまで考えを巡らせたとき、そういえば、フィールド調査では高齢世帯や未婚者がやけに多かったのではなかろうか、と思い立って調べてみて驚いた。実のところ私の研究対象国は、経済水準では中低所得国であるにもかかわらず、その先陣を切って二〇〇五年前後にすでに高齢化社会を迎えており（高齢化率七％、日本では一九七〇年）、早くも二〇二五年頃には高齢社会に突入する（同一四％、一九九四年）見込みなのである（Asian Development Bank. 2019）。

文献一覧

アルドリッチ、ダニエル・P（二〇一二）『誰が負を引きうけるのか――原発・ダム・空港立地をめぐる紛争と市民社会』（湯浅陽一監訳）世界思想社
インフラ再生研究会（二〇一九）『荒廃する日本――これでいいのかジャパン・インフラ』日経ＢＰ

河合雅司（二〇一七）『未来の年表——人口減少日本でこれから起きること』講談社現代新書
木村宏恒（二〇一一）「有効な国家とガバナンス——国家の対応能力構築と公共政策」木村宏恒ほか編『開発政治学入門——途上国開発戦略におけるガバナンス』勁草書房
下村恭民（二〇〇六）「新しい視点からのガバナンス論——途上国に内在するグッド・ガバナンスの重視」下村恭民編『アジアのガバナンス』有斐閣
広井良典（二〇一九）『人口減少社会のデザイン』東洋経済新報社
福島秀哉（二〇一九）「土木デザインから公共デザインへ」山口敬太ほか編『まちを再生する公共デザイン——インフラ・景観・地域戦略をつなぐ思考と実践』学芸出版社
ブリッカー、ダリル／イビットソン、ジョン（二〇二〇）『二〇五〇年世界人口大減少』〔倉田幸信訳〕文藝春秋
宮川公男／山本清編（二〇〇二）『パブリック・ガバナンス』日本経済評論社
Asian Development Bank. 2019. *Growing Old before Becoming Rich: Challenges of an Aging Population in Sri Lanka*. Manila: Asian Development Bank.
Cernea, Michael. M. & Maldonado, Julie. K.（Eds.）. 2018. *Challenging the Prevailing Paradigm of Displacement and Resettlement: Risks, Impoverishment, Legacies, Solutions*. London: Routledge.
Scudder, Thayer. 2005. *The Future of Large Dams: Dealing with Social, Environmental, Institutional and Political Costs*. London: Earthscan.

現代日本の借金論を論じる前に——神話・奴隷・負債

斎藤　幸平

はじめに

二〇二〇年九月、アナキスト文化人類学者のデヴィッド・グレーバーが急逝した。『ブルシット・ジョブ』が日本でもヒットし、これからのさらなる活躍を世界中の皆が期待していた最中の悲報であった。しかも、コロナ禍で格差が深刻化し、気候危機が止まらないなかで、別の社会が可能だという想像力を解放するグレーバーの思想の重要性はますます高まっている。なかでも、コロナ禍の景気対策で大判振る舞いをする各国政府が国債を発行し、国の「借金」を増やす中で、グレーバーの主著『負債論』はその現代的意義を増しているように思われる。

そこで、グレーバー追悼の意も込めて、一二〇〇兆円とも言われる借金のある日本で、マルクス研究者の私がグレーバーとの対話を試みてみたい。本稿では、マルクスがほとんど言及されない『負債論』に敢えて「マルクスという補助線」を引くことで、グレーバーの資本主義批判の重要性を浮かび上がらせていく。それがマルクス主義とグレーバーとの発展的交流のきっかけとなることを願って。

1　マルクス主義とグレーバーのすれ違い

マルクス主義はグレーバーを半ば無視しているが、それも理由のないことではない。グレーバーには、マルクス主義者にとって独特の扱い難さが存在しているからである。というのも、グレーバーがマルクスの価値形態論や物神崇拝論に言及することがあったとしても、それは主にテレンス・ターナーやナンシー・マンといった人類学者を介した解釈であり、多くのマルクス主義者には馴染みのない議論だからだ。

その結果、マルクス主義からの『負債論』への応答は表面的な批判になってしまいがちである。グレーバーの人類学的考察は「資本主義とはなにか」、「資本とはなにか」について十分に定義づけを行っていないために、「貨幣」や「信用」を五〇〇〇年の歴史にわたって常に存在してきたものとして扱ってしまっている。それゆえ、グレーバーの『負債論』は――マルクスの『資本論』とは異なって――資本主義における「貨幣」や「信用」といったカテゴリーが資本主義のもとで果たす歴史的に特殊な役割を解明できていない。つまり、資本主義がそれ以前の社会との間に導入する「ラディカルな断絶」が『負債論』では見失われてしまっているというわけだ。グレーバーの批判者たちによれば、この欠点は、グレーバーが五〇〇〇年におよぶ信用貨幣と商品貨幣の「循環」を描いている事実に端的に表れている（Lazzarato. 2014: p. 124）。そして、その究極的原因は、資本主義の「形態分析」というマルクスの方法論をグレーバーが理解していないせいだというのである。

こうした批判はある意味正しい。ただ、マルクス解釈としては正しすぎる。これではグレーバーとマルクスの理論は交わることがないだろうし、アナーキストもマルクス主義者が相変わらず教条的な自己弁護を繰り返していると感じるに違いない。また、理論的な問題も残る。というのも、上記の批判は、それがマルクス解釈として正しいものだとしても、グレーバー解釈として妥当かという点では疑問符がつくからだ。例えば、グレーバーが形態規定を理解していないために、非歴史的な貨幣・信用把握に陥っているというのは必ずしも納得のいくものではない。なぜならグレーバーは「物々交換の神話」批判を通じて、主流派経済学の非歴史的思考方法を論破しており、五〇〇〇年の歴史的考察も、「いつどのようにして人類史上に常に存在してきた負債が義務と結びつくようになったか」を解明するためのプロジェクトに他ならないからである。つまり、グレーバーの「系譜学的」方法は、同じ経済的カテゴリーが果たす歴史的差異を暴き出すことを目指している。しかも、『負債論』冒頭のＩＭＦのＳＡＰｓをめぐるモラルの議論が示しているように、その究極的目的は現代資本主義の特殊性を示し、批判することなのである。

とはいえ、グレーバーの論旨は必ずしも明確ではなく、『負債論』を理解するのは容易ではない。そこで試してみたいのが「マルクスという補助線」である。この補助線を引くことで、グレーバーが形態規定を理解していないという「不毛な」批判を行う代わりに、むしろグレーバーが形態規定を理解しているという逆の解釈を提示できるようになり、現代資本主義批判の射程が明らかになるだろう。

2　物神崇拝批判としての貨幣論

まずは、マルクスとグレーバーの貨幣論における共通点を確認することから始めよう。それは、資本主義社会の諸関係を超歴史的・自然的なものとして過去に投影してしまう「物神崇拝」と呼ばれる態度に対する批判である。「物々交換の神話」がその典型だ。

「物々交換の神話」はアダム・スミスが提唱し、現代の新古典派経済学の教科書にも載っている貨幣の起源にまつわる話である。この神話によれば、かつて人々は物々交換を営んでいた。その際、「交換性向」をもつ人間はやがて自分が得意なものの生産に特化し、できるだけ有利な交換比率で他人と自分が欲しいものを交換することを目指すようになり、社会的分業が発展していった。ところが、物々交換は互いに欲しているものが交換相手と合致しなければ行われず、不便である。この不便さを解消するために、人間は「貨幣」という誰もが欲しがる一商品を交換の媒介として「発明」したというのである。

だが、グレーバーによれば、物々交換から貨幣が出てきたというのは貨幣の起源の説明としてまったくもって不適切だという。なぜなら、物々交換によって社会的再生産を組織していた社会が存在したという証拠がないどころか、そのような社会は存在しないという人類学の証拠がすでに膨大にあるからである。つまり、隣人との日常的なやり取りが、「あの一匹の牛と引き換えに二〇羽の鶏をあげよう」という形態をとっていた社会は歴史上に存在しない。物々交換社会という妄想は、現在の市場における商品交換関係を過去の社会へ逆投影したものに他ならないというわけだ。「物々交換の神話」は歴史的説明として間違っているだけではない。人類学者による度重なる指摘にもかかわらず、経済学がこの神話をけっして手放そうとしないのは、この神話が市場経済のイデオロギーとしての役割を担っているからである。この神話は、自立して、自由で平等な諸個人が歴史上のいつだって交換性向にしたがって物と物の等価交換を行ってきたのであり、これからも永遠にそうするだろうという考えを自然なものに粉飾するのだ。

周知のとおり、現在の商品生産社会の特徴を自然視・永遠視してしまう誤謬に対する批判こそ、マルクスが目指していたものである。マルクスもスミスの見方を批判し、むしろ、商品交換に根づく社会が「摩訶不思議な資質」、「まぼろしのような対象性」にあふれていることを繰り返し強調している。それは、人間が生み出したはずの感性的な物——机や陶器——が感性的かつ超感性的な物として「踊りだす」宗教的世界的アナロジーが最適な世界である。この世界では、人間は自分の意識や意志とは独立に展開される物の運動へ飲み込まれ、振り回される。マルクスの経済学批判が着目したのは商品生産社会に特有の主客の転倒であり、それがどのようにして歴史的に生み出されるようになったのかという問題であった。

マルクスによれば、市場とはけっして人間の本性に根づくようなものではない。つまり、自然的な条件だけでは成立せず、国家暴力による生産手段からの切り離しと過酷な規律訓練を通じて丹念に作り出されなくてはならなかった異質なものである。それゆえ、特定の条件が揃わなければ、資本主義は生まれてこない。マルクスはこのことを強調するために、ローマ時代を例に挙げている。ローマ時代には、自由な農民は土地を失い、大土地所有が形成され、貨幣資本もかなりの規模で形成されていた。だが、資本主義はそれでも形成されなかったというのだ。

ローマ社会においては、社会的紐帯が解体され、一定程度の商品交換が営まれていたとしても、それが一気に市場社会の全面的発展とはならなかった。生産力が十分でなかったのみならず、残存している共同体的・伝統的・宗教的規制によって、市場の価値法則は社会全体へと完全には貫徹することができなかったのである。ここで重要なのは、社会的紐帯の残存と価値法則の貫徹が反比例的な関係にあるということだ。社会的紐帯が強ければ、貨幣や商品の力も制限され、市場経済は全面化できない。その結果、貨幣や信用を媒介とした財やサービスのやり取りの社会的再生産への寄与の仕方も大きく変わってくるのである。

マルクスの主張は、前近代的社会においては、交換や信用がまったく異なった社会的役割を果たしており、社会の共同性を担保していたというグレーバーの指摘と極めて親和的である。その限りで、グレーバーの提供してくれる歴史的事例は「物々交換」が神話だと指摘するのみならず、非西欧・非資本主義社会におけるより現実に沿った社会的再生産のあり方も展開しており、マルクス主義者にとっても極めて貴重な情報源になっているのである。この点について節を改めてより詳しくみていこう。

3　物々交換vs信用

物々交換が神話だとするなら、どのようにして生産物のやり取りが人々のあいだで執り行われ、社会的再生産が組織されていたのか？　鍵となるのが、「信用システムが、事実上、硬貨の発明に数千年間も先行していた」というグレーバーのテーゼだ（グレーバー 二〇一七：六〇）。信用システムがあれば、物々交換は必要がなく、それゆえ、貨幣を発明する必要もなかったというのである。つまり、信用に基づいて、各人が必要とする財の貸し借りを共同体のメンバー間で執り行う。社会全体で貸し借りを記憶しながら、必要な時に豚、鶏や靴を与えあうのである。相互の受け渡し時期を一致させる必要がないのだから、スミスの物々交換の神話が直面した「欲求の二重の一致」という困難は消え失せてしまう。

さらに、商品や貨幣による財のやり取りが行われていない共同体社会においては、人々が互いに気にするのは、公平で、親切な交流である。だから、等価交換や利潤の最大化を重視するのではなく、互いの必要や状況を考慮しての「贈与」という形態を取る。この贈与の与えあいが、交換という外見を取るにすぎない。また、現在の社会のように負債を完済することは互いの贈与における主眼となっていない点も重要だ。むしろ、絶え間ない貸し借りの関係を慣習的に作り出すことによって社会的な関係性を絶えず新たに作り出し、維持していた。つまり、信用は単なる物の生産と分配の方法であっただけでなく、社会的関係を絶えず再生産する実践だったのである。

もちろん、グレーバーも歴史上に物々交換がまったく存在しなかったと主張しているわけではない。ただし、物々交換が行われた場合にもその意味合いが、一般の経済学の想定するところとは大きく異なっていたというのだ。商品交換や物々交換が行われることがあったとしても、その行為は社会的紐帯の存在しない共同体の外部とのやり取り、つまり、「よそ者どうしのあいだ」でのやり取りに限定されていた。「物々交換の成立するのは、そのような歓待（あるいは親族関係やそれ以外の関係性）の絆でつながっていない人々のあいだにである」（グレーバー 二〇一七：五二）。一度限りの出会いの場合は、貸し借りの関係を構築することによって社会的関係を創造する必要もなかったし、公正さを気に掛ける必要もなかったため、交換が行われた。ただしその分、よそ者との物々交換は一歩誤れば、戦闘状態になり、「死」の可能性を漂わせる危険な行為である。このような物々交換の現実は、スミスの物々交換社会が想定する牧歌的な、死の危険性から解き放たれた交換とは異質な世界である。それゆえ、歴史的な（部外者との）物々交換から、市場経済が前提とする「厳密な等価性の体系」は出てこない。

さらに言えば、共同体内での信用のやり取りにおいても、「厳密な等価性の体系」は存在しえない。モノに序列をつけることで、（大まかな）等価性を確保することが可能であったが、使用価値が大きく異なっているものの交換は、けっして厳密には数量化できない。物のやり取りは「交換」という外見を取るように見えるが、その論理は「コミュニズム」や「ヒエラルキー」という「交換」には解消されない論理によって媒介されている。したがって、資本主義の貨幣が想定するような等価性の尺度としての貨幣機能は贈与交換からはけっして出てこない。実は、スミスが語るような等価の物々交換モデルはすでに諸商品の価値を計測する貨幣の存在を前提にし、架空のストーリーを作り上げているのだ。こうして「物々交換の神話」は貨幣の存在を前提として貨幣の起源を説明することになり、歴史的にも、理論的にも破綻する。

4　負債と貨幣

以上のような商品貨幣よりも信用の先行性を強調する議論のせいで、グレーバーの貨幣論は信用貨幣論であるという見解が生じてくる。だが、それは誤りである。というのも、グレーバーの『負債論』が批判するもう一つの神話が、「信用貨幣論の神話」だからだ。信用貨幣論者は、「負債こそが社会の本質であり、貨幣や市場に先行しており、貨幣と市場はそれをバラバラにするにすぎない」と考える。こうした信用貨幣の議論は、現代貨幣理論（ＭＭＴ）に代表される反緊縮派が採用しているものに近い。信用貨幣論の議論のなにが問題なのだろうか？

ミッチェル・イネスに代表される信用貨幣論によれば、貨幣は商品ではない。貨幣はそれだけで何かの役に立つことがないからだ。むしろ、貨幣の機能とはどれほどの負債を他人に負っているかを示す「尺度」（ＩＯＵ）である。そうだとすれば、貨幣の起源は等価値である何かを将来的に支払うことを約束する借用証書なのだ。そして、その借用証書が通貨として流通するようになるというのである。もちろん、個人が発行した借用証書ではその通用力は限定され、成熟した通貨システムを作り出すことはできない。だが、国家が借用証書を発行し、履行を裏づけるなら、それは一般に通用する貨幣となる。その際、国家は貨幣を発行し流通させたあとで、臣民たちにそれを税として払うことを要求することが、最も簡単な方法な市場創出の方法だったとイネスは述べる。

では、税を徴収する正当化の根拠は何だったのだろうか？　信用貨幣論者が提唱する解釈が依拠するのが、宗教の「人間の存在自体が一つの負債である」という「原初的負債論」の考えである（グレーバー 二〇一七：八五）。人間は神に負債を負っており、供犠によって返済しなくてはならない。それ以外にも、賢者にも、祖先にも、人類にも私たちは負債を負っているのであり、人生を通じて何らかの負債を絶えず返済していることになる。だが、この無限の負債は返済不可能である。それは、人間が「社会に対する無限の負債を負って生まれてきた」という原罪であり、その庇護を引き受けてくれた国家に対して、負債を税という形で返済しているというわけだ。

だが、グレーバーは、原初的負債論も「神話」であるという（グレーバー 二〇一七：九四）。まず、無限の負債という返済不可能なものが、どのようにして商品交換の厳密な等価性の体系へ移行するかはまったくもって不明瞭である。というのも、神に対する負債と市場における借金とはまったく性質の違うものだからだ。前者は無限であり、後者は完済すべき一定量の貨幣額である。

「負債」とは本来返済を通じて、解消を望むものである。だが、人々が人類全体や両親に対しての借りを清算したいと考えるのは奇妙なことだろう。したがって、ここからも商業的負債や商取引の関係とのアナロジーは出てこない。原初的負債論が「神話」なのは、近代的主権国家を神に等置し、そのロジックを過去に逆投影してしまっているからだ。なぜなら、社会なるものへの無限の負債という思考が可能になるためには、そもそも近代国民国家の創出による統一体としてのネーションという想像の共同体が必要となる。だが、それ自体が近代以降に発明された神話に他ならない（グレーバー 二〇一七：一〇四）。ここでも、無限の負債という発想が可能になるのは、人間生活のさまざまな側面が商取引からなっていると考えるようなホモエコノミクス幻想に陥った結果なのである。

こうして商品貨幣論も、信用貨幣論も誤っているとグレーバーは結論づける。究極的には、両者は同じコインの表裏なのだ。スミスの考え方は、人間を合理的な計算機とみなし、原初的な社会関係を等価の売り買いを行う負債なき関係としてとらえていた。だが、それを拡張し、人間と宇宙との関係としてとらえるならば、神や国家といった無限な存在を前に、無限な負債を負っているという「原初的負債」の発想に到達する。こうして、市場のロジックを取り込んだ思考は神話を創造し――マルクスで言えば「物神崇拝」に陥り――、資本主義の特殊性を説明することができなくなってしまう。

グレーバーによれば、神話を創造することを避けるためには、一義的な貨幣の起源を求めることができないことを認識しなくてはならない。なぜなら、「起源であるものをより具体的に求めようとするやいなや、わたしたちは今日「貨幣」と呼ぶものに収斂している数多くの多種多様な実践を発見してしまう」からだ。その揺れ動きを追跡し、その時々における負債や貨幣の役割を分析することが必要だというのである。

では、グレーバーのそのような貨幣論から見えてくる近代批判とは一体何か？『負債論』を一読して明らかなのは、負債と貨幣の歴史における大転換が人間の「数量化」によって起こったということである。そして、この問題を考えるための補助線がマルクスなのである。

5 価値形態論という補助線

「マルクスという補助線」の一つ目は「価値形態」である。価値形態論のマルクスの経済学批判としての狙いは、スミスのような物々交換の不便さを取り除くための「道具」として貨幣を意識的に導入するのではなく、むしろ貨幣の必然性を商品生産社会の特殊性から導き出すことにあった。別の言い方をすれば、貨幣形態は人間の無意識の次元から生じてくるものであり、目に見えない社会的力としての「価値」を目に見える形で表現するための「値札付け」の必要性から貨幣は生じてくるのである。しかし、なぜそもそも商品交換が必要になるのだろうか？

ポイントはなんらかの交換があったとしても、自動的にそのなかでモノが商品となり、貨幣が生まれ、市場が形成されるわけではないということだ。実際、グレーバーも数多くの例で示しているように、共同体間でのモノのやり取りは、けっして商品交換という形をとることはなかったし、さらには、共同体内部でのモノのやり取りも信用を使ってやり取りされることで、商品経済の発展を妨げてきた。ここには、労働生産物が商品として全面的に交換されるようになる商品生産社会の特殊性が存在している。

では、どのような交換が商品交換を生むのか？　結論から先に言えば、商品生産社会の形成と貨幣の誕生にとって決定的なのは、「私的労働」として営まれる社会的分業のあり方である。マルクスによれば、商品交換の分析は、生産の次元にまで遡って探求されなくてはならない。前資本主義社会においては、社会的総労働の配分と生産物分配という経済問題が、慣習や伝統、命令などによって社会的紐帯に基づいて解消されてきた。こうした条件下においては、労働生産物は商品という形態をとらずに、社会的再生産のために用いられたのである。そして剰余生産物の一部のみが、他の共同体との交易において「商品」として交換された。だが、共同体の内部においては、人々は商品交換に頼ることなく、生活を営むことができた。

それに対して、商品生産社会は、まさに共同体の社会的紐帯が解体されることによって生まれてくる。つまり、私的労働とは、私的個人が勝手に行う労働でありながら、社会的総労働の一部を担うような労働である。マルクスはその端緒が社会にとって自然なものではなく、むしろ外部から入り込んできた異質なものであると述べている。それは、社会的紐帯が切れたよそ者との接触、共同体間の遭遇から発生したものなのだ（マルクス 一九八二：一六二）。外来的な社会の間での交易から市場的な関係が発生し、その論理がさまざまな慣習や伝統によって規制されている共同体の内部へと浸透していくことで、市場は力を増していく。

だが、グレーバーが述べるように、共同体間の交換だけでは、市場社会の形成には不十分である。決定的なのは、「二重に自由な労働者」の創出による労働力の商品化である。これによって商品交換の論理は共同体の内部へと侵食し、資本主義は成立する。要するに、私的労働は、ツンフトやギルドの解体やエンクロージャーを通じて形成されてきたのだ。バラバラな個人が私的生産者として労働を営む場合には、労働の社会的性格は直接に確証されない。そのため、人々は社会的関係を取り結ぶために、モノに価値という社会的な力を与えるような仕方で振る舞うことで、社会的関係を取り結ぶことを強いられる。こうして、労働生産物は商品に転化する。その結果、社会的な力を有する生産物が人間から自立化し、人々は市場における交換価値の変動によって、意志決定を行うことを強いられるようになる。こうして、人々は物の運動に振り回されるようになるのだ。

さて、純粋に社会的な力である商品価値は直接に目で見ることができない。価値を表現するためには、商品の「値札付け」が必要となる。この価値表現の必要性において、一般的等価物としての貨幣形態が必然的に生じてくるのであり、この仕組みを明らかにするのが「価値形態論」の課題であった。だが、貨幣は単なる価値尺度や交換の媒介物であるだけではない。貨幣は商品交換が全般化すればするほど、どのような物とでもすぐに交換できる「直接的交換可能性」をもつがゆえに、その力を増していく。人々は貨幣を追い求め、それであらゆるものを買おうとする。この過程を繰り返すことで、人々はあらゆるものを数量化していき、本来は労働生産物でないものにまで値札をつけ、商品交換の論理へと飲み込まれていく。さらには、そうした態度を自然化するようにさえなるのである。

このように考えると、マルクスの価値形態論の本質は、「商品貨幣」や「信用貨幣」としての貨幣の起源を確定することではないことがわかる。商品貨幣も信用貨幣も、貨幣の形態規定に基づいて導出される貨幣形態の一つにすぎない。商品生産社会における貨幣の特性を明らかにするために、貨幣を商品交換一般から生ずる形態規定として、そして商品を私的労働から生じる労働生産物の形態規定として把握することこそが、マルクスの目的だったのだ。

6　グレーバーと私的労働

実は、グレーバー自身も信用が負債へ転化し、人間と人間の関係が数量化された交換の次元へと還元されるようになる決定的な契機として、社会的紐帯の解体を強調している。次はこの点を見ていこう。

人類史上のほとんどの社会において、「商品経済」から区別される「人間経済 human economies」が支配的であったとグレーバーは述べている。ここで重要なのは、人間経済においては、社会的関係の再生産が一義的なものとなっており、そのなかでは、貨幣と負債の役割が大きく異なっている点である。というのも、貨幣による人間的関係の数量化は起こりえなかったからである。つまり、そこでの貨幣――「社会的貨幣」――は「けっして人間と等価にはならない」(グレーバー 二〇一七:二四〇)。人間経済においては、貨幣や負債は、等価を交換するための役割を担っていなかった。むしろ、「貨幣とはなによりもまず貨幣よりもはるかに価値のあるなにかを負っていることの承認」だったのだ(グレーバー 二〇一七:二〇四)。それは例えば、結婚に際して、求婚者の家族が女性側の家族に支払う「花嫁価格」に見られるという。グレーバーによると、この慣習はけっして花嫁を商品として購入しているのではなく、求婚者はどのような支払いも不可能なほどかけがえのないものを要求しており、彼が支払う貨幣が表しているのは、未払いの負債があることを認知するという役割である(グレーバー 二〇一七:二〇一)。同時に、人間社会は信用に基づくやり取りの複雑なネットワーク化によって、商品・貨幣の力を抑制していた。人々は、貨幣が社会を破壊する恐るべき力に転化してしまうことをはっきりと恐れていたのである。

では、現代資本主義に生きる私たちに馴染みがある、人間も含めたあらゆるものが量化された等価交換の商品経済はどのようにして生まれてきたのか? すでに述べたように、人間経済においては、人間の生命は貨幣のやり取りの対象にはなりえなかった。人間は数量化不可能だったからである。だが、グレーバーによれば、この人間経済の防御壁は、人々が暴力によって社会的紐帯から引き離されることによって突破されてしまう。「人間の売り買いが問題になるのは暴力が計算に組み込まれた時のみなのだ」（グレーバー 二〇一七：二一九）。その端緒となるのが、「奴隷」の売買である。

奴隷はいかなる社会的紐帯からも暴力によって切り離された存在である。その結果、人間が初めて交換の対象となり、人間的な要素の排除による数量化が一気に進行するようになる。「人間経済において、なにかを売ることができるようにするためには、まずそれを文脈から切り離す必要がある。奴隷とはまさしくこれである。すなわち、奴隷とは自分たちを育てあげた共同体から剝奪された人々のことである」（グレーバー 二〇一七：二二二）。そして、この暴力によって、貨幣の役割は決定的に変わってしまう。

ここで注意しなくてはならないが、この大転換を、暴力を使えば、貨幣はありとあらゆるものを数量化することができるという風に理解してしまってはならない。それだけなら、諸悪の根源は「暴力」、「戦争」、「犯罪」という道徳的な話になってしまうだろう。むしろ、暴力が社会的紐帯の解体と緊密に結びついており、そのことが貨幣を必要とする私的労働の創出と結びついているという点を理解することが重要である。「交換の原理そのものがその大部分を暴力の帰結として出現した」（グレーバー 二〇一七：三二）というグレーバーの発言は、マルクスの補助線によって生産からとらえることが可能になるのである。

人間を社会的共同性から切り離していくと、この破壊作用は社会内部へと徐々に侵食していく。こうして人間関係の数量化は、共同体から切り離された人間たちに対してだけでなく、社会のなかにも入り込んでくる。つまり、商品交換のロジックが共同体のなかへと「侵入 introjection」し（Graeber.

2007: p. 101)、人間経済を侵食していく。社会的紐帯を解体していくことで、信用の役割は決定的に変わり、負債へと転化していくのだ。

このように考えることで、なぜグレーバーが奴隷と賃労働者の類似性を強調するかも理解することができるようになる。労働という観点からみると、共同体の内部において、社会的紐帯から切り離された人々が形成され、彼らの生活もまた数量化されたものとして扱われるようになっていく同一のプロセスの出発点と終着点がそれぞれ奴隷と賃労働者なのである。

> 労働者を形作る共同体的紐帯、血族関係などは作業場においては何の重要性も持たないことが原則的に想定される。このことは、少なくとも原則的には、資本主義においても当てはまる。(Graeber. 2007: p. 105)

ここで、奴隷と賃労働者の違いは、奴隷が一度に人格全体を販売する羽目になるのに対して、賃労働者はみずからの生命を労働時間として数量化して、「日々繰り返し」販売することにしかない(Graeber. 2007: p. 106)。だから労働者たちがみずからを「賃金奴隷」と呼ぶのも偶然ではないし、マルクスもまた賃労働者と奴隷の類似性を指摘していた。繰り返せば、ここでの奴隷制と資本主義社会の区別を消し去ってしまうという批判はグレーバーの意図をとらえ損ねている。むしろ、その意図は賃労働という歴史的に特殊な労働形態がそのような社会的紐帯の解体に裏打ちされた「社会的死」によって、交換の次元へと還元されてしまっている事態を示すことなのである。

貨幣は人間を測量可能なものへと還元してしまうことで、交換の原理をあらゆる領域へと持ち込んでいく。その結果として、義務は「負債」となり、負債を返さない間は、平等な交換者としての関係が支配・従属の関係へと転化する。負債は、商品交換のロジックを前提とする限りで、商品所持者としての「形式的・法的な平等」に基づいている（グレーバー 二〇一七：二八八）。つまり、負債とは、本来平等なものたちが、一時的な貸し借りの関係を結ぶことで、一方が他方に返済するまで不平等な関係が押しつけられるという形を取るのである。ここでのポイントは、ラッツァラートが誤解しているように、その負債が返済可能であるかどうか——そしてそれが統治の新形態になっているかどうか——ということではない。グレーバーも現代資本主義社会における負債が「無限で、返済不可能で、償うことのできない」ものであることに同意するはずだ（Lazzarato. 2014: p.84）。IMFによって途上国に課された負債は返済不可能なものであり、それが支配の道具になっているという話からすべての議論は始まっていることを思い出せばいい。

『負債論』の問いは、むしろ、なぜ「負債」がこれほど強力な支配の手段になるような力を持つのかというものである。その答えこそが、本来平等であるからこそ、この不平等は、「借金を返さない債務者が悪い」という支配者階級のモラルとして強い力を持つというものである（グレーバー 二〇一七：一三〇）。生まれ持って不平等であるようなヒエラルキー関係が支配的な前近代社会においては、負債のモラルは力を持たない。負債による支配においては、商品交換に基づいた形式的平等が大きな役割を果たしているのだ。

7　現代資本主義分析という困難

暴力による「文脈」からの切り離しを単なる道徳的な話ではなく、社会的紐帯の解体による私的労働の成立と合わせて考えることで、商品貨幣と信用貨幣の歴史的入れ替わりについてもより俯瞰的な理解を得ることができる。五〇〇〇年の歴史における信用貨幣が支配的な時代と金銀が支配的になる時代の入れ替わりのきっかけが暴力であることに注目しよう。「地金が優位になるのは、なによりも暴力の全般化する時代である」とグレーバーは言う。一方、信用貨幣が支配的になるのは、「相対的に社会が平和な時代、ないし（国家か、あるいはほとんどの時代では、商人ギルドや信徒共同体のようなトランスナショナルな機構によって形成された）信頼関係のネットワークを横断して支配的な傾向をもつ」場合だが、戦争によって暴力が支配的になると貴金属にとってかわられる（グレーバー 二〇一七：三二一–三二三）。

ここでの戦争と貨幣の関係性を単に暴力や軍事力の問題として理解してしまってはならない。前節までにみたように、マルクスとグレーバーにとって、暴力が問題となるのは、それが社会的共同性を切り崩し、私的労働を拡大させるからである。社会的共同性が強固に保たれている場合には、人々の関係性に基づいた信用を媒介としたやり取りが行われる。他方で、そのような共同性が暴力によって揺るがされると、金属貨幣を媒介とした商品交換が支配的になるのである。

例えば、古代エジプトにおいては、商業取引は行き当たりばったり的な性格をもっており、貸付が行われていたとしても、それは、ほぼ隣人たちの間の相互扶助の形を取っていたにすぎない。また初期中国のタカラガイ貨幣においても、「市場自体が長期にわたってあまり大きな位置を占めていなかった」のであり、むしろ人間経済における社会的貨幣としての役割を担っていたのであり、社会生活には市場経済は浸透していなかった。

同じようなことは枢軸時代のあとに到来した中世にも当てはまる。枢軸時代においては、繰り返しの戦争によって、奴隷貿易も行われ、社会的共同性が解体されることで、地金が支配的となった。ところが、そうした時代が過ぎ去ると、中世には再び信用貨幣への回帰がみられたという。例えば、中国で日常の経済取引が竹の棒で記録されていたし、イスラーム世界においても共同体の外部においては奴隷取引等が行われていたが、その力がけっして共同体の内部に侵入してこないように注意深く対処されていた。

それに対して、戦争社会においては、信用貨幣への信頼が低下し、金が支配的になる。枢軸時代には「軍事=鋳貨=奴隷制複合体」が形成され、侵略の軍事的拡大は、職業軍人に支払う給料のための鋳貨づくりを強制し、他方で、国家は課税政策を通じて、人々が市場における日常取引において用いるよう奨励したのだった。商品貨幣が支配的な時代において、国家による税が軍事機構と相俟って、市場を創造し、社会的紐帯を弱めることで、商品経済の論理が社会の内部へと持ち込まれていったのだ。

もちろん多様な歴史的・社会的要素によってさまざまに異なった形で規定されている問題を大きく一括りにまとめることはできない。とはいえ、敢えてマルクスという補助線に沿って以上のグレーバーの議論をとらえ返すならば、暴力によって、社会的紐帯が解体されるようになっていくにつれて、私的労働と商品生産が支配的になり、それに応じて物象の力が強まっていくと整理できるだろう。それに対応して、一般的等価物としての金の力が増していく。反対に、社会的紐帯の力が回復するなら、それに応じて商品生産への依存度が下がり、日常の取引もまた商品交換ではない信用に基づいたやり取りという形態を取るようになる。

とはいえ、このような整理によって生じる一つの疑問がある。それが現代資本主義の分析だ。グレーバーによれば、現代資本主義において、アメリカ合衆国の負債は無尽蔵な額になっているが、それにもかかわらず、アメリカが自由に振る舞うことができるのは、世界に類をみないアメリカの軍事力によって支えられているからだという。

ここで興味深いのは、現代資本主義が暴力にあふれる時代であるにもかかわらず――利潤率が下がるなかで軍事産業は余剰資本の吸収先である――、ブレトンウッズ体制の崩壊によって、金による実体的裏づけのない不換制に移行し、それが「信用貨幣の新たなバリエーション」になっているという逆説的事態である（グレーバー 二〇一七：五三九）。暴力による社会的紐帯の解体にもかかわらず、信用貨幣が支配的になっているのだ。そして、グレーバーの『負債論』は、アメリカとＩＭＦに代表される暴力と信用貨幣の結びつきという歴史的状況を解明するはずのものであったことを想起しよう。ところが、最終章において、グレーバーはこの事態をうまく説明できておらず、「いまだに定まらぬなにごとか」という抽象的な位置づけしか与えていない。こうして、資本主義の特殊性を信用貨幣と商品貨幣の循環のうちへと解消してしまうことで、資本主義社会の論理を明らかにできていないという批判をグレーバーは受けることになったのである。

この問題を考えるために役立つのが、再びマルクスという補助線である。マルクスが分析するのは、資本主義の下で物象化が力をますます増大していくなかで、暴力と手と手をとりながら、社会的紐帯のあらゆる側面を解体し、商品化の論理を浸透させていくことの歴史的特殊性であった。それによって、社会における人格的関係そのものが商品や貨幣によって媒介されていき、最終的には資本のもとに包摂されていく。その結果、人格的関係が織りなす信頼関係に基づいた「信用」という社会的営為もまた物象の強大な力へと飲み込まれ、資本の価値増殖の論理に適合する形で再編成される。これはつまり、信用が資本の価値増殖のために不可欠な手段として、広範囲で用いられるようになる事態を表している。信用は、価値増殖を可能にする架空資本（G–G'）として資本主義に特殊な機能を獲得し、信用貨幣も商品貨幣と同様に資本による社会全体の組織化のための手段となる。そして、この物象化の力があまりにも強大なものとなり、信用貨幣が自立化した結果、さしあたりは金の裏づけが不要になり、国家の暴力によって無尽蔵の貨幣を創造できるかのような能力が獲得されるかのような外見が現れてくるのである。

その結果生じてくるのが、信用を媒介とした物象化された社会的共同性である。マルクスは次のように述べている。

それはある種の諸部面では独占を成立させ、したがってまた国家の干渉を誘い出す。それは、新しい金融貴族を再生産し、企業企画屋や重役（たんなる名目だけのマネージャー）やその姿をとった新しい寄生虫一味を再生産し、株式取引や株式発行等々についての思惑と詐欺との全システムを再生産する。〔…〕信用は、個々の資本家または資本家とみなされている人に、他人の資本や他人の所有の（それによってまた他人の労働の）——相対的に言って——絶対的な処分権を与える。自分の資本ではなくて社会的な資本の処分権は、彼に社会的労働の処分権を与える。資本そのものまたは「資本とみなされているもの」は、もはや信用という上部建築のための土台になるだけである（Marx. 1992: p. 503）。

とはいえ、架空資本がいくら発展したとしても、最終的には実体経済の制約から逃れることはできない限りで、金を完全に手放すことができず、いまだに中央銀行は金を大量に保有している。また、信用そのものも、いくら自立化して、架空化したとしても、産業資本の運動によって規定され、制約されるのである。

おわりに

こうして、前近代社会とは異なり、現代資本主義社会においては、まさに社会的紐帯が解消されて、社会的生産の私的性格が増すことによって、逆説的ながら、信用貨幣がかつてないほどに重要な役割を果たすようになっている。それは資本蓄積という歴史的に特殊な使命のために、信用そのものが特殊な形態規定を受け取るようになったからである。こうして、現代の資本主義の信用貨幣の問題を理解しようとするのであれば、商品貨幣と信用貨幣の循環という対立的な見方を乗り越えて、商品貨幣のみならず、信用そのものが物象化のものとで果たす役割をさらに深く考察する必要がある。そうすることで、近年のように信用貨幣理論がリフレ派やＭＭＴのような議論が、長期停滞で苦しむ日本の打開策として打ち出される理由も理解できるようになる。また、信用の議論を生産に結びつけることで、国家の負債を家庭の借金から区別しても、リフレ派やＭＭＴが経済対策として持つ効果の「限界」を見定めることもできるようになるだろう。そして、そのためには、マルクスの洞察は依然として有効であり続けており、グレーバーとマルクスは接合されなくてはならないのである。

文献一覧

グレーバー、デヴィッド（二〇一七）『負債論――貨幣と暴力の５０００年』〔酒井隆史監訳〕以文社
マルクス、カール（一九八二）『資本論』第一巻第一分冊〔資本論翻訳委員会訳〕新日本出版社
Graeber, David. 2007. *Possibilities: Essays on Hierarchy, Rebellion and Desire*. Chico: AK Press.
Lazzarato, Maurizio. 2014. *Governing by Debt*. Cambridge, MA: The MIT Press.
Marx, Karl. 1992. *Marx-Engels-Gesamtausgabe* II/4.2. Berlin: Dietz Verlag.

生物学と物理学のひびわれ

――寺田寅彦の長い影

川口　喬吾

はじめに

生物物理と呼ばれる研究分野がある。受験科目名を二つ合わせただけのようなものぐさな名称であるが、国内外に大きな学会もある真剣な学術分野であり、要するに生物学と物理学の中間的あるいは複合的な研究を行っている。生物学、物理学それぞれの研究対象が多岐にわたっているのと並行して、生物物理の研究も多様にあり、時代ごとにトレンドなどもある。

生物物理の研究では基本的に、生命に関係する現象について数理的な手法を適用したり開発したりして、物理学的な解釈を加えることを目指している。ここで物理学的解釈というときの幅は広いが、ざっくりいうと数式や数値計算に基づく理論による理解というくらいの意味で、その中身は既存の物理学や数理科学の枠組みで生命現象を記述しきろうとする向きの研究から、一見つながりの薄そうな物理現象と生物のふるまいの類似性を探る研究や、新しい物理学的知見を生物から得ようとする研究まで、いろいろである。

昨今の生物物理研究の特色をあげるとすれば、顕微鏡や遺伝子解析技術の大幅な進展により精密あるいは大規模なデータが得られるようになり、それに対峙する時間がとにかく長くなっていることである。現代の顕微鏡には、生きたままの状態の組織の中の一つ一つの細胞を数週間にわたり観察する技術や、細胞内の微細な構造を光の波長より小さいスケールでとらえる技術、あらゆるタンパク質の立体構造を原子レベルで同定する技術などがある。また、遺伝子解析の方面では、通常思い浮かぶ生物種のゲノム情報は誰でもアクセスできるデータベースにすでに登録されている他、同じ個体の中の異なる多数の細胞の個性を遺伝子転写産物などから検出する技術や、顕微鏡技術と組み合わせて細胞内のどこにどういう遺伝子や転写産物があるかの空間的な情報を得る技術も出てきた。これらのツールの多くはさまざまな生物種に適用可能という意味で汎用性があり、開発から数年以内には商業パッケージ化されたものが出回り世界中の予算のある研究機関や大学で導入されるような状況で、どれだけニッチでマニアックな生き物を研究している場合でもこれらの技術と全く無縁では暮らせないようになってきている。

基本的に現代の生物物理や広く生物学研究はこうしたデータ取得法の開発が全体を駆動する形であり、生命現象の理解の枠組みの中で普通に想像できる量については多くがすでに測定可能、あるいは数年以内に測定可能になることが前提になっているような感覚がある。生物物理は自然科学であるため、実験データに振り回されるのは当たり前でもあり、むしろ新しい実験手法やデータ取得法が生まれるのもこうした境界領域であることが多く、自分で自分の分野を忙しくしているマッチポンプ的側面もある。しかし現代が多少特殊であるのは、端的に言えば、物理学的に見た生命現象として本当に知りたかった問題の多くに答えを出せるレベルまで、データがそろいつつあるというところである。

現代の生物物理の状況についてもう少し引いた視点から説明すると、いわゆる分子生物学の時代が終わりを迎え、次なる理解の枠組みが探られている。分子生物学の研究手法では、さまざまな生命現象やヒトの疾患の原因を遺伝子やタンパク質などの構成部品の機能やエラーに求め、そうした部品を細胞や実験動物の中で操作したり取り除いたりすることによりメカニズムを検証する。分子生物学により薬剤の作用機序などが明らかになり医学の教科書は完全に刷新された他、生物種間を超えて普遍的に重要な遺伝子がさまざまな階層で見つかるなど基礎生物学の世界の見方も大転換を受けたが、分子生物学研究のある種の還元主義的な態度や、問題と仮説を決めたらあとはルーティンワークになる研究生活に嫌気がさされている部分もあった。その流れの中で、分子生物学「ではない」研究として、個体が集団で運動する場合や細胞が組織を作る場合にマクロな階層で創発する現象について物理学的観点から調べる研究や、一つではなく多数の遺伝子が複雑に絡み合っている状況をとらえるためのシステム生物学という枠組みなど、物理系の研究者を引き寄せる新しい窓口もいくつか設置されてきた。

物理学の内部においては、実験系と理論系の研究者が役割分担されているのが現代では普通であり、それぞれの側から重要な進展が生まれ、健全なキャッチボールが行われている。それに比較して、生物物理における理論系研究には成功例がそれほど多くない。これには理論物理学的思考が限られたデータや単純化されすぎた問題設定に対して勇み足をして概念的な理解を推し進めがちなことが効いていそうだが、むしろ生物のブラックボックスを実験により掘っていくと次から次へと新しい要素がわいてきてしまい、「生物は要するにこういう系である」という土台そのものが変遷していってしまうことも関係していると思われる。なるべく確からしい前提から出発して理論を構築したい物理学の立場は不利でもあり、物理学者は梯子を外されるたびに「そんな部品もあったとは聞いていないよ」と嘆き、それを見て生命科学者はなぜか嬉しそうであったりする。

物理学系から発した生命現象に関する世界観も、短期的には人気を博することがこれまでに何度もあった。しかし近年では新データの出現が物理学的な生命科学観の構築のペースを上回っている感があり、要するに以前にもまして「下手なことが言えない」状況になってきた。そんな中で、分子生物学的手法を極限まで高めた技術の数々により、生物系の主要な要素は測定しつくせそうな気配が出てきている。いくら複雑でも生物の構成要素は有限である。今は生物に対する大胆な世界観を打ち出すよりは、とりあえずこれらの構成要素の大部分が測定されるまで待っていたほうがよいのかもしれない。大量のデータを処理するには、近年実験技術の進展以上に発達した機械学習などの情報科学的ツールを用いるのもよい。

生物のブラックボックスが解明され、あらゆる生命現象に物理学的な説明がつく日がついにやってくるのを夢見て、今はパソコンの前で爪を研ぎながら楽しくデータを眺めていることにしよう。しかしこの物理学的な目論見が成就したとて、生物学のより長い歴史からすれば小さなさざ波の一つにすぎず、結局戦線が数歩前進するくらいのことで終わるかもしれない。むしろ、生命現象に物理学者の求めるような「本質」などある保証もなく、それがないことをはっきりさせることが現代の生物物理研究の向かっている先なのかもしれない。

前置きが長くなったが、本稿では生物物理分野の研究者である筆者が、こうした個人的な職業的な興味から、自身の分野に関する偏った見解やそのゆらぎを少しでも客観視すべく、日本の生物物理研究の歴史から幾名かの有名人を例にテーマを絞って書いてみたい。まずは時代を少しさかのぼって、生物物理学者の大沢文夫と素粒子物理学者の湯川秀樹のやりとりをきっかけに、生命科学者と物理学者の立場の違いとそのステレオタイプについて説明する。そこで登場する量子力学をキーワードに、次に二〇世紀初頭に活躍した物理学者である寺田寅彦の物理学観や生命科学観、その中で表されていた不満や期待について見ていく。

1 「生物は積み木細工」問題

二〇一八年に没した生物物理学者大沢文夫は、日本の生物物理分野において大きな流れを作り出した研究者である。特に筋肉運動の構成分子であるアクトミオシンに関する先駆的な研究や、高分子が溶けた液体においてコロイド粒子に働く力の研究（朝倉大沢の力）で知られており、日本生物物理学会の創立にも大きくかかわるなど、文字どおり現在の日本の生物物理界を牽引し、多くの弟子も育てた。大沢は日本の物理学教室のなかにウサギなどの生体試料などを持ち込んだ最初の世代でもある。

その大沢は、先輩物理学者である湯川秀樹の言として以下のものを紹介している。

生物は積み木細工ですね。量子力学のような直観をこえる難しいことは何もありませんね。そのうち脳のことなどもわかってしまいますね。(大沢 二〇一七)

大沢は言葉を多少ゆらがせつつもこの湯川の言を講演や著書で幾度となく引用しており、研究者としては二世代以上下になる筆者も大学院時代にこの言葉が載ったOHPで発表する大沢を生で見たことがある。この言葉は湯川らが共同で編集していた岩波書店の「現代物理学の基礎」という教科書シリーズの刊行記念パーティで出たものとされ、大沢らが書いた「生命の物理」の巻を読んだ上での湯川の素朴な感想であった。ちなみにこのシリーズのうち一部は二〇二二年現在でも書店で手に入り、特に大沢が担当した「生命の物理」は章が一つ増えた以外はそのままの形で刊行されている。

湯川はこれをどういう意味で言い、なぜ大沢もそれを気にしたのか。まず、湯川秀樹は当時の日本の物理学界隈における神である。湯川の一九四九年のノーベル賞受賞は中間子の存在の予言という理論研究の業績によるが、湯川の前後のノーベル賞受賞者を見ると現代の物理学科で用いる教科書に必ず名前が出てくる伝説上の偉人ばかりであり、このようなトップレベルの研究者が当時まだ基礎科学後進国であった日本に現れたのは驚くべきことである。また、湯川の同級生の朝永振一郎も素粒子の研究者でノーベル物理学賞受賞者であるが、同じ分野には坂田昌一、南部陽一郎、益川敏英、小林誠他、世界的に高名な研究者が多数出現しており、素粒子物理は日本のお家芸ともいわれてきた。

物理学の研究対象は広く、素粒子以外にも物性物理と呼ばれる分野や、宇宙、光学、プラズマ、ソフトマターなど多岐にわたるが、こうした歴史的背景から、素粒子論を専攻する教員や学生は一目置かれているような状況がいまだに結構残っている。また、素粒子物理は分野として世界の構成要素やそのメカニズムを根源的に追求しているのだと自負しているところがあり、いうなればほかの分野の問題はしょせん彼らの知見から導き出して解決できると考えている節もややある。大沢へのコメントで湯川がつかった積み木細工という言葉には、このようにして生物もより基礎的な物理学から「導出」できてしまうという、ある種の見下しのようなものが感じられなくもない。むしろ湯川は、量子力学のように難しい問題に対峙した経験が物理学者側にはあるが、同様に非自明に見えた生命科学の問題は結局それほどではなかったのか、という落胆的な気持ちを吐露したかっただけかもしれない。

ちなみに大沢らの執筆した「生命の物理」には確かにタンパク質構造の基礎など具体的な生体物質についても詳しい説明があるが、全四部のうち一部がオートマトン理論という抽象的な内容に丸ごと割かれているなど、むしろ生命の機能的側面や物理学的な意味での普遍性を強調して書かれたユニークな教科書である。これを読んで生物は積み木細工と感じたのであれば、現代の分子生物学の教科書をみたら湯川は卒倒してしまうであろう。

教科書の内容はともかく、自然科学にはどの分野も積み木細工的な記述が必要な場面はある。積み木細工で何が悪いのか、むしろ湯川らの当時の研究も原子核の構造を解くという目標に向かった積み木細工の一種ではないのか。生命科学者としての立場からそうは反論せず、大沢が湯川の言葉を素直に受け止めたのは、「確かに量子力学に比べたら」という物理学徒であれば多くが共感する気持ちがあったからであろうと推察できる。

物理学的な理解の枠組みにおいては問題やその解決法の数学的な記述が重要視されるが、これは議論の正確性のためであると同時に、人間の素朴な直観を超えることもある自然現象を把握するにはそのくらいしか手段がないからでもある。その最たる例が量子力学であり、一言でそのすごさをいうなら「極小世界の自然ではわれわれの通常の感覚では信じがたいことがいろいろと起きているが、それらの実験事実をすべて説明できる数学的枠組みを人類は見つけてしまった」ということになる。

そうした量子力学の発見というプライドがある以上、物理学は生命科学に対して威張り続けるのかもしれない。実際、自然科学全体を見渡しても量子力学の成功は特殊な位置を占めており、その非直観性や後に発展し完成した素粒子理論の精緻さという基礎科学的側面だけでなく、化学方面への応用や核兵器開発による影響力まで考えると、ほかのサイエンスとは明らかに一線を画している。ついでにいうと、量子力学の生みの親の一人であるシュレディンガーが遺伝のしくみなどについて物理学的考察を記した著書『生命とは何か』(一九四四)は、一九五三年にDNAの二重らせん構造を考案したワトソンとクリックらが大きな影響を受けた本として挙げるなど、分子生物学の発展のために重大なインスピレーションを与えた(グリビン 二〇一二)……という話により物理学者は生物学者によくマウントをとる。イギリスの原子核物理学者ラザフォードが言ったとされる「物理学以外の科学は切手集めのようなもの」“All the science is either physics or stamp collecting”という言葉に見られる研究分野差別的な態度は、現在の物理学者の間にも全くないものではなく、悪い言い方ではこれを物理帝国主義などと呼んだりもする。

それでは果たして、今や固定観念化したこのような物理学者的態度は、量子力学以前から存在したのであろうか。それを見るために、時代を大沢からさらに二世代さかのぼり、寺田寅彦の話をしてみたい。

2　不満をいう寺田寅彦

寺田寅彦といえば漱石の弟子、その簡潔で美しく射程の広い文章の数々で知られるが、物理学者としては何より学問の境界領域を広げようとした人である。

寺田の科学エッセイの中には墨汁や線香花火や金平糖など、日常的な題材を扱ったものが多いが、これらの有名な随筆文には科学論文の体裁をとったバージョンも多くある。残念ながらこれらの論文は、最近の自然科学の論文であれば通常可能であるようにGoogle Scholarで検索してPDFでダウンロードできるものではないが、寺田の死の約二年後に刊行された論文集全六巻（寺田 一九八五）にそのほぼすべてがまとまっている。これを開いてみると、例えば墨汁についての四件の論文のほか、尺八（博士論文）や太鼓の振動、椿の花の落下運動、日常風景における錯視のレポートなど、お茶の間で話題にできそうなわかりやすい題材のものが確かにいくつもある。また、少なくとも後年の理化学研究所時代の弟子たちが行った研究の論文には寺田が著者に入っておらず、エッセイで特に有名な金平糖に関する研究も寺田の論文はなく、弟子の福島浩が理研彙報に書いているのみであるが（福島 一九三〇）、弟子世代も含めてこうした日常系科学論文を集めると相当な数になる。

寺田が日常的な題材を取り上げ研究する様子をもって「趣味の物理学」や「小屋掛けの物理学」と揶揄されたのは生前からであるらしい。しかし寺田は、東京帝国大学の物理学教室で教員を務め、のちに教授になった弟子が数十人はいた上、物理学会の会長にまでなっていることから、傍流であったとは言えずむしろこの時代の日本の物理学を代表する人物であった。また、寺田の初期の研究で有名なものとしてX線回折像に関する研究があり、ブラッグ親子のノーベル賞の対象になった論文に似た内容がほぼ同時期にネイチャー誌に掲載されたことも有名である（小山 二〇一二）。ノーベル賞は世界の研究の本流の指標ともいえるから、少なくとも一時期寺田は物理学の真ん中にいたことがわかる。

このような寺田の仕事が良くも悪くも「趣味」のように言われるのは、実際に彼が主流的な物理学の圏外の物理学を考えることにこだわりを持っていたからである。寺田が多くの論文を残すことになった地球物理の分野についても、「〔…〕地球物理学の問題における統計的研究は物理学上の量的研究とは全然別種のものと見なされ、どうかするとそれがかなり有益であり興味あるものであっても、「統計的だから」というわけをもって物理的なるものの圏外に置かれ〔…〕」（「量的と質的と統計的と」一九三一）という状況を説明していたり、あるいは「物理学者は電子や原子の問題の追究に忙しくて、到底日常眼前の現象を省みる暇がないありさまであるから〔…〕」（「物理学圏外の物理的現象」一九三二）と述べているなど、彼の興味ある研究対象が他の物理学者にとって圏外と扱われることについての不満が随筆文の中からも読み取れる。

これらの不満表明の背景には、そもそも主流的物理学に関する寺田の反発的スタンスがあったと思われる。先述の「物理学圏外の物理的現象」では、「〔…〕各時代において物理学上の第一線の問題とみなされ、世界じゅうの学者が競って総攻撃をするような問題があり、そうしてその問題の対象物は時代から時代へと推移して行く。〔…〕これは少なくもある程度までは偶然的人間的な事情に支配されることは疑いないように思われる」といわゆる主流派を相対化してみせたうえで、ブラウン運動の発見などの例を挙げて「〔…〕その当代の流行問題とはなんの関係もなくて、物理学の圏外にあるように見える事がらの研究でも、将来意外に重要な第一線の問題への最初の歩みとなり得ないとは限らない。それでそういう意味で、現在の物理学ではあまり問題にならないような物理的現象にどんなものがあるかを物色してみるのも、あながち無用のわざではないかもしれない」と述べている。

このように主流派でない物理学を探求していた寺田であるが、物理学の適用範囲と生命現象の関係についても多くを書き残している。まず基本的な立場としては、「今のところでは生物界の現象に関しては物理学はたいてい無能である」(「物理学と感覚」一九一七)、「生物学上の「生命」の問題に対しては、今のところ物理学はなんら容喙の権利をもたない」(「備忘録」一九二七)、とお手上げ状態を表明しているが、「春六題」(一九二一)の中では

物質と生命の間に橋のかかるのはまだいつの事かわからない。生物学者や遺伝学者は生命を切り砕いて細胞の中へ追い込んだ。そしてさらにその中に踏み込んで染色体の内部に親と子の生命の連鎖をつかもうとして骨を折っている。物理学者や化学者は物質を磨り砕いて原子の内部に運転する電子の系統を探っている。

と当時の積み木細工の状況を解説しつつ、

最も複雑な分子と細胞内の微粒との距離ははなはだ近そうに見える。しかしその距離は全く吾人現在の知識で想像し得られないものである。山の両側から掘って行くトンネルがだんだん互いに近づいて最後のつるはしの一撃でぽこりと相通ずるような日がいつ来るか全く見当がつかない。あるいはそういう日は来ないかもしれない。しかし科学者の多くはそれを目あてに不休の努力を続けている。

と生命現象と物質世界の距離感やそれが縮まる期待について書いている。

それと同時に、寺田は物理学者としての立場から生命科学の側の態度に対しても不満を述べている。例えば「物質群として見た動物群」（一九三三）の中では、魚群や人の流れといった現象に物理学的解析手法を用いる研究や、細胞分裂現象を表面張力の違いによる液滴の自発的な分裂でモデル化する研究などに対して、

生理学者の側では「生物の事が物理学でわかるはずがない」という簡単な理由から、その研究の結果に正当な注意の目を向けることなしに看過する傾向があるかと思われる。〔…〕「生物の事は物理ではわからぬ」という経典的信条のために、こういう研究がいつもいつも異端視されやすいのは誠に遺憾なことである。科学の進歩を妨げるものは素人の無理解ではなくて、いつでも科学者自身の科学そのものの使命と本質とに対する認識の不足である。

と怒っている。

物理系と生物系との間に立って研究を行う者として周囲を見て感じる状況は、ここで寺田が述べているものとほぼ合致しており、これらは現代の研究者の談と思って読んでもほとんど違和感がない。実際には「最も複雑な分子と細胞内の微粒」の間の距離はその後の分子生物学の発展によりほとんどなくなったはずであるが、トンネルがつながった感はまだないというのが多くの生物物理学者の感覚かと思われる。一見当時の研究者界隈に対する愚痴を言っているだけのようで、その文句が百年通用する内容になっているところがさすがであるが、とにかく物理学者の主流感や生命科学との精神的な距離感は当時の時点でほぼ固定されており、先の大沢と湯川の際にも紹介した量子力学の発展があった分だけ溝がさらに深まっていったというところであろうか。

3　動物の模様とその説明

寺田が関わった物理学者と生物学者の対立の中でも有名なのは、いわゆる「キリンの斑論争」である（松下編 二〇一四）。まず寺田らが創刊した雑誌『科学』の一九三三年の二月号に「自然界の縞模様」（一九三三）という長めのエッセイが掲載されている。寺田はそこで、自然界に見られる空間的な周期性を持つパターンや割れ目などのさまざまな模様が生じる理由について、物理学的な観点から説明を試みた。

ここでの寺田の問題意識は明白で、はじめは均一なはずの自然環境の中からどのようにして動物の

模様や金平糖のとげなどの特徴的な不均一性が生じるのかということであり、このような問題は

現在の物理的科学の領域では、その中でのきわめて辺鄙な片田舎の一隅に押しやられて、ほとんど顧みる人もないような種類のものであるが、それだけにまた、将来どうして重要な研究題目とならないとも限らないという可能性を伏蔵しているものである。今までに顧みられなかったわけは、単に、今までの古典的精密科学の方法を適用するのに都合がよくないため、平たく言えばちょっと歯が立たないために、やっかいなものとして敬遠され片すみに捨てられてあったもののように見受けられる。

と述べている。

次に、同じ年の『科学』の一一月号に、寺田の門下生であった平田森三が「キリンの斑模様に就いて」という記事を書いた（松下編 二〇一四）。これはキリンをはじめとした動物園で見られるいくつかの動物の模様と、乾いた粘土に自然に、あるいはひっぱったときにできるひびわれの形が似ている、と図版も交えて指摘する内容である。

この記事は先の寺田のエッセイに比べて動物の体表という極めて具体的な内容を扱ったためか、生物学方面からの反発を招いた。生物学者の丘英通は平田の記事が掲載された次の号の『科学』に、平田の考えた「動物の胎児のある時期においてその表面の皮膜が内部の膨張に堪えられなくなって罅割れを生ずる。その割れ目を内部から押し出してくる別の組織が埋める」という過程は動物の発生にお

いて見られないため論外であることを述べ、さらには研究姿勢そのものについて「小生はかかる研究を望ましくさえ思っている。ただしそれはあくまで実物について実際に研究すること、換言すれば実証的たることを要する。排撃さるべきは「懐手式研究法」それである」とまで批判した（松下編 二〇一四）。

ここで確かに平田の主張は模様の見た目が粘土と動物で似ているということに終始しており、当時の解析技術や知識ではパターンの類似性を論じるための理論的枠組みもなかったため、その後は丘の他に三名の生物学者からも平田への反論が追加されるなど、議論は交わらなかった。翌年の『科学』の四月号には、寺田が平田をサポートする短い文「生物と割れ目」（松下編 二〇一四）を出し、「広く物理界を見渡したとき、問題の模様と幾何学的特徴を同じくする現象は一つ而して唯一つで、すなわちそれが粘土類似の物質の割れ目なのである」と述べたが、これは根拠としてはあまり強くない。

こうした論争における生物学者側から物理学者側への根源的な不満は、生物のことをろくに知らず実験もしないくせに適当なことを言わないでほしい、ということに尽き、これも百年近く経った今でも変わらずよく見られる反応である。丘の言う「懐手式研究法」は自分では手を下さない研究者を揶揄した便利な言葉であるが、理論と実験が分業している物理学では理論屋はみなこれであるので仕方がない。また、「懐手」で思い浮かべるのは今や寺田寅彦の有名な句「懐手して宇宙見物」くらいであるのは偶然だろうか。

寺田はその後、細胞分裂や哺乳類の初期発生と割れ目の類似性について紹介した講演を理研にて行ったほか（「割れ目と生命」一九三四、松下編 二〇一四に所収）、さらにぶち猫の模様を九個体分解析し、薄い球殻上に用意したパラフィンなどが球の膨張によりわれた場合の模様との統計的な比較を試みる興味深い英語論文を残し（Terada 1935）、同じ年の末に亡くなっている。

講演の中で寺田は「哺乳動物の外皮は全部その動物の胚時代における外胚葉から発達してきたものである」と当時の教科書の記述を参照しているが、その後の研究により皮膚の中に遊走してくる神経堤細胞という「第四の胚葉」と呼ばれる細胞群が毛の色の由来となっていることがわかり、少なくともぶち猫の模様はこの神経堤細胞の広がり方によって決まることが明らかになった。これは物理学者からすれば「聞いていないよ」と言いたくなる例である。

4　研究テーマの普遍性と新しい物理学

さて、このような寺田の物理学圏外の研究全般に関して、物理学者の側ではどのようにとらえられていたのだろうか。

素粒子物理学者の朝永振一郎は若いころ、当時評価の高かった寺田寅彦について「直観的に趣味的過ぎる」と批判した桑原武夫（仏文学者）に「全く同意見」で、「寺田さんの物理学は本流じゃない」と言っていたことを暴露されているが（松井編 一九八〇）、これはまさに当時主流であった電子や原子の物理学を研究していない寺田に対する率直な評価であったのかもしれない。朝永より少し年下の坂田昌一（素粒子物理学者）は、結局、寺田物理学〔…〕は、外国からいろいろな科学を輸入したわけです。〔…〕それは結局新しい学問をつくることじゃなくて、横に伸ばしているわけですけれども、しかし新しい学問を作っていくというのは、散歩道じゃなくてそれとは直交しているのです。そっちのほうに非常に険しい山だの何かがあって、その山の向こうには何があるかわからないというようなところにいくわけですから、その姿勢が、寺田物理学的な姿勢と、仁科さん、湯川さんあたりから始まったよそから輸入した学問じゃない学問をつくり出そうという姿勢との違いになるわけですね。

と述べている(西谷 二〇一一)。坂田はこれ以前には、寺田流の趣味的な科学は「卑近な応用」であり、「戦争中の軍事科学の跛行的発展」と同じ失敗につながる、とまで言っているが(西谷 二〇一一)、これはさすがに極端な批判である。

寺田の文章に触れて育ったさらに後の世代からの印象としては、宇宙物理学者の池内了も

大学時代、折々に寺田寅彦の文章に親しんできたが、やがて彼の文章から遠く離れるようになった。物理学の最前線が、原子から原子核、そして物質の根源である素粒子へとより微視的世界に肉薄し、その知見を基礎にして星や銀河など宇宙スケールへと展開するようになって、彼の物理学が古くさいと感じるようになったためである。

と述べている(池内 二〇〇五)。さらに、宮田(二〇〇一)によると「東大の物理学が地球物理学にか

たより、原子物理でノーベル賞が出なかったのは、寺田の文人趣味の影響だ」という声が寺田の死後あったらしいが、これに関しては八六年経った二〇二一年のノーベル物理学賞でついに地球物理学にスポットがあたり、その「東大の物理学」出身（正確には新制の物理学科地球物理学課程出身）の眞鍋淑郎が受賞している。

筆者の印象でいえば、寺田物理学では難しい問題を指摘してそこに停留しているだけのように見えるところがあり、洗練された理論的枠組みを目指すのが物理学の本来である（素粒子理論ほどではなくとも）のに比べて、素朴でのんびりし過ぎているように感じていた。しかし、池内が詳しく解説しているように（池内 二〇〇五）、寺田が取り上げていた趣味的な物理学のテーマには現代でも成立するものが多くあり、寺田の時代から五〇年近く経ってから後、計算機による数値シミュレーションの発達にともなって花開いた非線形系・複雑系の物理の問題としてそのまま考えられたものもある。むしろそうした一連の最近の研究を経てもなお未解決の問題が残っているというべきで、わかりやすい例としては気象予報や地震予知の限界などが挙げられるが、他にも「自然界の縞模様」に挙げられているパターン形成の例で未解決なものがいくつかある（佐野 二〇一〇）。こうした状況は寺田の時代の「電子や原子の問題」が今では何重にも解決済みであることと全く対照的である。

寺田のこのテーマ選びのセンスの良さは、あらかじめ解明が困難そうな問題ばかりを選んでいたからであるともいえるが、今見えている現象で百年後にもそのメカニズムが未解明のままとなるものを挙げろと言われると実は相当難しい。そして、日常系科学研究の代表格ともいえる金平糖については、例えば寺田はこのように大真面目であった。

金平糖の生成に関する物理学的研究は、その根本において、将来物理学全般にわたっての基礎問題として重要なるべきあるものに必然に本質的に連関してくるものと言っても良い。(「備忘録」一九二七)

現在では素粒子物理については実験値とのズレが一億分の一という超絶に精緻な理論が完成している横で、金平糖の角の数がおおむね一定であるメカニズムについては、まだ解明されきっていない。
それでは、寺田が思い描いていた金平糖研究などに連なる物理学全般にわたっての基礎問題とはどういうものだったのだろうか。寺田は縞模様のような自発的なパターンの形成メカニズムの理解に向けてのヒントとして、「物理学圏外の物理的現象」(一九三二)に以下のように書いている。

〔…〕最近に至って物理学の理論の基礎に著しい革命の起こった結果として、物理現象の決定性といったような基礎観念にもまた若干の改革が行なわれるようになった。その結果としておもしろいことには、われわれが従来捨てて顧みなかった上記の種類の不決定な事がらに対して、もはやいつまでもそうそう無関心ではいられなくなって来たと私には思われる。なぜかというと、上記の種類の現象の根本に横たわる形式的要素が、新物理学の基礎に存するそれらとどこか共通なものを備えているからである。

ここで「物理学の理論の基礎に著しい革命」とは量子力学の勃興のことであるが、寺田がそれに希望を託して書いているのが興味深い。時代感でいうと、湯川の中間子論の論文が出た一九三五年が寺田の没年である。当時の寺田は物理学における決定論的ではない事象への定式化に不満を持っており、それを解決しうるものとして量子力学が期待されていた節がある。

確かに縞模様のような不均一性が生じるには、はじめの状態の時点で完全に均一では都合が悪く、多少のゆらぎが必要であり、そこに確率性が絡んでくる。しかし現代的な観点からすれば、縞模様のような不均一性が生じる機構自体は量子力学的な世界に踏み込まなくても説明できる。イギリスの数学者アラン・チューリングは、均一から不均一が生じるメカニズムを知りたいという寺田らと同じ動機から、化学反応の方程式において化学物質の空間的な拡散も同時に考えることで、一定の条件の下で自発的な縞模様が出現することを数理モデルにより示した（Turing 1952）。このチューリング不安定性と呼ばれるパターン形成の基礎的理論は、生命科学者に最もよく受け入れられた数理モデルであるとも言われているが（モランジュ 二〇一六）、この仕事が特に評価されているのは、動物の模様と類似のパターンが再現できることだけでなく、その過程が数学的にわかりやすく表現されている点においてであろう（近藤 二〇二〇）。

やや専門的なことを述べると、チューリングが発見した化学反応と拡散現象をベースにした不安定性以外にも、自発的に不均一性が生じるメカニズムとしてはレイリー・ベナール対流（温度差に駆動される対流構造）やバックリング（外力のかかった弾性体に生じる力学的不安定性）などがある。これらは寺田以前から数学的に定式化されており、寺田は自然界の不均一パターンがこれらの機構により説明できる可能性について「自然界の縞模様」においても複数回触れていることから、それ以上の非自明な説明を求めて「新物理学の基礎」に言及していることになるが、そこで何が想像されていたのかは今からは推し量れない。

これまでも見てきたように、寺田は個別の研究対象や数理的技術など超えた汎用的な物理学観を抱いていたが、晩年にはそこに量子力学も影響していた可能性がある。弟子の中谷宇吉郎によると、

ある晩のこと、先生は日本の物理学界の現状と、研究者の心構えとについて、大いに気焔をあげられたことがあった。その時の話の中に「僕はそのうちに『物理学序説』というものを書くつもりだ。今はとても忙しいし、それにどうも差障りがありそうだから、今に六十になって停年になったら、一つそれを書いて、大いに天下の物理学者に、物理学というものはどういうものかを教育してやるつもりだ」というような話があった。（中谷　一九四七）

この「物理学序説」は実際に一九二〇年ごろから執筆開始され、全体の三分の一ほどの状態のままで未完成のまま、寺田の死後に書斎から草稿が見つかった。その内容はやはり個別の物理現象について述べたものではなく、学問の起源から始まり、物理学と哲学や数学との関係などを論じた後、物理学の対象とは何かを語るという思想的なものである。多作な寺田に限って「物理学序説」の執筆が途中で放棄されてしまったのは、執筆時期が量子力学の革命期に重なり、物理学の基礎が大きく変わっていくのを目の当たりにしたからではないか（細谷　二〇二一）という説には納得がいく。

さて、生物物理学者のクリックによると、チューリングはシマウマについて「縞模様の方は簡単だが、ウマの方はどう説明したらいいんだ?」"Well, the stripes are easy but what about the horse part?" と言っていたらしい (Hogeweg 2011)。外身のパターンは確かにおもしろいが、生命現象の神秘は結局中身の方に詰まっているのではないか。「物理学序説」の中で寺田は、物理学と数学との関係について述べるより先に生物科学についての節をおき、こう書いている。

生殖や発生や遺伝や進化やつまり生物の生物たる所以の問題の秘密は細胞の内容たる原形質に帰着する。この中に含まれる生命の謎はあらゆる問題の遁げ込み場所である。この一見単純に見えてその実複雑な細胞と物理学者の物質との間に存する大いなる間隙が満たされない限り科学上における物質と生命の対立は避けがたいことである。

寺田の死後、量子化学の発展により原子を超えて分子のレベルまで物理学の理解がおよび、物質側からも生命現象を理解するためのトンネルが着実に掘り進められていった。その後の半世紀以上の発展の中では、DNAの構造解明、セントラルドグマの機構解明、ヒトゲノムの全解読、ライブイメージング技術の発達、遺伝子編集技術の確立など、これで大いなる間隙がついに満たされたと感じられた場面が何度もあった。にもかかわらず、われわれ自身でもあるはずの生物は、いまだに「宇宙の怪異」として物理学者の前に立ちはだかっている。

おわりに

自然科学のアドバンテージの一つは、その知を構築した人間たちの思想や背景が（理想的には）完全に消えた形でも伝搬可能であることだと思われる。その意味では、もしあらゆる階層の生命現象が制御可能になり、治療困難な病も治るようになるのであれば、そこに至る思考的枠組みが物理学的であるのか生物学的であるのかは大した問題ではない。それでも人間が遂行する以上そこには思想がにじみ出てきてしまうものであるが、特に生物物理のような境界領域では、生命現象についての肌感覚ばかりでなく、研究姿勢といった思想的ともいえないレベルですら対立が生じがちであり、それが世代を超えても残ってしまう。

本稿では大沢、湯川、寺田を例に生物学と物理学の間のひびわれについて見てきたが、他にもこの境界領域で不満や期待やあるべき学問的態度等について語る研究者は国内だけでも数多くいて、思想史としてそそられるものがある。特に寺田前後の時代の生物物理の進展の中には、物理学の発展と生物学側での受容について世界的にさまざまなパターンがあるのも興味深いが、そうした論点についてはまたいつかと思いつつ、このような文を書く機会を与えてくれた御厨ゼミに感謝して終わりたい。

文献一覧

池内了（二〇〇五）『寺田寅彦と現代――等身大の科学をもとめて』みすず書房
大沢文夫（二〇一七）『「生きものらしさ」を求めて』藤原書店
大沢文夫ほか（二〇一二）『生命の物理（新装版 現代物理学の基礎 第八巻）』岩波書店（初版：一九七二）
グリビン、ジョン（二〇一三）（原著 二〇一二）『シュレディンガーと量子革命』〔松浦俊輔訳〕青土社
小山慶太（二〇一二）『寺田寅彦――漱石、レイリー卿と和魂洋才の物理学』中央公論新社
近藤滋（二〇二〇）「チューリングと寺田寅彦」『窮理』第一五号、窮理舎
佐野雅己（二〇一〇）「随筆「自然界の縞模様」について」『寺田寅彦全集〔第二次〕第八巻 月報』岩波書店
シュレディンガー、エルヴィン（二〇〇八）（原著 一九四四）『生命とは何か』〔岡小天・鎮目恭夫訳〕岩波書店
寺田寅彦（一九一七）「物理学と感覚」『東洋学芸雑誌』一九一七年一一月（『寺田寅彦随筆集 第一巻』岩波書店、二〇〇三年所収）
――（一九二一）「春六題」『新文学』一九二一年四月（『寺田寅彦随筆集 第一巻』岩波書店、二〇〇三年所収）
――（一九二七）「備忘録」『思想』一九二七年九月（『寺田寅彦随筆集 第二巻』岩波書店、二〇〇三年所収）
――（一九三一）「量的と質的と統計的と」『科学』一九三一年一〇月（『寺田寅彦随筆集 第三巻』岩波書店、二〇〇三年所収）
――（一九三二）「物理学圏外の物理的現象」『理学界』一九三二年一月（『寺田寅彦随筆集 第三巻』岩波書店、二〇〇三年所収）
――（一九三三）「自然界の縞模様」『科学』一九三三年二月（『寺田寅彦随筆集 第四巻』岩波書店、二〇〇三年所収）
――（一九三三）「物質群として見た動物群」『理学界』一九三三年四月（『寺田寅彦随筆集 第四巻』岩波書店、二〇〇三年所収）

——（一九三四）「割れ目と生命」『理化学研究所彙報』第一三輯（松下貢編『キリンの斑論争と寺田寅彦』岩波書店、二〇一四年に所収）

——（一九四七）『物理学序説』岩波書店

——（一九八五）『寺田寅彦全集　科学篇　全六巻』岩波書店

中谷宇吉郎（一九四七）「救われた稀本」寺田寅彦『物理学序説』岩波書店（『中谷宇吉郎集　第五巻』岩波書店、二〇〇一年所収）

西谷正（二〇一一）『坂田昌一の生涯——科学と平和の創造』鳥影社

福島浩（一九三〇）「金平糖の生成と基の形状について」『理化学研究所彙報』第七輯

細谷暁夫（二〇二二）『寺田寅彦「物理学序説」を読む』窮理舎

松井巻之助編（一九八〇）『回想の朝永振一郎』みすず書房

松下貢編（二〇一四）『キリンの斑論争と寺田寅彦』岩波書店

宮田親平（二〇〇一）『「科学者の楽園」をつくった男——大河内正敏と理化学研究所』河出書房新社

モランジュ、ミシェル（二〇一七）（原著　二〇一六）『生物科学の歴史』〔佐藤直樹訳〕みすず書房

Hogeweg, Paulien 2011. *The Roots of Bioinformatics in Theoretical Biology*. PLoS Computional Biology. 7, 3, e1002021.

Terada, Torahiko 1935. *Physical morphology of colour pattern of some domestic animals*. Scientific papers of the Institute of Physical and Chemical Research. 27, 263.

Turing, Alan M. 1952. *The chemical basis of morphogenesis*. Philosophical Transactions of the Royal Society of London B. 237, 641, 37.

第Ⅲ部　実存・カテゴリー・ことば——紐帯／桎梏としての「戦後」

戦後日本の児童文学
——「中つ国」はどこにあるか？

川野　芽生

はじめに

『指輪物語』を初めて読んだのは小学生の終わりだった。読みながら、日記をつけ始めた。読んでいる最中のこの思い——情景の美しさに酔ったり、謎めいた言葉に心をざわつかせたり、息を潜めて登場人物の運命を見守ったりといった感興のひとつひとつを記録しておきたくなったのだ。

それまでも『はてしない物語』や『ナルニア国ものがたり』といったファンタジーに親しんではいたけれど、子供時代の私が一番好きだったのは『嵐が丘』や『レ・ミゼラブル』、『クォ・ヴァディス』といった、いわば「正統派」の古典文学だった。背伸びをしたい子供だったから、「児童文学」と括られるものをどこか下に見ているところさえあった。

それが、『指輪物語』を読んでから私は『指輪物語』の舞台である「中つ国」の住人になったし、ファンタジーを読み漁るようになった。親はいい顔をしなかった。せっかく良質な文学を読んで育ってきたのに、現実逃避的な子供騙しにはまってしまったと思っているようだった。私は頑として譲らず、親と文学論を戦わせた。

大学に入り、『指輪物語』を研究対象にしているのも、あの時親が顕にしたファンタジーへの偏見と戦いたかったから、と言っても言い過ぎではないかもしれない。

本稿では「戦後日本の児童文学」という題目を掲げている。それは『指輪物語』を日本語訳した瀬田貞二が戦後日本の児童文学の発展の立役者だったからだが、『指輪物語』そのものは必ずしも児童文学とは言えない。少なくともこの作品は子供のための文学としては書かれていないし、主人公も子供ではない。主人公のフロド・バギンズは冒険の旅に出たとき齢五〇歳。彼はホビットと呼ばれる小人族の一員であり、ホビットの成人年齢は三三歳なので、人間の年齢に直すと約三〇歳。立派な大人だ（とかつては思っていたけれど、ちょうど三〇歳になった今はそうとも言い切れない気持ちになっている）。前日譚となる『ホビットの冒険』でも、フロドの養父ビルボが五〇歳で旅に出る。故郷の「ホビット庄」で一定の地位を持った裕福な紳士だったビルボとフロドは、それまでの安定した暮らしを捨てて突然冒険に身を投じてしまうのである。

私が大人になった今も『指輪物語』の世界に没頭できるのは、これが子供のためだけの文学ではないからでもあるのだろう。中つ国は、無垢な子供が、子供の時にだけ訪れ、そして戻ってくる、あるいは死によってのみ永遠に行ったきりになれるようなファンタジーの国ではないから。フロドだけでなく、彼とともに旅をする「旅の仲間」のメンバーをはじめとして、登場人物のほとんどが大人だ。九人の「旅の仲間」の中では、ホビットのピピンのみが未成年だが、それでも二八歳（人間に直すと約一八歳）である。

その一方で、フロドたちホビットは周囲からしばしば子供として扱われてもいる。背が低く、子供のように見えるからでもあるが、中つ国に暮らす長命の種族から見れば実際にはるかに年下だからでもある。エルフやドワーフ、エント、魔法使いといった人々は、何百年、何千年といった時間のスケールの中で生きている。また、そこまで長命ではない人間たちも、ホビットが忘れてしまった長い歴史の記憶の中で生き、一人の人間の寿命を超えた時間の堆積を感じさせる。彼らの前では、確かにホビットたちはまるきりの子供なのである。

『指輪物語』は、であるから、はじめから「大人」と「子供」の境界を揺るがしている。読者である現代の人間とは異なる寿命と成人年齢を各種族に割り当て、登場人物の年齢に対する直感的な理解を停止させた上で、主人公であるホビットたちを「大人でもあり、子供でもある」状態に置き、エルフやエントといった圧倒的な年長者の前ではホビットの年齢など些細な問題にしてしまう。読者もまた、子供であろうと大人であろうと、中つ国の長大な歴史の前では、ほとんど赤子に過ぎないことを突きつけられるのだ。

中つ国の長大な歴史、それも『指輪物語』の大きな魅力のひとつだ。中つ国の世界は広く、深い。そこには詳細な地図があり、歴史があり、民族誌があり、植生や気候があり、言語や文化、文学がある。読者がその中のどこかに住居を定めて生活することができるほどに。『指輪物語』は数々の亜流を生み出し、また中つ国風の世界を舞台とした多くのゲームなどを齎して、「エルフやドワーフや魔法使いのいる、所謂「剣と魔法」または「中世ヨーロッパ風の」ファンタジー」を一般的なものとしたが（念のため注記すると、「剣と魔法のファンタジー」自体は『指輪物語』以前から存在している）、それは読者に「この世界に住んでみたい」と思わせ、同時に複数の読者の間でそうした空想を共有することを可能にする、微に入り細を穿った設定の解像度の高さによるものだろう。

中つ国がかくも立体的な世界となったのは、作者が自身の学問的な知見を注ぎ込んだからである。トールキンは職業作家ではなかった。彼の本職は文献学者であり、オックスフォード大学で古英語および英語英文学の教授職を歴任した。文献学（philology）はギリシャ語の philologos、すなわち「言葉（あるいは学問）を愛すること」に由来する、文献資料を扱う学問である。近代の文献学は、一八世紀から一九世紀のドイツで「一民族あるいは一国民の精神文化を、言語を手段として、歴史的に理解することを目的とする学問」として発展し、「古代学」とも呼ばれた。古文献を主な資料として、言語、文学、美術、神話、宗教、法律、民俗などを全体的に捉えようとする学問であったが、これがイギリスに入って英語文献学となり、文学（史）と言語（史）をその最も重要な領域とする。それゆえ、文献学は言語学と混同されることがあるが、言語学が言語そのものを対象とし、一般化・理論化を目指し、歴史性や対象への評価を含まないのに対し、文献学は言語文化全体を究極の対象とし、特定の言語の個別性を明らかにするために具体的事実を尊重し、歴史性や対象への評価を含む。トールキンは『ベーオウルフ』や『サー・ガウェインと緑の騎士』などの古英語や中英語の文学とその言語を専門としたが、彼がそうしたテクストに向き合う時、おそらくはホビットたちが中つ国の歴史や伝承と出会った時のような、そして読者が『指輪物語』を読む時のような、畏怖と驚嘆を覚えたことだろう。その歴史の前で、自分はまるきり赤子に過ぎない、という。

トールキンは幼少期から言語に強い関心を持ち、様々な言語を習得しただけでなく、人工言語の創作を趣味としてもいた。言語創造はやがて、「シンダリン」および「クウェンヤ」と名付けられた二種の言語に結実し、彼はこれを生涯彫琢し続けた。それは言語創造だけでは止まらなかった。言語にはそれを用いる人々やその文化、歴史、神話、文学が不可欠だというのが文献学者としての彼の信念だったからである。人工言語の創造についての講演で、彼は次のように語っている。

芸術としての言語を完璧に作成するには、それに付随する神話体系の少なくとも輪郭だけでも構築する必要があると、とりあえず述べておきます。〔…〕言語の作成と神話体系の創造は関連した機能だからなのです。言語に個性的な味わいをもたせるには、その中に個性的な神話の糸が織り込まれていなければなりません。〔…〕言語の制作は神話体系を生み出すのです。（トールキン一九九二b：一四七－一四八）

そこで、シンダリンおよびクウェンヤは妖精族「エルフ」が用いる言語であると決定され、エルフの神話が紡がれていった。その神話はのちに「シルマリルの物語」と名付けられる。この「シルマリルの物語」が礎となり、神話の時代が過ぎ去ったのちの同じ世界を舞台として、『ホビットの冒険』と『指輪物語』が半ば偶発的に誕生することになる。トールキンにとって、この二つの物語は言語創造の副産物だったのである。

トールキンは書簡などの中で繰り返し『指輪物語』が言語学的な作品であることを主張している。たとえば『指輪物語』第二版の「著者ことわりがき」では、『指輪物語』のもととなった「シルマリルの物語」について、「とりわけこれをわたしに書かせようとしたのは、主として言語学的な関心であり、エルフの言語に「歴史」的背景を与えるために始めたもの」（『王の帰還』下：三八九）だったと述べる。また、出版社への手紙では、作品の「着想の源は根本的に言語学的なもの」だと述べ、以下のように語る。

言語の発明がその土台です。「物語」のために言語が作られたというより、言語に世界を与えるために「物語」が作られたのです。私にとっては言語が第一で、物語はその次です。本当なら私は「エルフ語」で書きたかったのです。しかし勿論、『指輪物語』のような作品は編集され、読者が消化できると思えるだけの量の「言語」のみが残りました。〔…〕それでもこの本には相当の量の言語学的な事柄（実際の「エルフ語の」名前や言葉の他に）が含まれており、また神話的に語られています。いずれにせよこの本は、私にとっては主として「言語美学」の論文なのです。「これは何についての本なのか」と問う人々に私はそう答えることがあります。
何かに「ついて」のものではなく、それそのものなのです。（Tolkien 1981: 219-220）

「言語」がこれほど大きな役割を果たしている作品であるから、その翻訳にも独自の困難が生じる。本稿では、『指輪物語』を英文学としてではなく、翻訳文学として読み解きたい。すなわち、日本語訳された『指輪物語』の、その翻訳の戦略を明らかにしたいのである。『指輪物語』を日本語に訳した瀬田貞二は、数多くの児童書や絵本の翻訳を手がけた人物で、戦後日本の児童文学の成長における功労者の一人とも見なされている。彼が『指輪物語』をどう読み、訳したのか。それを読み解くことによって、間接的にではあれ、戦後日本における『指輪物語』の読まれ方、そして戦後日本における児童文学の立役者瀬田貞二の功績の一端を明らかにすることができるだろう。

1　『指輪物語』における多言語性

瀬田の翻訳は、「瀬田節」と呼ばれる独特の文体が魅力で、熱心なファンも多い。その一方で、『指輪物語』の翻訳に関しては、その瀬田の持ち味が強く出ていることに対して批判的な意見もある。その代表的なものが、翻訳家の井辻朱美による批判である。

瀬田貞二氏の訳の基本的な路線は、児童文学「ナルニア国」物語（C・S・ルイス）のそれを踏襲したもの、すなわち意味をもった人名地名は、できるだけ日本名にうつしかえるというものだった。しかし私たちを困惑させたのは、その不徹底ぶりであり、アーチェト村と粥村がなかよく同居し、いかにも異世界らしいミナス・ティリスやカザド・デュムといった地名の中に平然と鳴神川がはまりこんでいるモザイク感、いうなればキメラ構造だった。（井辻　一九九六：三二一）

固有名詞を日本語にうつしかえること自体は、悪くはない。だが、それが既存の日本的なるものの何かを連想させるほどに、ジャパネスク味の濃いものであってはまずいのではないか。（井辻

一九九六：三三二）

児童文学作家の天沢退二郎も井辻との座談会において賛同の意を表明している（天沢・井辻 二〇〇二：七三）。ここでの批判の焦点は、「ジャパネスク味」と「キメラ構造」に集約されよう。すなわち、瀬田が作中の固有名詞を訳す際に日本化を行っているために、一部の訳語が過度に日本風の雰囲気を持ち、それが他の「異世界」風の名前との間に齟齬を来しているというものである。

しかしこうした批判は的を射ているのだろうか？　そのような「ジャパネスク味」と「キメラ構造」が何から生じているかを考える必要があるのではないか？

『指輪物語』を特徴づけるのは、作中に登場する言語の多様さである。中つ国では、エルフ語やドワーフ語、エント語など、種族や民族ごとに固有の言語が話され、さらに母語が異なる者同士が意思疎通するための「共通語」も用いられている。作中に登場する人名や地名などの固有名詞は、これらの異なる言語で付けられている。たとえば以下のような箇所である。

「わたしはあの山々も、またその名前も知っているのです。なぜといえば、あの山々の下に、カザド＝デュムすなわち今では黒坑と呼ばれるドワローデルフ、エルフの言葉でいえばモリアがあるからです。あそこにそびえるのは、バラジンバル、すなわち赤角山《あかつの》、無慈悲なるカラズラスです。その向こうにあるのは銀枝山《ぎんし》と雲乗山《くものせ》すなわち白きケレブディルと灰色のファヌイドホル、われらの言葉でいえばジラクジギルとブンドゥシャスゥルです。

「あそこで霧ふり山脈は二つに分かれ、その両方の腕にかかえられるように横たわるのが、われらには忘れることのできぬ深い影の谷、アザヌルビザール、すなわちおぼろ谷、エルフのナンドゥヒリオンと呼ぶところです。」(『旅の仲間』下:一三四)

これはドワーフのギムリが旅の仲間に対して、目の前に見える山々を解説する場面である。長い台詞だが、それぞれの地名をドワーフ語、エルフ語、西方語で次々に言い換えていくだけの内容である。「カザド=デュム」'Khazad-dûm'、「バラジンバル」'Barazinbar'、「ジラクジギル」'Zirakzigil'、「ブンドゥシャスゥル」'Bundushathûr'、「アザヌルビザール」'Azanulbizar'がドワーフ語の名前であり、それを共通語で言えば順に「黒坑」'Black Pit'および「ドワローデルフ」'Dwarrowdelf'、「赤角山」'Redhorn'、「銀枝山」'Silvertine'、「雲乗山」'Cloudyhead'、「おぼろ谷」'Dimrill Dale'、エルフ語で言えば「モリア」'Moria'、「カラズラス」'Caradhras'、「ケレブディル」'Celebdil'、「ファヌイドホル」'Fanuidhol'、「ナンドゥヒリオン」'Nanduhirion'となる。情報としてはさして重要でない、このような名前の羅列が意味を持つのは、中つ国に住む様々な種族や様々な国の民が、同じものを異なるまなざしで見ているということを、鮮やかに切り取ってみせるからである。

同じひとつのものを指すドワローデルフ、モリア、カザド=デュムという名前について、『追補編』では次のように解説されている。

[dwarf の複数形として] Dwarrows という形を使えばもっとよかったかもしれないが、実際に

その形を使ったのは、Dwarrowdelfという地名の中だけで、これは共通語でモリアを意味するPhurunargianを訳したものである。なぜならこの語は、「ドワーフが掘った洞穴」を意味し、当時すでに古い形のことばだったからである。一方モリアはエルフ語であり、愛情をもってつけられた名前ではない。……かれらは緑の大地と天空に充ちる光を愛する民であったのだ。モリアはエルフのことばで黒い深い穴を意味する。しかしドワーフ自身はこれをカザド＝ドゥ《〔ママ〕》ムすなわちカザド〔ドワーフのこと〕の館と呼び、少なくともこの名は秘密にはしなかった。（トールキン 一九九二a：一九四）

共通語のドワローデルフという名からは、それが「ドワーフが掘った洞穴」であり、古い時代のものであることが分かる。そしてエルフ語のモリアおよびドワーフ語のカザド＝デュムという名からは、ドワーフが暗い地下の世界を好むのに対してエルフは明るい地上の世界を愛していること、ドワーフとエルフの性格が相容れないものであることまでも浮かび上がってくる。この二つの種族は同じものを見ていても同じようにものを見ているわけではなく、それはこの二つの種族に限ったことでもない。ひとつの場所に複数の言語による名前が付けられていることは、同じ場所を複数の種族が行き交い、それぞれにその場所と関わりを持って生きてきたという歴史の証拠である。中つ国の様々な種族や民族は、同じ世界を行き交いながら、それぞれ異なる視点から、異なる言語を通してものを見ており、彼らの違いが、そしてそれを反映する名前が、ひとつの場所を立体的なものにする。ドワーフが地中深く住む一方で、エルフが高い木の上に住むように。

2　トールキンによる『指輪物語』の「翻訳」

『指輪物語』の翻訳者に特殊な課題を与えることになるのは、この物語が擬似翻訳の体裁を取っているという事実である。『指輪物語』は、フロドおよびサムが共通語で執筆した「赤表紙本」と呼ばれる手記を現代英語訳したものという設定になっている。小説がその登場人物によって書かれた手記の体裁を取ることは珍しくないが、特殊なのは、「原本」が書かれた言語が架空のものであること、そして、現代英語への「翻訳」の方針がきわめて詳細に記されていることだ。

巻末に付された、『追補編』と呼ばれる膨大な補遺の中で、トールキンは『指輪物語』の編集者兼翻訳者に扮して、「赤表紙本の内容を、歴史として今日の読者に紹介するためには、ことばはすべて可能なかぎり現代のものに直した。共通語と異質の言語のみを元の形にとどめたが、それらは主として人物の名前と地名である」（トールキン　一九九二a：一八六）といった尤もらしい解説を行っている。この「翻訳者」によれば、その写本の中に用いられていた言語は共通語との関係によって二つに分けられる。ひとつはエルフ語やドワーフ語などの「共通語と異質な言語」で、英語に翻訳されることなくそのまま残された。もうひとつは「共通語およびそれと関連する言語」で、現代英語およびそれと関連する言語に訳された。地の文のほとんどを構成する共通語は現代英語に、共通語にとっての古語であるローハン国の言葉は古英語に訳し、ローハンの言葉と源を共有するホビットの言葉としては、古英語を現代英語風に変化させた形を作り、ホビット庄に隣接するブリー村の方言としてはケルト系の言語を選択するという徹底ぶりである。

右記の例で言えば、「カザド＝デュム」や「モリア」は、ドワーフやエルフが実際に用いていた（ということになっている）言語そのままであるのに対し、共通語として言及される「黒坑」'Black Pit' は現代英語の語彙から成る名前であり、共通語の古い形として登場する「ドワローデルフ」は、トールキンがドワーフという英語の言葉の古い形として作った 'dwarrow' という造語と、「坑」を意味する 'delf' という英語から成る。

トールキンは、『指輪物語』が各国語に翻訳される際にも、この言語体系に細心の注意が払われるように要求し、名前の翻訳のための手引きを作成した。彼はオランダ語およびスウェーデン語の翻訳者が作者に相談せず、勝手な判断で名前を翻訳したとして強い不満を抱き、同様の事態が起きることを防ぐためにこの手引きを作成したのである。（Turner 2005: 47-49）これは彼の死後息子のクリストファー・トールキンによって編集され、「『指輪物語』の名前のための手引き」という題で発表された（以下、「手引き」と表記）。「手引き」の前置きには、次のように書かれている。

以下のリストにないすべての名前は、いかなる言語に翻訳する際も、完全にそのままにすること。ただし、語尾の -s, -es はその言語の文法に沿って変化させるべきである。

翻訳者は『指輪物語』の第三部に収録されている『追補編』Fを読み、そこで設定されている理論に従うのが望ましい。原文では英語が想像上の時代の共通語を表している。現代英語で記された名前はそれゆえ共通語の名前を表しているが、それらはしばしば（必ずではないが）他の言語、特にシンダリン（灰色エルフの言葉）によるより古い名前の翻訳である。翻訳では対象言語が英語に取って代わって、共通語に相当するものとなる。それゆえ英語の名前は意味に即して（出来る限り忠実に）その言語に翻訳されるべきである。（Tolkien 1977: 155）

この「手引き」の中身は、『指輪物語』に登場する固有名詞のうち、「翻訳されるべき」ものの膨大なリストと、それらの名前についての解説である。リストに挙げられているのはすべて「共通語およびそれと関連する」言語であり、時にエルフ語などの言葉が挙げられていることもあるが、英語の語彙と紛らわしいものについて、翻訳しないよう指示する場合のみである。原則として、「共通語およびそれと関連する」言語は意味を移し替えて訳し、それ以外の言語は原語をそのまま残すように指示されている。『指輪物語』の作者ではなく「最初の翻訳者」の仮面をかぶったトールキンは、自身が「翻訳した」時と同じ方針に従うことをほかの翻訳者にも求めているのである。

瀬田が「手引き」を目にしていたかは不明である。瀬田訳『指輪物語』の最初の巻が出版された一九七二年の時点では、この覚書はまだ活字になっていなかったが、出版社を通じて各国語の翻訳者に送られていた模様である（Hammond & Scull 2005: 751）。しかし『指輪物語』の日本語訳の際に実際に用いられたかどうかを確認できる資料はない。それゆえ、瀬田が「手引き」を忠実に守っていたかという点から論じることにはあまり意味はないだろう。しかし、トールキンが『指輪物語』の言語体系に込めた意図と、彼が望む翻訳のあり方は、「手引き」から理解することができる。それでは、トールキンの『指輪物語』を、瀬田はどのように読み解き、訳したのだろうか。以下では、地名に絞って見てみよう。

3　瀬田訳における地名の訳し分け

瀬田訳の基本的な方針は、現代英語の語彙から成る言葉は意味に即して日本語に訳すというものである。

瀬田　私は外国のものでも、『おだんごぱん』にしても『三びきのやぎのがらがらどん』にしても、自分で口調のいいものをあれしちゃったもんですから、今になってそれがいいか悪いかおきしなければならないところなんですけど、子どもに読んでもらって興にのってそれが読めるか、納得がいくかというところがだいぶありましてね、それで『ナルニア国ものがたり』なんかでも妙な、変な人名なんか使いましたでしょう。ああいうふうなのはね、もし片仮名だけの連中だったらよくわからなくなるんじゃないかと思うんです。人がたくさん出はいりしてた場合。それで黒岩涙香じゃありませんけど、少しひるがえして日本のものになるべく近づけようとしてやったことで、ちょっと邪道かもしれませんが。（瀬田　二〇〇九下：二四―二五）

これは『指輪物語』に限らず、瀬田の翻訳の基本的な方針であったようだが、同時にトールキンが「手引き」で示した規則にかなったものであると言える。

原則的に、共通語の名前は日本語に訳され、エルフ語などは音声表記となっている。現代英語と関連のある、古英語、すなわち作中でのローハン語や、古英語をもとにした造語、すなわちホビットの言葉なども、おおむね現代英語で意味が通じるかどうかで、日本語に置き換えずに音声表記にするか、同様の意味の日本語の語彙を用いて訳すかが分けられている。

しかし、瀬田訳の特徴が出ているのは、ホビットの言葉とその訳し方である。

共通語の言葉と、その方言であるホビットの言葉とでは、瀬田が採用している訳し方が異なるのである。第一に、ホビットの言葉の翻訳では、原語と訳語の構成要素は必ずしも一対一で対応していない。たとえば'Water-valley'という地名は「豊水谷《とよみずだに》」と訳されるが、「豊」、すなわち「豊かな」という言葉は原語には含まれていない。それに対して共通語の翻訳では、原語と訳語の構成要素がほぼ一対一で対応している。たとえば「白の山脈」'White Mountains'や「滅びの山」'Mount Doom'では、White と「白の」、Mountains と「山脈」、Doom と「滅び」などが対応する。

第二に、ホビットの言葉の翻訳では、古語や雅語がしばしば用いられる。「館森《たてもり》」'Woodhall'の「館《たて》」や「豊水谷」'Water-valley'の「豊《とよ》」などがそうである。それに対して共通語の翻訳では、原語を構成する英語の語彙の訳として一般的な日本語の語彙が選択される。たとえば「白の山脈」の White および Mountains は一般的な英和辞書で引けば、白、山脈という言葉がすぐに出てくる。この差異は、特に要素どうしを結ぶ役割を果たす格助詞としての「の」と「が」あるいは「つ」の使い分けに顕著である。たとえばホビット言葉の'Woody End'は「末つ森」と訳される。また西方語の White Mountains が「白の山脈」と訳されるのに対し、ホビット言葉の'White Downs'は「白の丘」

ではなく「白ガ丘」と訳される。「の」は現在連体修飾の格助詞として一般的に用いられるが、「が」は主格の格助詞としての使用の方が多く、「つ」は複合語にしか残っていない。すなわち、ホビットの言葉の翻訳ではあえて古語を用いることでその歴史の厚みを示し、共通語の翻訳では平板で時間を超越したような語彙を選択している。

第三に、ホビットの言葉の翻訳は古語が用いられているために名前の意味が不明瞭になりやすいのに対して、共通語の翻訳では使われている言葉が新しく、読者にも意味が明確に分かる。特に「闇の森」'Mirkwood'や「死者の沼地」'the Dead Marshes'といった名前は、その場所のイメージをひとつに定める、寓話的な意味の強い名前であると言える。

まとめると、ホビットの地名の翻訳は自由訳であるのに対し、共通語の地名の翻訳は逐語訳なのである。ホビットの言葉の翻訳においては、原語の意味を一対一で正確に移し替えることよりも、日本語の地名としての自然さが重視されている。その自然さとは、地形的な特徴によって名付けられ、歴史の中で継承されてきたために古語を保存し、寓意的な意味を持たないということである。それに対して、共通語の地名の翻訳では原語の形が推測しやすく、翻訳であることが分かりやすいように訳語が作られている。そのために、実在の特定の国や言語に結びつかない、架空の地名であるという印象を与える。寓意性を持つものにおいては、さらにその印象は強まる。

以上から、エルフ語なども含めて、瀬田による地名の訳し方は大きく分けて三種類あると言うことができる。一つ目は、主にホビット言葉で名付けられたホビット庄の地名の訳し方で、意味を重視した上である程度自由に訳すというものである。二つ目は、共通語で付けられた名前に適用されるもので、逐語訳的に忠実に意味を移し替えている。三つ目は、共通語とは異質な言語に主に適用されるもので、発音を片仮名表記に移し替えるだけとなる。

このように、瀬田訳『指輪物語』において、地名の訳語は三層に分けられていると言える。ではなぜこのような層構造が作られているのだろうか。

第一層が適用されるのは、ホビット言葉で付けられたホビット庄の地名である。物語はホビット庄から始まり、主人公たちはこの場所を離れて冒険に乗り出していく。この部分を、日本に住む日本語話者の読者にとって違和感のない身近な地名に近づけて訳すことで、読者にホビットへの親近感を抱かせる効果があると言える。第三の層は、ホビットには理解できない異種族の言葉で付けられた異種族の土地の名である。これを日本語の語彙に置き換えることなく、片仮名で表記することで、聴覚的にも視覚的にも外国語として感受させることができる。そこには、異国に足を踏み入れたという感覚が生じる。この二つの空間の懸け橋となるのが第二の層である。これが共通語で名付けられた地名の層で、外国語から翻訳された名前という感覚を読者に与える。物語の多くはこの層で進展する。ホビットは、第一の層から第二の層に入り、第三の層にはわずかに接触するのみである。この構造により、読者は自らの生活する現実世界に近い日本風の土地から、特定の座標を持たない架空の場所に誘い込まれ、その向こうにさらに異世界を望むという経験をすることになる。

瀬田は、言語間の差異を際立たせたいというトールキンの要求を汲んで地名を訳し分けつつ、はっきりと二種類に分けるのではなく段階をつけることで、読者が物語に入り込むことを易しくしていると言えよう。

4　ホビット庄の土着化と中つ国の普遍化

ここで、ホビット庄を日本化するということの意味を考えたい。瀬田が日本化したのは、原文においてはイングランドを想起させるように書かれていた部分である。「中つ国」は、実はいわゆる「異世界」ではなく、この地球の想像上の古代世界である。中つ国の場所のひとつひとつが現代の地球のどこに対応するかは明記されていないが、ある程度の示唆はある。

その頃つまり中つ国の第三紀は、すでに遠い過去となり、全土が姿を変えてしまっているが、その頃ホビットたちの住んでいた地域は、今なお彼らがほそぼそと立ち去りがたく暮らしている地域と明らかに同じである。すなわち、大海の東、旧世界の北西部である。（『旅の仲間』上：八）

「大海の東、旧世界の北西部」という表現で、大西洋の東であり、ヨーロッパ大陸の北西部であるイングランドが示唆される。また、ホビットの歴史や性格、身の回りの事物などから、ホビットがヴィクトリア朝頃のイングランド人を想起させることがT・A・シッピーによって指摘されている(Shippey 2001: 64)。

しかし、ホビット庄とイングランドは、簡単に同一視してよいわけではない。『指輪物語』の原文では確かにホビット庄とホビットは英語の名前を持ち、英語を話す。しかし同時にトールキンは、先述の通り、『指輪物語』もまた「赤表紙本」からの翻訳であって、真の「原本」ではないことを念押ししている。ホビット庄とイングランドの対応関係は、「赤表紙本」を現代英語に翻訳する際に翻訳者が作り上げたものに過ぎないことが言明されているのである。一方ではイングランドの読者にホビットへの親近感を持たせながら、他方ではその結びつきを切り離していると言える。

留保を付け加えるなら、ホビット庄とイングランドとの関係がそう簡単には割り切れないものであるのも確かである。トールキンは『指輪物語』の翻訳の最も初期のもののひとつであるオランダ語訳を読んだ時、一九五六年六月三日付で出版社に対して憤りの手紙を送ってもいる。

> 原則として、私は命名体系の一切の「翻訳」に対して可能な限り強固な反対を表明します（有能な人物によるものであってもです）。〔…〕しかし当然、はるか昔の「フィクション」であるということを考慮に入れなければ、「ホビット庄」はイングランドの田園をもとにしているのであって、世界中の他のどんな場所でもありません。ましてや、ヨーロッパのあらゆる国のうちで、地形的に全く異なるオランダではありません。（Tolkien 1981: 249-250）

ここでトールキンは、ホビット庄とイングランドをほぼ同一視し、作中の名前を翻訳しないようにと主張している。古英語と中英語を専門とする文献学者であったトールキンの中には、イングランドという土地と英語という言語への深い愛情があった。『指輪物語』の出版以前、彼は「シルマリルの物語」の創作の動機が「イングランドのための神話」(Tolkien 1981: 144)を作ることにあったと語ってもいる。それゆえ、ホビット庄の地名を他の言語に訳してしまえば、失われてしまうものがあるのも事実であろう。

しかし、トールキンは後になって思い直し、「手引き」を書いて、英語の名前はすべて翻訳するように指示している。この手紙が書かれたのは一九五六年、『追補編』を含めた第二版が出版されたのが一九六六年、「翻訳者たちのために、命名法についての注釈を書いた」(Tolkien 1981: 380-381)と書簡で言及されたのが一九六七年だが、『追補編』の「翻訳について」の項目は書簡によると一九五四年にすでに構想されている(Tolkien 1981: 185-186)。つまり、『指輪物語』が書かれた時点で、土着性と普遍性との秤はすでに後者に傾いていたのではないかと考えられる。その秤はオランダ語訳を読んだときいったんは前者に傾くものの、『追補編』と「手引き」によって、トールキンは後者を選択したのである。トールキンは、イングランドと英語に対する個人的な思い入れよりも、『指輪物語』が国境を超え、それぞれの地域と言語に根づいた物語となることの方を選んだと言える。

第一節で引用した瀬田訳への批判に、瀬田がホビット庄を土着化しているというものがあった。この批判は、ファンタジーの世界にあまりに日常的で身近な空気を持ち込んでいるという批判だと考えることができる。しかしホビット庄をイングランドとして訳せば、日本の読者にとってはむしろ、ホビット庄が実在の場所と必要以上に結びついてしまうことになる。イングランドの読者にとっては、親近感を与えるという機能的な意味を持っていた「イングランド風のホビット庄」が、そのまま日本に移植されてしまえば、イングランドとの結びつきは代替可能なものではなく、本質的なものなのだと受け取られてしまうからである。そうすれば、読者と物語との一対一の関係に、日本という場所、イングランドという場所、それにその地理的な距離までが割り込んでしまうことになる。

瀬田は原文においてイングランドが占めていた位置に日本を代入した。それにより、ホビット庄を通って入っていく中つ国を、イングランドからも日本からも入っていくことができる場所として、実在のいかなる場所とも無関係な異世界として提示した。言い換えれば、ホビット庄を土着化することで、中つ国を普遍化したのだと言える。

トールキンが後に「シルマリルの物語」と呼ばれることとなる神話の創作を始めたのは、第一次世界大戦に従軍して塹壕熱で入院していた時であり、『指輪物語』は第二次世界大戦を挟んで書き続けられ、戦地にいる息子に手紙で逐一その進捗が報告されており、戦後になって出版された。瀬田は第二次世界大戦の折に徴兵され、復員後に児童文学に携わる仕事を始める。戦争はそれぞれに大きな影響を与えていた。

トールキンがホビット庄とイングランドの同一化を最終的には手放したのも、瀬田が中つ国を普遍化したのも、国と国、民族と民族が争った戦争の苦い経験によるものであり、地球上のどの場所からも平等に訪れることを許される「中つ国」を舞台にした『指輪物語』はひとつの戦後文学である——と言ったら飛躍しすぎだろうか。

おわりに

最後に『指輪物語』の中で、翻訳に言及している箇所を挙げて終わりにしたい。

これはエルフたちの間でアン＝セナスと称されている旋法で歌われる歌なのだが、われわれの共通語でその感じを伝えるのは、難しい。今わたしが歌ったのは、その響きをおおざっぱに伝えたものでしかない（『旅の仲間』上：三七二）

これは登場人物の一人アラゴルンがエルフ語の詩を共通語に訳して歌った後に添えた台詞である。ここには、エルフ語を共通語に訳し、トールキンが現代英語に訳し、日本の場合はそれをさらに瀬田が日本語に訳すという、何重もの翻訳が挟まっている。この台詞は翻訳の無力さを語るものでもあるが、同時に、人間の言語では表すことができないほど素晴らしいものとしてエルフの世界を思い描かせる効果をも持っている。それと同じように、『指輪物語』も翻訳や複写の連続で成り立っている。日本語訳の『指輪物語』、英語の *The Lord of the Rings*、共通語で書かれた架空の写本、さらには現存しないと語られている「赤表紙本」の原本へと、またそれを書いた人々へと、読者の想像力は遡っていくことになる。『指輪物語』を取り囲む、この何重もの翻訳の層こそ、決して触れることのできないファンタジーの世界への憧れに、読者を駆り立てるものであると言えるだろう。

文献一覧

天沢退二郎・井辻朱美（二〇〇二）「〈対談〉いまなぜ『指輪物語』か」『ユリイカ』〈特集　『指輪物語』の世界〉三四巻六号（青土社、二〇〇二年）、五六－七三頁

井辻朱美（一九九六）「中つ国のキメラ構造――ファンタジーの固有名詞をめぐって」『翻訳の世界』〈特集　固有名詞なんかこわくない〉（一九九六年二月）、三二一－三三頁

瀬田貞二（二〇〇九）『児童文学論――瀬田貞二子どもの本評論集』上・下、福音館書店

トールキン、J・R・R（一九七二－七五）『指輪物語』〔瀬田貞二訳〕全六巻、評論社

――（一九九二a）『新版指輪物語　追補編』〔瀬田貞二、田中明子訳〕評論社

――（一九九二b）「密かなる悪徳」〔松田隆美訳〕『ユリイカ』〈特集　トールキン〉二四巻七号（青土社、一九九二年七月）、一三六－一五五頁

Hammond, Wayne G. and Christina Scull. 2005. *The Lord of the Rings: a Reader's Companion* (Boston: Houghton Mifflin)

Shippey, T.A. 2001. *J.R.R. Tolkien: Author of the Century*, paperback edition (London: Allen & Unwin; first published 2000)

Tolkien, J.R.R. 1971. *The Lord of the Rings*. 3vols, second edition, sixth impression. (London: George Allen & Unwin; first published 1955, second edition 1966)

Tolkien, J.R.R. 1981. *The Letters of J.R.R. Tolkien* (London: George Allen & Unwin)

Tolkien, J.R.R. 1977. 'Guide to the Names in *The Lord of the Rings*', in Jared Lobdell (ed.) , *A Tolkien Compass* (La Salle: Open Court), pp. 153-201

Turner, Allan. 2005. *Translating Tolkien: Philological Element in The Lord of the Rings* (Frankfurt am Main,

Berlin, Bern, Bruxelles, New York, Oxford, and Wien: Peter Lang)

※英語文献からの引用はすべて拙訳

戦後日本の読書と人生——書物、孤独、回想

品治　佑吉

ときどき誰かと《サムバディ》むしょうに話がしたくなるんです。
誰かと友達になりたくて。
（エドワード・オールビー『動物園物語』）

はじめに

大学時代を振り返ると、筆者はまことに平凡な幸福を享受したように思う。東京は予想していたほど冷たい土地ではなかった。人見知りで友人ができないのではないかと懸念もしたが、できた。家族の支えのもと、心身健康に大学を卒業できた。わが母校に感謝を奉げたいと思っているという点で、他人に劣るところはないという自負がある。

ただ、それだけではなかった。私は入学を機に、高校までにほとんどしていなかった、あらたなことに取り組み始めていた。活字の本を読むということであった。このことにかけては、筆者はこれま

で必ずしも平凡な経験をしてきたわけではないだろう。私は、三十も半ばを超えた今なお活字の本を読んでいる男である。それを若い人に強いて読ませたりもする。ときには自分も読んだ本の感想を、みずから強いて活字にすることもある。自分と同じ時期に卒業し、企業などで働いている友人たちと話していると、これらのことがどれもとても珍しいことであることに気付く。

もちろん、私が活字の本を読むのは、それが自分の仕事だからである。だが、それだけでもない。自分は、本が読みたい。おもしろい本に出会いたいという気持ちがある。だが、必ずしもおもしろい本でなくてもよい。本を読むことそれ自体が、自分にとって大事なことであるという気がする。むしろ私にとって、本は読んでいなければならないもののように感じられる。たとえば、仕事が終わって電車の座席に座っているとき、この時間に自分が本を読んでないということに、後ろめたさを感じることがある。また、ある日、人から「君は夜、酒を飲まないのか」と聞かれたときに、私は「酒は好きですが、酒を飲むと本が読めなくなるのが嫌ですね」と答えたこともあった。一同笑った。私も笑った。

自分は、どうも大学時代に本に呪われてしまったのではないか。ばからしい冗談であるが、中島敦の「文字禍」という小品に、そういうばからしい冗談を体現した「書物狂」のアッシリア人が登場する。

凡そ文字になった古代のことで、彼の知らぬことはない。彼はツクルチ・ニニブ一世王の治世第年目の何月何日の天候まで知っている。しかし、今日の天気は晴か曇か気が付かない。彼は、少年サビツがギルガメシュを慰めた言葉をも諳んじている。しかし、息子をなくした隣人を何と言って慰めてよいか、知らない。彼は、アダッド・ニラリ王の后、サンムラマットがどんな衣裳を好んだかも知っている。しかし、彼自身が今どんな衣服を着ているか、まるで気が付いていない。何と彼は文字と書物とを愛したであろう！（中島　一九九三：四三－四四）

もちろん、私がこのアッシリア人ほどの該博な知識の持ち主であるわけではない。それに、さすがに自分がどんな服を着ているかくらいはわかっている。だが自分にも、本を読まねばきちんとものを考えたことにならないぞ、と何かにつけて感じてしまうような、一種の強迫観念があるように思う。とすると、自分も文字と書物を愛しているのかもしれない。また、そのことによって大事な何者かのことに眼を向けられずにいるのかもしれない。だとすれば、それはやはり淋しいことであろう。

以上に述べたように、本を読む、このことそれ自体になぜ自分はここまで囚われているのか、ようやく最近になって、これは奇妙であるということに気付いた。そして同時に、かれこれ十数年ほど読み続けた本の著者のうちに、自分と同じような疑問を抱いていた人々のいることにも気付いた。以下で自分が試みるのは、こうした人々が自分と同じような疑問をめぐって何を考え、どういう回答をくだしたかを紹介することである。本書の貴重な紙幅をこうしたごく私的な問題に割くのは、いささかバツが悪く思う。しかし、自分と同じような疑問に駆られている人々はいつもどこかにいるのではないか、彼らや彼女らに向けて、その疑問が決して自分ひとりのものではないことを伝えることはけして無益でないだろう。この点、読者の寛容を乞う次第である。

1　読書と自伝――清水幾太郎

読書がつくる孤独な世界

社会学者の清水幾太郎（一九〇七－一九八八年）は、終戦後の一九五〇年代に、米軍による基地設置に対する反対運動やアメリカとの安全保障条約に対する反対運動といった、平和運動のいわゆるオピニオンリーダーとして活躍していたことで知られている人物である。また、一九六〇年の日米安保条約改定をめぐる闘争に敗北を認めたのちに政治的立場を転回させ、一九八〇年には核武装論を説くに至ったことでも知られている人物でもある。しかし、ここで清水のそうした政治的・学問的な軌跡を通時的に扱うことはしない。私が取り上げるのは、清水の『私の読書と人生』（一九四九）という自伝である。

同書を扱う理由は、まず、これが名著であり、これを読者にぜひ一読してもらいたいからである。だがそれだけではない。本書が、本を読むということが、あるひとりの人間をいかにとらえていたのかということの記録でもあるからだ。同書の序文にはこうある。

> 書物に対する時、人間は進んで形成されようとする態度を示すものである。〔…〕現在の私が如何なるものであろうとも、私というものの或る部分は、明らかに私が読んだ書物によって形作られている。（清水 一九四九：序文三－四）

書物は、単なる物にすぎない。だが、書物はそれを読む人をおのれにかしずかせ、その人の内に食い込む力を持つ。それゆえに、自分が本を読んできた経験を綴ることは、みずからの人生を語ることとほぼ重なる。「私は自己の読書の記録を書きながら、実は或る側面から自分の生涯を語っているのである」（清水 一九四九：序文四）。

いったい、なぜそれ自体はたんなる物にすぎない書物に、人間の生涯を左右するような力が宿るのか。清水はこの点に関して、実はすでに社会学的な考察を加えている。『私の読書と人生』の内容に立ち入る前に、その考察を扱った論文「読者」（清水 一九四一）を導きとしたい。

戦前期の清水が、報道、輿論、流言蜚語といったマスメディア現象に着目し、それを早くから社会心理的研究の俎上に載せていたことはよく知られている（吉見 二〇〇〇：二二〇－二二五／品治 二〇一四／佐藤健二 二〇一六／佐藤卓己 二〇一九：一〇三－一三二）。この「読者」という論文では、清水はこうした一連のメディア現象の社会心理的考察と同じ地平に、人が本を読むということを位置づけている。ここで清水は、なぜ書物を読むとき人間は自ら「進んで形成されようとする」のか、その理由を説明している。

読書という行為が、人間に対してなみなみならぬ訴求力を持つのは、それが「自分ひとりで読める」から、すなわち学校で与えられる教科書などとは異なり、他の誰にも知られずに、自分で選んだ本を、自発的に自由に単独で本を読むことができるからである。読者は、他の無数の本からある一つの本を選び出す。それは、いわば著者によって読者である自分が選ばれるという経験なのであり、そこに著者と読者の間の一種の「交際」が成立する（清水 一九四一：三三九－三四〇）。

興味深いことに、清水はここで読書が読者にもたらす著者との一対一の「親しい交際」という形式、それが読者に要求する「孤独な反省」の機会が、人間が所与の環境で生存をいとなむ際に不可欠であると論じている。清水によれば、通常、人間は与えられた環境に満足し、そこに埋没しながら日々の生を送っている。しかし同時に、所与の環境に埋没しているだけでは人はいつのまにか疲弊し、またそこから脱するための新たな進路に気づくことができない。そうした窮状を脱するには、人間は自分だけに与えられた「孤独という名を与え得る如き世界」を持つことが必要になる。今ある環境から身を引くことによって、初めて人間はこれまで考えられなかった進路を、自ら選びとることが可能になるからだ（清水 一九四一：三四〇－三四二）。

このとき、人間を他の要素から遮断し人間に孤独とそれに伴う思惟の余地とを与えるのに最も適した媒体として、清水は書物を評価する。彼は活字化された書物について「グーテンベルクは中世の〔読書用の〕密室を新しく各人に約束したものであった」（清水 一九四一：三四三）と述べている。つまり本を読む者は、あたかも中世の「密室」で過ごすように、他者のまなざしを免れてひっそりとわが身を振り返るような体験にわが身をひたす。その体験を通じて、人は初めて今まで自分に与えられていた環境を新たな眼で見直し、そして既存の環境のなかでは満たせなかったものや、新たな進路を選びとることが可能になるという（清水 一九四一：三四一－三四五）。

冒頭で、人間が書物を前にして「進んで形成されようとする態度を示す」とするのははたしてなぜか、と問うた。清水はそのわけを、著者との現実の交際にも似た私秘的な関係、他者のまなざしを逃れ得るような接触の形式、そしてそうした環境が、読者の内側に作り上げる孤独な思索の世界、これらの要素があいまって、書物に人間の生涯を左右するような強い力が宿るからだと考えた。ここで清水が、一冊一冊の本が人間に及ぼす影響力を、二〇世紀初頭から勃興しつつあった出版ジャーナリズムに固有の定期性、時事性、大衆性とは正反対の側面に見いだしていることは着目に値する。むしろ書物との人格的な接触の意義を説いてやまない清水の口吻は、書物との接触形式に着目しているという違いこそあれ、清水自身が後述する自伝のなかで嫌悪を表明した先行世代の教養主義的な読書態度、すなわち偉人の書いた書物に自由に触れ合うことで、その著者に感化され「人格」を高めるという態度をすら想起させるものであり、その限りで清水のメディア論的な読書観にかえって古風さが浮かび上がっているのは興味深い。

『私の読書と人生』――自己暴露の儀式

ふたたび『私の読書と人生』に戻ろう。同書は、これまで清水というひとりの人間が、いかに書物という物《もの》と孤独に出会い、プライベートな交際を取り結んできたかという過程にまつわる叙述として位置づけることができる。ほんらい書物と人間との関係というものがきわめてプライベートであるからか、清水が同書において自身と書物の「交際」関係の叙述を支配するのは、あたかも私小説のような赤裸々な自己暴露である。以下、同書の内容を、行論に関わる限りで略述する。

たとえば同書の回想において、清水のアンビバレントな感情の矛先となっているのが、彼の専門とした社会学の書物である。同書中で、清水は社会学を選んだことが教員にたまたま薦められたという相当な偶然によるものであったこと、また「焦燥」にかられながらその分野の著作を読んできた経験のつらさ、味気のなさを随所で訴えている。そして周囲が夏目漱石の小説や阿部次郎の『三太郎の日記』といった、典型的な教養主義青年の「人生問題」のバイブルを読んでいるのを軽蔑し、それを尻目に社会学の書物に淡々と向き合っていたと述べている。しかし、清水はそうした叙述のすぐ後に、それまで述べてきた自身の「人生問題」ぎらいなるものが、単なる叙述上の自己美化に過ぎないことをただちに暴露する。彼は実のところ社会学書に思い入れを持ち、自分にとって社会学書が荒川放水路の川辺で風に当てられながら読むような「人生論の代用品」（清水 一九四九：六三）にならざるをえなかったと述べている。社会学書がつまらなく、無味乾燥であることをさんざん批判したにもかかわらず、結局清水はそれが自己形成に深甚な影響を与えたものであることを告白している。

また随所で目につくのは、清水が書物をときに骨董品のように愛玩しながら、ときに生活のためにあっさりと処分してしまうといった形で、人間にとって書物が壺や掛け軸、あるいは質入れ商品や置き物とあまり変わるところのない物《もの》にすぎないことをあけすけに描写していることである。清水は一方で、背伸びして手に入れた漢籍や洋書に対して、フェティシズムにもなぞらえられる愛着を示しているかと思えば他方において、形はどうあれ偏愛と憧憬を寄せていたはずの本を、ときに生活費のために、ときにはやけっぱちな気持ちに任せて古本屋に売りさばく。そういった本に対する即物的といいうべき描写は、随所に現れる。これらの描写は、書物というただの物《もの》が、愛着にせよ反感にせよ、文筆家としての商売の道具であるにせよ尊敬すべき「私の聖書」であるにせよ、いかなる経路をたどるにしても「私というものの或る部分」を形づくってしまうことへの、愛情と憎悪の表現なのである。

こうした清水の露悪的な筆致はしかし、けして読者たちにマイナスな印象をもって受け止められてはいない。たとえば「あなたがこれほどまで自分の感傷をさらけだして顧なかったことは、むしろりっぱな態度だとおもいます」「この書物ほどここ二三十年の日本の知識階級の悲しいすがたをまざまざと見せてくれるものはないとおもいます。あらゆる知識階級に一読をすすめるゆえんです」とは、清水の戦前からの知己であり、一九五〇年代の清水の平和論や八〇年代の清水の核武装論に仮借ない批判を浴びせた福田恆存の評である（福田 一九五〇：九九－一〇〇）。

同書は単なる読書録であるにとどまらず、戦前とは異なるあらたな関心をもって書き手を見つめている戦後の読者たちに向けて、自己のありのままの姿を暴露しているかのようだ。その限りで同書を、本との邂逅の記憶をよりしろとした、清水の「自己暴露の儀式」（日地谷－キルシュネライト 一九八一）と評することもできるだろう。かくして自らの恥をあえて晒してはばからなかった清水の態度は、戦後の文壇・論題においてもっぱら好意的に受け止められた——かえって読者に「どうにも話がうますぎる」（福田 一九五〇：一〇二）という疑惑を残したにしても。同書は、『清水幾太郎著作集』版を除けば一九七七年の講談社学術文庫版にいたるまで出版社を変え、三回の再刊を経たベストセラーとなった。本と人間が取り結ぶ「孤独な世界」は、本来それが他人には見せられないようなプライベートな世界であるからこそ、その人に慰安を与え、新しい進路を示してくれるはずのものである。そうしたプライベートな関係の記録を世にさらけ出すことが、戦後の清水の読書大衆に対する自己紹介として好意的に受容され、大ヒットを記録したことは、まことに皮肉である。

2　安田武——清水の伴走者

伴走者・安田武

次の問題は、清水がなぜこうした「自己暴露の儀式」を、戦後の論壇に向けてあえて行ったのかという点である。この問題を考えるにあたっては、清水と戦前から親しい交流を持ち続けてきた人物である編集者・評論家である安田武（一九二二－一九八六年）の存在に触れなければならない。なぜなら安田こそ、清水に「自己暴露」を敢行することを促した存在だからである。さらにつけ加えるならば、安田自身、清水と同じく本を読むということそれ自体に囚われつづけた人物だからである。

安田は、すでに日中戦前の学生時代から、つまり清水が戦後論壇のスターになる以前から彼に会い、その「カバン持ち」になり、私的な交流を結んでいた（安田 一九六四：一四）。そうした人物は、清水の交友関係のなかでは珍しい部類に属する。そして安田は、清水とその著作から強い影響を受けるとともに、他方で清水の執筆活動にも大きな影響を与えている。その意味で、ある時期までの清水にとって、安田はいわば伴走者と呼ぶべき存在である。

前節で触れた清水の『私の読書と人生』の執筆経緯にも、そのことはよく表れている。同書は一九四九年一〇月に要書房から書き下ろしとして刊行された著作であるが、もともとは総合雑誌『思索』で清水が発表した「読書の日記」を原型としている。このもともとの「読書の日記」という企画を思い立ったのは、要書房でも、清水でもなく、当時『思索』の編集者であった安田である（安田 一九七七：五九－六二）。この清水の「読書の日記」が中断したのは、同じく『思索』の編集者であった渡邉恒雄（一九二六年－）が、安田の休暇中に企画を放棄してしまったためである。

この「読書の日記」以外にも、編集者としての安田は、知識人たちの戦時下の学生としての体験に強い関心を持ち、いくつかの出版物の企画に関わっていた。その一例として、知識人の戦時中の学生経験を記録した『抵抗の学窓生活』という著作が挙げられる（大河内・清水ほか 一九五一）。同書は、安田の企図により、戦後に活躍していた知識人を入学年度ごとに一年刻みで配置し、それぞれの学生時代の思い出や読書経験を執筆させるという独特な構成を取っている。そこには清水をはじめ、日高六郎や久野収、大河内一男や吉田健一といった著者の名が並んでいる（安田 一九七七：八二－八三）。

このような文脈に位置づけるならば、『私の読書と人生』は、他の著作と同様に、編集者である安田を触媒とすることなくして生まれえなかったことがわかる。読書経験の本質を孤独のうちに見いだした清水と、そうした清水の伴走者であった安田。この二人の関心が合流して生まれた著作が『私の読書と人生』なのである。

しかし、なぜ安田は清水という人物にここまでこだわったのか、そしてなぜ清水にその知的自己形成を問いただすような編集活動に取り組んでいったのか。このことを考える上で、安田自身もまた特殊な知的遍歴をたどった人物であったということは見逃せない。

安田の生前からの知己であった木村聖哉の作成した年譜（木村 一九八八）によると、安田は、東京の資産家の家に生まれながら、一九三九年に駒込の本郷中学を退学、四月に転入学した兵庫県立第三神戸中学校でもトラブルに見舞われ四カ月で退学、同年に東京に戻って京華中学に入学するという、中学時代からして複雑な学業遍歴をたどる。旧制三高の受験に失敗したのち文化学院（当時、清水も講師として在籍していた）に入学、一九四二年から上智大学英文科に通うも翌年一二月に召集を受ける。戦後になった失われた学生生活を取り戻そうと一九四七年に上智大学に復学するも退学、翌年に法政大学に再入学するも生活に追われ退学――と、戦時下の混乱にも巻き込まれる形で、安田がいくたびも学生としての放浪を経た人間であることがわかる。安田が清水とめぐりあったのは、まさに一九三〇年代、清水自身が社会学界を離れた文筆家として戦前の論壇を放浪していた時期であった。こうした経歴の類似性が、安田に清水へのシンパシーを生んだことは想像に難くない。

さらに、安田の自己形成にとって決定的だった経験がある。それは学徒動員である。従軍によって、みずからの若者としての青春、そして同世代の多くの若者の命が唐突に奪われてしまった、こうした深刻なコンプレックスの経験は、安田にその深刻さをシンプルに言語化することを拒ませるような苦い傷あとを残した。一九四八年、清水幾太郎、清水の友人で心理学者である宮城音弥、共産党の宮本顕治らと「学生勤労者代表」が席を同じくした座談会で、清水も含む当時の知識人が戦後青年の状況をマルクス主義や心理学、哲学を用いて図式化しようとすることそのものに抵抗している。

もしも人が失恋して、三日目になぜ自分が失恋したかとか、それからまた現在どういうように恨んでおるか、ということを滔々と立派に話したら誰も嘘だと思うに決っている。〔…〕われわれが戦争から受けた傷は、今日まだそう旨い言葉や、立派な理論でキチン〳〵と割り切れてはいかないのだと思います。割り切れないからといって、唯物史観とか、実存主義とかいう外題の浪花

節を、愉しげにうたいたくない。（清水・安田ほか 一九四八：一三）

こうした「戦中派」としての経験の思想化を拒むような彼の態度は、福間（二〇〇六、二〇〇九）が詳しく述べているように、「第二次わだつみ会」への参加などを通じて、特定や思想やイデオロギーによって戦没者と戦争経験に安易な意味づけを行うことに対して、強い違和感を表明する言論活動につながっていく――こうした安田の問題意識がいかなる形で結実したかに関心がある読者は、復刊された論文集『戦争体験』を一読されたい（安田〔一九六三〕二〇二一）。

本を読む男、酒を飲む男

それでは、安田自身は、従軍経験やそれに連なる過去の思い返すことをまったくできなかったのか。あるいは、きっぱり拒否していたのか。もちろんそうではなく、安田は自身の文筆活動を通じて、戦中派としての自己の体験の形象化に挑んでいる。その際の回想のよすがとなるのが、まさに本や活字にまつわる思い出なのである。

たとえば一九六一年、安田は従軍中の青春期――そしておそらくは神戸三中時代の友人であり、従軍後に行方知れずとなってしまった徳澄正のこと――を想起して、従軍経験による絶望から酒ばかり飲んで暮らしている男と、一九四六年に死んでしまって読書に対する思慕を捨てていない亡霊との、架空の「対話」を草している。

——また、本を読んでるのか。

——また、酒を吞んでるのか。

——ちょっと見せてみろ　ナニ……？『現代詩』一九七〇年代新春特大号だって……。よせよくだらねえ　こんな雑誌……。

——忘れたのかい　おれたちは　あの時分　メンソレータムの効能書でさえ　裏表丁寧に読み返したものだ。活字でありさえすれば　古新聞だってよかった。幹部候補生に　消燈後一時間の勉強時間が与えられた時　オレにとって　毎日はただその時間だけが生甲斐だったさ。ワケもわからずにブン殴られる心配もなく　とにかく　活字に向っていられる一時間がな。（安田〔一九六三〕二〇二一：二六〇）〔傍点原文〕

「本」を読む男と、「酒」を飲む男。読書と飲酒の相容れなさについては、先述のように筆者自身にも思い当たる節がある。それはともかく、この架空の対話に安田が込めているのは、従軍経験のなかで、本（それどころか活字）を、とにかく一人で読むという時間がいかに貴重であったかという切実な記憶と、自分と同じ切実さを経験した友人たちを失ってしまったことへの後ろめたさである。その限りで、本を読む男は知識へのあこがれをむざんにも閉ざされてしまった死者たちの象徴であり、酒を飲む男は生き残った者たちの知に対するあきらめとデカダンスの象徴である。

さらに、この「対話」に描かれた読書、いや、読むという行為の焦点が、本（活字）の著者にも、内容にも、それをこっそり選び取るという過程にもない事に注意したい。とにかく本（活字）に一人で孤独に向き合うという体験そのものの稀少さに関する従軍経験での思い出が、二人の男をつなぎとめている。彼らにとって、重要なのは本や活字の内容ではなく、本と向き合い、ひとつひとつの活字を読み上げるという時間が、わずかなりとも彼らを周囲から切り離し、孤独にさせてくれるという体験の質そのものなのである。

安田もまた、清水と同じように本の内容と同じかそれ以上に、一冊一冊の本との格闘に強い思い入れを寄せている。安田にも、『私の読書と人生』と同様に読書経験を通じて自身の若き日を振り返った『昭和青春読書私史』という著作がある（安田 一九八五）。安田は、自己の精神形成にあたって大きな影響を与えたのは、めまぐるしく変転した満州事変からアジア・太平洋戦争に至る時代状況である以上に「多くの書物との出会い」であったという。それは時代状況に制約された狭い読書であったかもしれない。しかし、である。

> にもかかわらず、というべきか、逆に、そうであったからこそ、というべきか——一時代の支配的風潮に抗して、懸命に生きることを、読書が教えてくれた、時代とおのれ自身を諦視する目を養い育ててくれた、と思うのである。〔…〕それは体系化された、専門的な教養とは、おおよそほど遠く、手当たり次第、やみくもな濫読には相違なかったけれど——。（安田 一九八五：一八五）

つまり、安田もまた、清水と同様に、特殊な知的遍歴を経て、さらに徴兵を受け、学生としての青春を強制的に中断されるという極限的な状況に置かれていたがゆえに、本を読む、ひとり静かに活字に目を通すという経験そのものに大きな価値を置いていた。安田は、清水の読書録の産婆役を果たしながら、自分自身も本を読むということそれ自体になみひととおりでない情念を傾け、それに対する自身の愛憎をなんとか形にしようともがいていたのである。極言すれば、ほんらい清水の著作である『私の読書と人生』すら、そうした安田の情念の副産物だと言えなくもない。

清水への愛憎

しかしながら、六〇年安保闘争以後、安田と清水との歩みは徐々にすれ違っていく。冒頭で述べたとおり、清水は安保闘争「敗北」以後にめまぐるしく政治的・思想的転回を遂げてしまい、かつて清水に共鳴していた若者たちの期待を裏切っていく。そして安田は、かつてみずから師と仰ぎ、「カバン持ち」としてまめまめしくその後ろを追っていた清水によるこうした言行の変遷の是非を、終生問い続けている。管見の限りで、対談・書評も含めて一九六〇年以後に安田が清水を主題的に扱った論文・記事は一九八〇年に至るまで計六本あり(安田 一九六四、一九六五、一九七五/安田・中島 一九七一、一九八〇/安田・中嶋 一九七五)、安田が『現代思想』(清水 一九六六)での清水のマルクス主義との訣別から核武装論への転回に至るまで、清水の言行を追い続けていることがうかがえる。

たとえば六〇年安保以後に『思想の科学』に発表した「清水幾太郎論」(安田 一九六四)では、冒頭で「「清水幾太郎論」の執筆は、私にとって生涯の課題である」(一〇頁)と述べ、先月一〇月号の『中央公論』の「歴史的大特集・戦後日本を創った代表論文」が、清水の論文をカットしていることを難じる(一〇-一一頁)。その上で、戦前の清水の著述活動や個人的な出会いを回想し、清水の一九四〇年の著作である『社会的人間論』を「バイブルのように読み返した」思い出を語るようすには熱がある（一四－一五頁）。

ただし、清水が『現代思想』でテクノクラシー論に舵を切ったり、かつては批判していた天皇制の意義を賞賛するような記事を発表したりするにつれて、安田が清水に寄せていた思想家としての敬愛は薄れてゆき、著作に対する評価も批判的になってゆく。それでもなお、安田は一九八〇年の核武装論にまで言及し、ほぼ終生清水について語ることをついにやめなかった。こうした安田の清水の言行に対するアンビバレントな態度のうちにも、清水が『私の読書の人生』で描いた書物に寄せた愛憎の念と同じような、ある種の近親憎悪にも似かよった、割り切れない感情があったに違いない。

おわりに――書物と回想

これまで見てきたように、清水や安田は、戦争をまたいだ時代の独特の社会的な事情のなかで、典型的とはいいがたい知的遍歴をたどり、それゆえに本を読むことに対して特別な感慨を込めざるをえなかった人々である。以上の記述を通じて、私は彼らの孤独な歩みを、読書の歴史における特殊なケーススタディとして扱ってきた。とはいえ、彼らの歩みが私たちに無関係なわけではない。たとえば、あなたが引っ越しのために荷造りをしているとしよう。そのさい押し入れから、自分がはるか昔に読んだ本が偶然出てきたとする。ふとそれを読み返し、それにまつわる過去を回想するという経験は、ある種の甘美さを伴うものではないか。じっさい、わが実家の倉庫にも、うず高く積もった本の山のなかに他より少し薄汚れた本がある。それを手にとると、何とかその本に齧りつこうとしたのか、赤や青のカラーペンの線や、読むにたえない字で書かれたメモがある。率直に言って汚い。古本では一円にもならないだろう。

しかし、である。そこには確かに過去の自分がいる。何者かに向かって自己を訴えようとしている自分がいる。そういう昔の自分のことを、自分はあまり恥ずかしいとは思わない。むしろ、なぜか掛け値なしにすごいと思える。今の自分が恥じ入ってしまうようなまぶしさがある。美しく思うにしろ恥ずかしく思うにしろ、かくもなまなましい仕方で過去の記憶を形象化する媒体として、やはり書物には大きな力がある。建築や家具のような物体は、ときに生きている人間よりもかえって過去の人々との交わりの記憶をたぐり寄せるよすがとなる。特に書物という物《もの》は、そこに残された線やメモも含めて、とりわけそうした記憶のよすがとしての性格を帯びるように思う。

だからこそ、清水や安田のように複雑な人生の遍歴をたどってきた人間が、本と触れ合ってきた思い出を、自身の生涯を綴ること抜きに書くことができなったのはよくわかる。彼らにとって、本は愛憎の対象であり、人生の傷とともにあるものだ。何かに傷つけられたことが、その人にとって特別なものとなり、かえってその人を動かす原動力になることはままある。恥とためらいを感じさせる筆致をもって、みずからが読んできた本にまつわる出来事とその重大さをくりかえし原稿に書き留めつづける清水と安田のふるまいは、怪我人が自分の傷あとをくりかえしなぞるような嗜癖性すら感じさせるものだ（清水も安田も生涯何冊もの自伝を書いているし、またすでに述べたように安田の清水に対するこだわりはもはや執着と言ってよいものだ）。しかし、彼らにとってはそうした作業こそが、今ここにある自己を確かなものとしてとらえるためのよりどころだったのであろう。

清水も述べていたように、あえてむずかしい本と格闘することによって、人間はあえて今の自分から何者《サムバディ》かに変わろうとするものである。その意味で、読書とは自分を変えようとすることである。ひじょうに多くの国や文化の読書史が、聖書のような宗教書や、中国の四書五経のような修養書といった世や人心を律するための書物の記述から始まることは偶然ではないだろう。しかし、革命、回心、転向の記憶を振り返る作業は必ずしも甘美な回想にとどまらず、痛ましい記録にならざるをえない。それと同様に、真剣な読書の体験ほどその人にとって愛憎半ばする記憶になる。そして愛憎ほど人間をとらえて離さない感情はない。書物にこうした呪いにもなぞらえられるような力があるということ、そして、だからこそ人がみずからの来歴を振り返るためのよすがとなりうるということ。筆者はこれらのことを若い読者たちに向けて伝えたい。

現在、もし仮に読者諸君がどこかしら淋しい学生生活を送っているとしたら、ここで取り上げた著者たちの本とあわせて、自分が過去に読んできた本を読んでみてほしいと思う。また読者たちが、将来別のつらい境遇におかれるとしたら、いま読んでいる(かもしれない)むずかしい本たちを物置の隅で見つけたときに、ぜひもう一度手に取って、ページをめくってほしいと思う。過去の自分たちが自分を変えようとする、その痕跡が、その時のあなたを別の時間に連れ戻すであろう。そして、その時間は、何者かを目指して騒がしく走り続けた過去の時間と、今置かれている齷齪した時間と、それらのいずれをもすっきりとした眼で見つめ直すことができるような自分だけの孤独な時間を、ふたたび与えてくれるだろう。場合によっては、そこに苦悩や失敗の傷あとが残っていることもあろう。だが、時代をともにした同輩たちもまたそれぞれ自分たちなりの傷あとを本のうちに残しているに違いない。もしそう信じられるならば、私たちはその傷あとをためらうことなく青春の証と呼ぶことができるはずだ。

文献一覧

大河内一男、清水幾太郎ほか（一九五一）『抵抗の学窓生活』要書房
木村聖哉（一九八八）「年譜 安田武の生涯」『思想の科学』一〇九号、一三四－一四一頁
佐藤健二（二〇一六）「流言研究と「社会」認識――戦後日本社会学における「社会的なるもの」への想像力」池岡義孝、西原和久編『シリーズ社会学のアクチュアリティ：批判と創造2 戦後日本社会学のリアリティ――せめぎあうパラダイム』東信堂、二三一－二六三頁
佐藤卓己（二〇一九）『流言のメディア史』岩波書店
清水幾太郎（一九四一）「読者」河出書房編『新文学論全集 第三巻 批評・鑑賞』河出書房、三三五－三七二頁（再録：一九四二「読者に就いて」『思想の展開』河出書房、七二－一一二頁）
――（一九四九）『私の読書と人生』要書房（再版：一九五六『私の読書と人生』河出書房／再版：一九七五『私の読書と人生』潮出版社／再版：一九七七『私の読書と人生』講談社／再録：一九九二『清水幾太郎著作集 六 民主主義の哲学 私の読書と人生』講談社、三五九－四八三頁）
――（一九六六）『現代思想（上・下）』岩波書店
清水幾太郎、安田武ほか（一九四八）「座談会 戦後精神の状況」『思索』一九四八年七月号、二一－一六頁
中島敦（一九九三）『中島敦全集 一』筑摩書房
福田恆存（一九五〇）「清水幾太郎著 私の読書と人生」『評論』三九号、九八－一〇〇頁

福間良明（二〇〇六）『「反戦」のメディア史――戦後日本における世論と輿論の拮抗』世界思想社
――（二〇〇九）『「戦争体験」の戦後史――世代・教養・イデオロギー』中央公論新社
品治佑吉（二〇一四）「清水幾太郎『流言蜚語』再読――初期メディア研究と形式社会学」『社会学研究』九三：一二五―一五一頁
安田武（一九六三）（二〇二一）『戦争体験』筑摩書房
――（一九六四）「清水幾太郎論」『思想の科学』六八号、一〇―一八頁
――（一九六五）「清水幾太郎論――一つの「平和論」の破綻」『展望』八一号、五二―七一頁
――（一九七五）「思想の悲劇性を感じさせる放浪記――清水幾太郎『日本人の突破口』『無思想時代の思想』」『朝日ジャーナル』一七巻三五号、六八―七〇頁
――（一九七七）『ある時代』日本エディタースクール出版部
――（一九八五）『昭和青春読書私史』岩波書店
安田武、中島誠（一九七二）「清水幾太郎――近代主義知識人の限界」現代の眼編集『戦後思想家論』現代評論社、二四四―二六九頁
――（一九八〇）「清水幾太郎と「転向」の季節――「核の選択」を著した寂しき転向者」『創』一一〇号、六八―八一頁
安田武、中嶋嶺雄（一九七五）「清水幾太郎と戦後思想」『中央公論』九〇巻八号、八六―九四頁
吉見俊哉（二〇〇〇）「メディアを語る言説――両大戦期間における新聞学の誕生」栗原彬、小森陽一、佐藤学、吉見俊哉編『内破する知――身体・言葉・権力を編み直す』東京大学出版会、一七七―二三七頁
Hijiya-Kirschnereit, Irmela. 1981. *Selbstentblößungsrituale: Zur Theorie und Geschichte der autobiographischen Gattung "Shishōsetsu" in der modernen japanischen Literatur*. Wiesbaden: F. Steiner.（『私小説――自己暴露の儀式』〔三島憲一・山本尤・鈴木直・相澤啓一訳〕平凡社、一九九二年）

＊　＊　＊

安田武に関して貴重な情報・資料を提供してくださった木村聖哉さん、重永博道さん、渡辺總子さんにこの場を借りてお礼を申し上げる。

ソクラテスと近代日本の教養主義

熊谷　英人

君に逢ひたい。明日はこの手紙を持つて君の所に行く。
そしてソクラテスを讃美し、人間を讃美しやう。
（武者小路実篤「ある日の手紙」）

1　ソクラテスという「神話」

わたしは御厨貴先生の駒場演習から実に多くを学んだ。議論の作法に親しみ、その喜びを存分に味わったことは、かけがえのない思い出になっている。毎回、一冊の課題本について各自が考察文をもちより、それをもとに討論が行われた。「討論」といっても、所詮はまだ大学に入りたての一、二年生のことだから、学問的な水準は低いものであったにちがいない。だがそうであるがゆえに、各自の考察はときとして課題本の内容を越えた拡がりをもつこととなった。わずかA４用紙一枚の考察が、そのひとの人間や人生に対する見方をいかに雄弁に物語っていたことか。少なくともわたしは先生の演習において、学問が「人間的なるもの」と切り離せぬことをはじめて体感したのである。侃々諤々の議論がひと段落すると御厨先生が各自の考察をもとに講評をしてくださったが、そのとき自分の考察が評価されれば、唯々うれしかったし、意が伝わらなければ、自分の無力さに悔しい思いをした。こうした反応はひょっとすると、真理の探究にそぐわぬ虚栄にすぎなかったのかもしれない。だが、虚栄であろうとなかろうとそれを含めて、わたしの恥ずかしく、また誇るべき学問初体験であったことにかわりはないのである。

学問をめぐる討論・議論の習慣は長い歴史を有する。なかでも逸することのできないのが、「問答法」(dialektike) の祖とされる古代アテナイの哲学者、ソクラテスである。ソクラテスのもとには多くの若者たちが集い、師とともにアテナイのアゴラ (広場) の喧騒のなかで問答と談笑の日々をおくったという。おそらく、若者たちはソクラテスの智慧だけに惹かれたのではなく、ソクラテスの諧謔、人間的な優しさ、卓爾たる独立心、何よりも真理への熱誠が彼らを惹きつけてやまなかったのだろう。そこでは我々の演習におけるのと同様に、学問的な議論が各自の生き方と結びついていた。「ソクラテスの傍に近づいて問答する者は、最初は何かほかの事柄について問答を交わしていたとしても、彼の論理にひきまわされてついには自分自身について、つまり現在の生き方、ないしはこれまでの生き方について話すはめになるのだ」(プラトン『ラケス』187E-188A)。

無論、公衆を前にした弁論と「説得」(peitho) の伝統は、ソクラテス誕生のはるか以前から存在していた。ホメロスの叙事詩を一読すればわかるように、登場人物たちは実によく語る。そこでは戦場の武勇とならんで、評議や集会の場における雄弁が「英雄」(heros) にとって欠かせぬ能力とされていた。ソクラテスと同時代の前五世紀には、プロタゴラスやゴルギアスのように各地の有力者子弟に「弁論術」(rhetorike)を教授する遍歴の職業教師ソフィスト(sophistes)が現れたし、同時期にアテナイで開花したギリシア悲劇には「説得」をめぐる高度の思想劇の趣がある。このように言語象徴による「説得」を重んじる文化は、古代ギリシアにおいて根強かった。

そうしたなかでソクラテスの問答法は、方法と目的の両面で斬新であった。プラトンの伝えるソクラテスは、ソフィストの弁論術と自身の問答法のちがいをしばしば強調する(『プロタゴラス』329A-B、『ゴルギアス』447C, 448C-D)。まず方法面に関していえば、弁論においては弁士が聴衆に対して言葉巧みに滔々と弁じるが、問答は一問一答の対話を原則とする。さらにこの方法上の相違は目的の相違とも関連している。弁論の目的は多数の聴衆を特定の結論へと導いて「説得」することにあるため、弁論家の主張が主観的・相対的・蓋然的な「意見」(doxa)であることは自明の前提とされていた。これに対して、問答法の目的は「真理」(aletheia)、すなわち各人の「魂」(psyche)の配慮にあった。ソクラテスにとって、探究の対象は自然界の構造ではなく、「よく生きること」、すなわち道徳的生のあり方でなければならなかったのである。ソクラテスによれば「吟味なき生など、人間にとって生きるに値しない」(プラトン『ソクラテスの弁明』38A)。つまり、聴衆の「説得」は問答法の本来的な目的ではないのである。ソクラテスは最初から自分が「真理」について「無知」であると明言したうえで、「無知」であるからこそ、問答をつうじて「真理」をおおい隠す「意見」の被膜を突破しようとした。ここから問答法は対話者同士による「真理」探究の共同事業としての性格をおびてくる。仮に学問という営為を何世代もの研究者共同体による「真理」の共同探究とするならば、ソクラテスこそ「その後に登場したすぐれた思想家全員の師」にして、「おそらくそれまでに生まれた人のなかで最高の栄誉を受けるに値する人」（J・S・ミル『自由論』）ということになるのかもしれない。

　ただし、ソクラテスは学者というにはあまりにも多面的な人物であった。すでに述べたように彼は書斎の知識人ではなく、弟子たちとともにアゴラで議論三昧の日々をおくり、著述は一切なかったと伝えられている。また、「世界市民」（kosmopolites）を自認し、ポリスの規範に背を向けた弟子筋の諸派と異なり、ソクラテスは生涯、アテナイ市民であることに誇りをもちつづけた。従軍経験をもつ精強な軍人でもあった。卓越した議論の才に恵まれ、ときに得意の諧謔で論敵を煙に巻くかと思えば、自分の行動をつねに見守る「神霊」（daimonion）の存在について大真面目に語った。なうての美少年好きで――「わたしには年頃の青年はほとんどすべて美しくみえる」（プラトン『カルミデス』154B）――彼自身は美男とはいいがたかったが、アテナイ屈指の名門貴族、美少年アルキビアデスから熱烈な恋を告白されたりもする。そして最終的には「若者を堕落させ、またポリスの崇敬する神々への不敬を吹聴した」咎でアテナイ市民から訴追されるも、裁判では自説を貫徹し、死刑を宣告されてしまう。その後、弟子たちから脱獄と国外退去を勧められたさいも、遵法の義務を諄々と説き、従容として死に赴いた。

　ソクラテス解釈の歴史は毀誉褒貶の歴史でもある。すでに同時代において各人各様のソクラテス像がみられた。たとえば、アテナイを代表する喜劇作家、アリストパネスはソクラテスを奇矯な教えを説くソフィストとして風刺したし、裁判を仕組んだ政治家アニュトスや原告メレトスの眼に、ソクラテスは反民主政的思想を鼓吹する危険人物と映った。また弟子たちも各自の関心から師の思想をさまざまに解釈した（納富 二〇一七）。とくにプラトンとクセノポンの作品はソクラテスを論じるさいに不可欠の史料とされるが、両者のソクラテス像は相当食い違っている。クセノポンが理想的な市民・軍人としてソクラテスを描くのに対して、プラトンの作中に登場するソクラテスはいわば「智慧を愛する者」＝「哲学者」（philosophos）の原型であり、抽象的な概念を縦横無尽に駆使する無敵の論客として活躍する。現在ではいずれかのソクラテスをそのまま実像として受けとる研究者は少数派である。

同時代においてさえ一致したソクラテス像がみられなかったのであるから、後代に無数の解釈が出現したとしても不思議はない。ソクラテスの「実像」についてはいまも論争がつづいており、今さら改めてソクラテスの「実像」に迫ろうというつもりはない。そうではなくて、ここではむしろソクラテス像の変遷そのものに着目する。多種多様なソクラテス像には、それぞれの解釈者たちの思想や時代精神がたしかに息づいており、変遷それじたいが興味ぶかい思想史の問題を提供してくれるからである（Moore. 2019／北畠 一九八六－一九八七）。この点については哲学者、三木清の的確な指摘がある。

しかしソクラテスの姿は容易に捕捉し難い。神話が歴史的伝承の最も生命的な形式であるといふ思想は、彼の場合に最も適切な例の一つを見出すであらう。ニーチェにおいてはもとより、あらゆる時にソクラテスは絶えず神話として歴史に生きてきた。〔…〕彼の弟子の多くは、彼の事件を弁護し、彼の像を守り、彼の言葉を伝へる以外の目的を有しなかつた。その際主観的な要素が侵入したのはもとより避け難いことである、各人は自分が理解したやうに師の説を述べ、自分に感銘を与えた問題について自分が正しいと考へた通りに議論を運ばせた、しかしそのことによつて、記述者の人格が教師の人格の背後に完全に退くといふ傾向は変じなかつたのである。ソクラテスの像を描くといふことが多くのソクラテス対話の目差したことであつた。その後ヨーロッパの精神史においてソクラテスはつねに像として、いはゆる「ソクラテス像」として伝へられてきた。言ひ換へると、ソクラテスは決して単に学問としてでなく、寧ろつねに神話として歴史のうちに生き、歴史のうちに働いてきた。ソクラテスの問題は単に嘗てあつたものの認識の問題でなく、この像、この形、この神話の問題である。(『ソクラテス』一九三九年)

三木の述べるようにソクラテス問題が一片の「神話」であるならば、この「神話」は果たして近代日本においてはいかなるかたちをとったのであろうか。ここではとくに大正期に成立した教養主義の思潮に焦点を当てつつ、明治から戦後に至るソクラテス像の変遷を跡づけることとする。これは、古代以来のソクラテス「神話」の一端の解明に資するのみならず、近代日本における「教養」のあり方という古典的問題に新たな角度から光を当てる試みでもある。これまで一般的に、「教養」をめぐる議論は「教養」概念の定義をめぐる不毛な言葉遊びに堕する傾向があった。ここでは、「教養」とは何かを抽象的に問うかわりに、ソクラテス像という補助線を引くことによって、教養主義で念頭に置かれた「教養」のあり方を立体的かつ具体的に浮かびあがらせてみたい。

わたしが御厨先生の演習から学びえたことのひとつに、日本と西洋を分け隔てしない姿勢がある。

それは「政治」そのものへの関心と言い換えてもよい。演習では地域や時代を問わず多彩な文献が扱われたが、近代日本政治史の専門家たる先生のまなざしは、狭義の専門領域を越えた「政治的なるもの」の本質へと向けられていた。そうした観点から先生は文献をながめ、批評された。世間話から出発したソクラテスの問答がしだいに道徳的生をめぐる問題へと、そして対話者の「現在の生き方、ないしはこれまでの生き方」の「吟味」（exetazein）へと行き着いていったように、課題文献の批評から出発した演習の討論は、そこにみいだされるべき「政治」の諸特性をめぐって旋回し、いつしかその背後にひそみ、「政治」を基底で支える人間の問題へと収斂してゆくのがつねであった。学問との邂逅の時点でこうした演習に参加できた自分はまことに恵まれていたといえよう。そうした演習のなつかしい思い出と、いまも齢七十にしてなお健在のわがソクラテスに捧げるささやかな小品にとって、「近代日本のソクラテス神話」という主題は、あながち場違いなものとばかりはいえないように思われるのである。

2　明治哲学界とソクラテス

日本語文献におけるソクラテスの初出を確認することはむずかしい。すでに江戸期において、その名は一部の蘭学者の間では知られていたようである（高野長英『聞見漫録　第一』、西周「西洋哲学史の講義断片」）。明治初年の洋学者の文献中にもソクラテスの名は散見されるが、さほどに目立った言及とはいえず（西周『百一新論』、西村茂樹「西国理学の源流」『道徳教育講話』、加藤弘之「孔子之道と徂徠学」「孔夫子と希臘哲人」など）、洋学派知識人の活動の場となった『明六雑誌』でもプラトンやアリストテレスの名はみられるのに対して、ソクラテスについての言及はない。明治前期の知識人の関心がおもに近代思想に集中し、古代思想への関心は比較的薄かったためであろう。

ソクラテスについての言及が目立って増えるのは、明治中期（一八八〇年代後半）以降のことである。この時期になると井上哲次郎、大西祝、井上円了、清沢満之、三宅雪嶺、蟹江義丸といった本格的な哲学研究者たちが登場してくる（柴田 二〇一三／藤田 二〇一八／船山 一九九九）。彼らは近代思想とともに、古代以来の西洋哲学史にも強い関心を示した。講義をもとにした通史叙述が陸続と出版されるのもこの頃である（井上哲次郎・有賀長雄『西洋哲学講義』一八八三－一八八五年、井上円了『哲学要領』一八八六－一八八七年、同『西洋哲学史』一八九五年、大西祝『西洋哲学史』草稿・一八九五年、中島力造『列伝体西洋哲学小史』一八九八年、蟹江義丸『西洋哲学史』一八九九年、波多野精一『西洋哲学史要』一九〇一年など）。もちろん、それらは基本的に欧米圏の解説書に依拠したものであり、ソクラテスに関する記述にも、ヘーゲルの学統を汲む思想史家、エドゥアルト・ツェラーやアルベルト・シュヴェーグラー、クーノ・フィッシャーなどの影響は色濃い。また、現代におけるソクラテス研究の最重要史料はプラトンの著作とされているが、当時は欧米圏も含めてそうではなかった。明治期において、クセノポンの著作はプラトンに先んじて翻訳されており（木村鷹太郎訳『ソクラテース人物養成譚』一九〇一年）、明治期の哲学者たちのソクラテス像もプラトンよりはクセノポンのそれに近い。そこでは、プラトンのソクラテスに特徴的な鋭い論理的懐疑は影をひそめ、「克己」（enkrateia）や「節制」（sophrosyne）といった具体的な諸徳を諄々と説く市民的倫理の擁護者としての側面が強調されることとなる。

とくに明治期の哲学者たちの耳目を惹きつけたのが、ソクラテスのいわゆる「知徳合一」の教説であった。『ソクラテスの弁明』において、ソクラテスはみずからを「智慧」(sophia)――「知識」(episteme)、あるいは「思慮」(phronesis)ともよばれる――の探究者と規定していた。この場合の「智慧」の対象は、ソクラテス以前のイオニア自然哲学者におけるがごとく、「世界」(kosmos)の生成や構造ではない。ソクラテスにとって「智慧」の対象とは、各人の自我、すなわち「魂」の「卓越性(徳)」(arete)以外にはありえない。彼によると、「魂」に「正義」「勇気」「節制」「敬神」といった徳目が備わったときにこそ、人は「よく生きる」ことができる。そして、そのためにはそれら徳目が何であるかを、まず知らねばなるまい。客観的な道徳的真理への確信がそこにはある。したがって、「徳」の実践は「徳」の本質に関する「智慧」(「知識」)を前提とし、なおかつ「徳」に関する「智慧」の修得は、ただちに「徳」の実践へと帰結してゆかねばならない。

彼〔＝ソクラテス〕はまた正義をはじめとして、ほかのあらゆる徳は智慧であると言った。なぜなら、正義をはじめとして徳にかなった仕方でなされる事柄一切は卓越した事柄(kala te kagatha)であるからで、卓越を知る者はそれに代わる別のものを選択することは決してなく、またそれに関する知識をもたない者は実行することができないし、もし実行しようとしても失敗してしまうのである。それゆえに卓越した事柄は、知者(sophoi)のなすところであり、知者ならぬ者には実行することができず、もし実行しようとしても失敗してしまうのである。(クセノ

ポン『ソクラテス言行録』3.9.5)

ソクラテスの「知徳合一」論は、ソフィストの思想と鋭い対抗関係に立つ。ソフィストたちは方法や関心において多種多様であったが、彼らはその相対主義的思考の点で共通している。「人間こそ万物の尺度である」というプロタゴラスの命題が示すように、ソフィストたちは政治・法・習俗・道徳・宗教といった事象に関して客観的・絶対的基準の存在を否定したからである。彼らによれば、法や制度は人為の産物であるがゆえに相対的なものにすぎず、「有用性」(sympheron) の基準で測定されるにとどまるという。

明治の哲学者たちがソクラテスに共感を惜しまないのに対して、彼らのソフィスト――しばしば「詭弁学派」と訳される――に対する評価は一様に低い。彼らはソフィストの相対主義的思考をもって過度に「懐疑的」かつ「破壊的」な思想、浅薄な「心理主義」と評するのである。「実際に適せざる空論を吐き主観の極端に走りたる」ソフィストのゆえに、「世人は暗霧の中に彷徨して頼るべき処なく終に徳義崩潰の兆しを顕すに至れり」(三宅雪嶺『希臘哲学史』一九〇一年)。大西祝はこうした「破壊的」なソフィストの対極に、「事物の遍通不易の性質」を探究した「建設的」な思想家としてのソクラテスを位置づけている(「学術に於けるソクラテスの事業」一八九五年)。つまり、彼らはソフィストの相対主義思想をもって社会の危険分子とする一方、普遍的な道徳原理と諸徳に関する客観的な「知識」の可能性を信じたソクラテスのうちにこそ、あるべき「哲学」のすがたをみたのである。

3　修養主義とソクラテス

以上のソクラテス像はより通俗化したかたちで、一般読書界にも普及していった。明治中期を境にソクラテスをあつかう文献は急増し、国内初のソクラテス研究書もこの時期に出版されている（千頭清臣『瑣克拉的《ソクラテス》』一八九三年）。坪内逍遥によれば、「小学生の少年たち」もソクラテスの名を知り、「伝記や教訓に関する著述は大分世間にも流布」するほどの人気であったという（「孔子とソクラテス」一九〇〇年）。こうしたソクラテス人気の文化的背景というべきが、「修養主義」であった。修養主義とは、明治後期における国家体制の整備・固定化にともない、「立身出世主義」に代わって登場した「青年」向けの思潮である（王 二〇〇四／大澤 二〇一二／岡 一九九二／筒井 一九九五）。日清・日露戦争の勝利によって維新以来の国家目標が達成された後、当時の「青年」の多くが虚脱感に襲われた。修養主義は「青年」たちの急進的な政治運動を戒めたうえで、みずからの「人格」の「修養」によってのみ「人生問題」は解決しうると説いたのである。修養主義は当初、エリート層と庶民層の双方を名宛人としていたが、後述の「教養主義」が成立した後は、大正・昭和戦前期をつうじて庶民層の流行思潮となってゆく。

この修養主義にとって、ソクラテスは格好の題材となった。修養派のソクラテス論でおもに注目を集めたのは、ソクラテスの思想ではなく、その劇的な生涯である。清沢満之によれば、「大聖」ソクラテスは平時においては「青年薫陶の事業」に勤しみ、戦時は「公明なる義勇者」として戦い、最後は「国家民人の為めに、正義公道を揚言して、寸毫も仮借する所なかりしが如き、実に烈士の模範たるものと云ふべきなり」（「ソクラテスに就きて」一九〇〇年）。また、「ソクラテスの哲学や何かに就ては、始めからあまり調べる気もしない」と語る新渡戸稲造——修養主義を代表する知識人であった——にとって、「ソクラテスを好み、かつ崇敬する理由」の第一は、「何事をなすにも、始め己を省み、本心に伺いをたててからするということ」であり、これこそ「今日世間で頻りに唱道しつつある、修養なるものの根本となるもの」であった（「ソクラテス」一九一一年）。ソクラテスを題材にした「偉人伝」は人気を博し、修身読本は堂々と毒杯をあおぐすがたを「勇気」の模範として称揚した。修養主義の典型たる講談社『修養全集』の第一巻（「聖賢偉傑物語」）にも、ソクラテスの伝記は収録されている（清沢洌「哲人ソクラテス」一九二八年）。

もちろん、ソクラテスの思想に関する言及がまったくなかったわけではない。ただ、その説明は庶民向けに極度に希釈されたものとならざるをえなかった。井上円了が一般向けの修養書で紹介した、ソクラテスを題材とした七五調の歌はその好例といえる。

> 桃か李か知らねども、ソクラテスの哲学は、学びの庭に三春の、錦まとひて出でにけり、広き世界の中心は、天体ならで人にあり、人の人たる道をすて、天地の元を争ふは、首尾転倒の沙汰なりと、タレース以後の哲学の、迷の霧を払ひ去り、之と同時に蛇足なる、詭弁の学を打破り、智識の花を取り来り、倫理の月を回らして、人の心の光明を、あまねく世には知らしめぬ、斯くて智徳の一体を、説きて知識の門内に、倫理の道を開きたる〔…〕（『奮闘哲学』一九一七年）

修養派はソクラテスを哲学者としてよりは、「中庸」と「常識」を重んじる良き家長、急進的な「革命」を拒否する穏健な「改革者」、「遵法服従の精神」に富んだ「青年」の訓導者として描く傾向があった（松村介石『聖人ソクラテス』一九〇三年、斎木仙酔『ソクラテス』一九一五年、福島政雄『教育者としてのソクラテス』一九二九年、川合義信『聖ソクラテス研究』一九三九年など）。吉田熊次、吉田静致、藤井健治郎といった国民道徳論者や、その系統を汲む保守派の倫理学者・教育学者たちのソクラテス像も同工異曲である。日露戦後から大正期にかけて高まった「新旧両思想新旧両人生観の争」を憂慮する彼らは、ソクラテスを「克己」「節制」「孝」「忠」といった具体的徳目の説教者として位置づけ、そこに「過渡時代の救世主」（藤井健治郎「ソークラテースの使命」一九〇八年）のすがたをみいだそうとしていた。いうまでもなく、民主政の興隆とペロポネソス戦争に揺れた前五世紀のアテナイと、明治から大正への転換期がそこでは重ね合わせられているわけである。彼らによれば、ソクラテスは「真の愛国者」であり、「正義の為めに戦ひ、公道を履んで国家の為めに尽くし市民を善に導くことに苟くも怠らなかつた」人物なのである（吉田静致「ソクラテス」一九一二年）。ソクラテスが過激な「平民主義的政治」（同）に反対した点も彼らには都合がよかった。

明治中期の哲学者や修養派、国民道徳論者はソクラテスをしばしば「聖人」とよぶ。井上円了はソクラテスを、釈迦、イエス、孔子と並ぶ「四聖」に加え（『通俗講談言文一致哲学早わかり』一八九九年、『哲窓茶話』一九一六年）、松村介石はソクラテスの言行をもって、儒学やキリスト教に伍する「ソクラテス教」と名づけた（「ソクラテス教」一九一二年）。なかでも修養派のソクラテス解釈に欠かせない論点が、ソクラテスと孔子の比較論である。「孔子と云へば殆んど無意識にソクラテスを連想する」（吉田熊次「孔子とソクラテス」一九二三年）とさえいわれるほどに、両者の比較論は修養派のソクラテス論に頻繁に登場する（綱島梁川『春秋倫理思想史』一九〇八年、井上哲次郎『人格と修養』一九一五年、坪内逍遥「孔子とソクラテス」、久松貞明「ソークラテースと孔子」一九二〇年、大隈重信『東西文明之調和』一九二二年など）。また、近代における「中国哲学」研究の創始者、服部宇之吉も青年期にはソクラテスに強い関心を示していた（「ソクラテス　ソ氏の伝」一八九一年）。ここには、孔子とソクラテスをそれぞれ東西の「哲学」の源流としたうえで、比較によってその共通性を見定めんとする関心が鮮明といってよい。比較の論点は単に思想内容のみならず、性格・容貌・家庭環境など多岐にわたった。プラトンやクセノポンからの抜粋を『論語』風に翻訳した書物まで出版された（渋江保訳編『ソクラテス論語』一九一一年）。こうした類比は受容初期の無理解にもとづくものであろうか。

そうとばかりはいえないように思われる。近世の西洋知識人もソクラテスと孔子の比較論を展開したことからもわかるように、両者間に一定の類似性が存することは否定しがたい（後藤一九六九／平川一九九八／堀池二〇〇二／渡辺浩一九九七）。

まず第一に、両者ともに相対主義を退け、政治秩序の根底に普遍的かつ客観的な道徳原理をもとめた点である。すでにみたように、明治期の哲学者たちはソフィストの相対主義を厳しく批判する一方、倫理道徳における客観的真理の存在を確信するソクラテスを好意的に評価していた。儒学も相対主義には敵対的で、政治秩序が則るべき普遍的規範（「道」）を思想体系の中核に据えていた。

第二に、そうした客観的な道徳原理において、欲望の制限が重要な役割を果たす点である。儒学において人欲は基本的に抑制されるべきものであり、ソクラテスも「克己」と「節制」を重要な徳目に数えていた。ソクラテス像の典拠がおもにクセノポンであったことも、この点とよく関連する。というのも、プラトンの初期対話篇において「節制」は諸徳のひとつにすぎず、「克己」に至ってはほとんど語られないのに対して、クセノポンのソクラテスは諸徳のうちでもとくに「克己」と「節制」の重要性を強調しているからである。

第三に「知徳合一」である。ソクラテスが「知識」と「徳」を相補的なものと把握していた点については すでに述べた。儒学においても「智」は「仁」「義」「礼」「信」と並ぶ「五常」のひとつであり、倫理的実践には智慧の役割が不可欠とされた。ただしソクラテスも儒学も知的観想をそれじたいとして追求することはなかった。智慧はあくまでも倫理的実践との関連において把握されるべきものであったのである。

とはいえ、ソクラテスと儒学の親和性が強調されることによって、両者を隔てる差異が閑却されがちになったこともまた否みがたい。たしかにソクラテスが客観的な道徳原理を希求したことは事実である。しかしながら、その過程でもとめられたのは苛烈な論理的探究と批判精神であり、それゆえにソクラテスの「哲学」は既成秩序や伝統的な道徳観に対する根源的挑戦を意味せねばならなかった。プラトンやクセノポンの描くソクラテスはたしかに「破壊的」なソフィストたちと論戦を交わしている。だが、ソクラテスの舌鋒の餌食になったのは何もソフィストばかりではない。伝統的な道徳を奉ずる名士や庶民もまたソクラテスの「論駁」(elenchos)の十字砲火によって容赦なく「無知」を暴かれた。対して、修養派がソクラテスと儒学のうちに、社会秩序を安定させ、合理化するための「哲学」をみていたことは明らかである。そこではもはや、ソクラテスの思想に備わる急進性が顧みられることはほとんどない。アテナイ社会とソクラテスとの潜在的な緊張関係も目に入らない。ソクラテス刑死の原因はアテナイ人の腐敗堕落や「誤解」にもとめられるのがつねであった。このように修養派的解釈においては、ソクラテスの思想にひそむ、既成秩序に対する徹底した「懐疑」という「破壊的」で不穏な側面が、すっぽりと抜け落ちてしまっている。

4　教養主義とソクラテス

大正期になると、修養派とは異なる観点からのソクラテス像が登場する。「教養主義」の思潮である。修養主義も教養主義も「人格」の陶冶を目標とする点では共通していたが、後者のかかげる「教養」の内実は前者とは大きく異なっていた。修養主義はおもに庶民層を名宛人としていたことから、そこで説かれる「修養」や「人格」は結局のところ、平凡な人生訓や処世術に行きつくことが多かった。また、実社会の利益や価値観から極端に遊離することをためらう傾向もあった。これに対して、教養主義の担い手は旧制高校生というエリート予備軍であったため、もとめられる「教養」もより学術的で観想的な性格をおびることとなったのである。教養主義のもとでは新カント派哲学が流行したほか、古代ギリシアも憧憬の対象となり、翻訳ではなく古代ギリシア語で古典を読むことに重きが置かれた。もちろん、こうした「教養」の目的は純粋な学術研究ではなく、「人格」の陶冶にあったものの、教養主義が原典にもとづく本格的なギリシア思想研究を促したことはたしかである（藤井　一九五四）。日露戦争後から大正期にかけて成立した教養主義の思潮は関東大震災を機に一旦衰退するが、三〇年代なかばには息を吹き返し、その後は一九六〇年頃まで命脈を保つこととなる（苅部 二〇〇七／高田 二〇〇五／竹内 二〇〇三／筒井 一九九五／渡辺かよ子 一九九七）。

ソクラテスは教養派の人びとにとっての英雄であった。教養主義の成立に深甚な影響を及ぼした阿部次郎（『合本 三太郎の日記』一九一八年）と倉田百三（「強くなる道」一九二三年）、加えて白樺派の文学者、武者小路実篤（「幸福者」一九一九年、「ある日の手紙」一九二一年）のいずれもソクラテスを模範的な先哲としている。大正教養派の源流といわれる外国人教師、ラファエル・ケーベルにとって、ソクラテスは「今日までに存在せる教師と教育家との中の最も偉大なる者」であった（『ケーベル博士随筆集』改版、一九五七年）。さらにソクラテスは、昭和教養主義の総帥、河合栄治郎の「最も尊敬した先哲のひとり」（江上照彦『河合榮治郎伝』一九七〇年）でもあったという。

教養派のソクラテス論を考えるさいに重要となるのが、史料の問題である。既述のとおり、明治期においてはプラトンとクセノポンのソクラテス像の間にさしたる優劣はなかった。むしろ修養主義や国民道徳論の立場からすれば、わかりやすく「克己」や「節制」を説くクセノポンのソクラテス像の方が好ましくさえあった。だが、いまや教養派の間ではプラトンの圧倒的権威が確立する（納富 二〇一二）。教養派にとってのソクラテスとは何よりも、プラトンが芸術的な文体で描きだす「哲学者」ソクラテスにちがいなかった。大正一〇年には『ソクラテスの弁明』の本邦初のギリシア語原典訳が、ケーベルの愛弟子、久保勉と阿部次郎の共訳によって、教養派の牙城、岩波書店から刊行されている。久保の評によれば、クセノポンが「誠実ではあるが、しかし平凡冷静にして頭の極めて狭隘であつた」人物であったのに対して、プラトンは「師の偉大なる人格と精神との本質を完全に理解し尊重し且つ表現し得た」、「高遠深邃なる心霊と最高度の芸術家的天稟とを具へたる最大の弟子」であった。プラトンの筆になる、ソクラテスと弟子たちの織りなす親密圏は、旧制高校生たちの濃密な「教養」共同体――そこでは友情がしばしば同性愛的関係にまで亢進した――とも重なり合うものがある。

それでは、教養派のソクラテス像は、修養派のそれとどのように異なっていたのだろうか。

（1）「懐疑」・「ロゴス」・「真理」

久保勉はソクラテスを「世界史上匹儔なき人格の、人類の永遠の教師」とよぶ。教養派の面々にとって、ソクラテスは第一に「教師」であった。ただし教師は教師でも、一方的に何らかの道徳的公理を押しつける「教師」ではなかった。逆にソクラテスは自身の「無知」を明言したうえで、対話者を問答による論理的探究へといざなっていった。ソクラテスは「彼ら（＝青年たち）に何を教えようともしないでしかも彼らを善く生き正しく行なう者とする真の教育家」、いわば「偉大なる暗闇」なのである（出隆「ソクラテスの哲学とその死」改稿版一九四三年（初版一九三七年））。また、ソクラテスが実社会の利益や価値観から距離を置いていたことも、教養派の眼には好ましく映った。ソクラテスによれば、問答は何よりも「魂の配慮」でなければならず、「財産」（chremata）、「評判」（doxa）、「名誉」（time）、あるいは世俗的栄達への配慮は、智慧や徳とは一切かかわりがない（『ソクラテスの弁明』30B）。いわば、ソクラテスは真に「人間の教養（paideia）に志す人であつた」（山内得立『ギリシアの哲学I』一九三四年）。

教養派はソクラテスの問答法の本質を「懐疑」としてとらえた。修養派がソクラテスを「常識」の人と理解したのに対して、教養派は、既存の道徳観念や「常識」の自明性に対する「懐疑」をソクラテスの本領と見定める。宗教哲学者、波多野精一によれば、ソクラテスの「破壊的問答法」は「凡ての判断凡ての学問の可能性乃至価値をあらゆる手段を以て否定せむとする懐疑論」と紙一重であった（講演「ソフィストとソクラテス」一九一八年）。現にその問答は「いつも提出された定義の破毀に了り、積極的に動かすべからざる定義に到達し得た場合は無かつたといつても過言ではない」（同）。同じく京都学派に属するギリシア哲学研究者、後藤孝弟《たかよし》もソクラテスの「懐疑」を「否定的出発」と形容している。「彼は彼と対話する者をたゞアポリアに陥らせ煩悶せしめ狼狽せしめるのみであつた」（『ソクラテス』一九三六年）。

しかも、ソクラテスの「懐疑」は単なる気分にとどまるものではなかった。ソクラテスの問答は何よりも徹底した「ロゴス」（logos）——通常は「論理」「言論」「理性」などと訳される——の探究でなければならなかったからである。ソクラテスが「意見」（doxa）と「真理」（aletheia）、あるいは「知識」（episteme）を峻別したことはよく知られている（プラトン『クリトン』48A、『メノン』98A、『ゴルギアス』454Dなど）。ソクラテスによれば、各人の「意見」は所詮、相対的・主観的なものにすぎないのに対して、「真理」（「知識」）はその本性からして普遍であり、万人にとって揺るぎないものである。ソクラテスにとって、「愛智」＝「哲学」の目的は「意見」の雲海を突き破り、「真理」の光源に到達することであった。そしてそこで互いの「意見」を「吟味」する試金石の役割を果たすのが「ロゴス」にほかならない。かくして「人々はロゴスに依つて自己省察の方向を与えられ、より高き教養と学的知識へと導かれたのである。この意味に於てロゴスはもはや言葉としてではなく、理性的なるものとして人々の生活の指導者となつた」（後藤孝弟『ソクラテス』）。

この点と関連して興味をひくのが、教養派におけるソフィストの位置づけである。ソクラテスもソフィストも「ロゴス」をもちいて人間事象を探究したという点では共通していた。ただし、両者を絶対的に隔てるものがある。「真理」への意志である。波多野精一によれば、「真理に対する冷淡と無確信」によって特徴づけられるソフィストのうちには「危険思想」どころか、「斬新と呼ぶに堪えるものにさえ出会わない」（「ソフィストとソクラテス」）という。ソフィストの微温的な相対主義は結局、外的権威への順応というかたちで「常識主義と他律主義」に落ち着かざるをえないのである。哲学者、安倍能成にとっても、プロタゴラスの思想の本質は「心身の普通正常の状態に訴へて、衆人の喜とするものを嘉しとする常識主義、習俗主義、他律主義」にあった。彼は断じて「革命的破壊的な思想家」などではなかった（「道徳思想史」一九三三年）。

かくしてソフィストをめぐる教養派の評価は、修養派のそれとは対蹠的である。修養派は既述のとおり、「懐疑的」なソフィストを社会の危険分子とみた。だが、教養派によれば、それは過大評価である。ソフィストは所詮、外的権威と体制への順応者にすぎなかった。「真理」への意志をもたぬソフィストの「懐疑」はうわべだけのものであり、そうであるがゆえに彼らの「ロゴス」も「真理」をとらえることなく、むなしく空を切らざるをえない。彼らは「自己なき教職者」、いわば「出稼ぎする法科大学教授」（出隆「理論とソクラテス」改稿版一九四三年（初版一九三六年））であった。「ロゴス愛と人間愛と真理愛との渾然たる三位一体的人格者」（稲富栄次郎『ソクラテスの対話法』一九三九年）

にして、「学と真理との活ける化身」（三谷隆正『幸福論』一九四四年）たるソクラテスにとって、ソフィストごときは恐れるに足りない。

このように教養派は、「懐疑」と「ロゴス」をつうじた「真理」への意志にこそ、ソクラテスの独自性を認める。自己の存在意義や人生問題に「煩悶」した経験を有する教養派の人びとは、「懐疑」なき「真理」を信ずることができなかった。「懐疑」と表裏一体の「真理」への確信こそ、彼らの共感を呼び、また勇気をあたえるものだったのである。

（2）道徳的自覚

ソクラテスにとって、「ロゴス」による「懐疑」はそれじたいが自己目的ではなかった。「懐疑」はあくまでも「真理」を目的とするがゆえに、「哲学的理想主義」（波多野精一）の支柱たりうるのである。そして教養派の面々にとって、この「哲学的理想主義」の本質とは、動機の純粋性のうちに道徳的行為の本質をみいだす信条倫理にほかならなかった。古代哲学史家の出隆によると、それは「各人自らの内面に自らの陣痛において見出し分娩すべき自己の真相・真実であり、自己なる魂の善さ」である。「知恵とか識見とか真理とかいわれたのはじつにこうした実践的意味での自覚であった。自らのがその正しく真に知るところの善さそれ自らであること、すなわち徳の行的自覚であり自覚的実行であった」（「ソクラテスの哲学とその死」）。このようにソクラテスのうちに「実践理性」の発見者をみるのが、教養派の支配的傾向である。安倍能成によれば、「西洋倫理学の建設者」ソクラテスの「学問的事業の根本」は、「真知によつて道徳的自覚を喚起」したことにあった（「道徳思想史」）。さらに

波多野精一はこの点について詳しく述べて、

かくの如き、真理の活きた確信より発する生活、即ち徳の生活は、自身以外の何ものにも依らずまた外的の何ものをも求めざる、真に独立なる自由なる生活である。それは己のうちに拠るべきものを有し何等外的権威に服従しない。従つてもちろん常識にも盲従しない。それはまた実用、便宜、その他何等の制約をも許容せず、己の価値を絶対的に主張する。簡単にいえば、徳の生活は自律的生活である。〔…〕かくの如き道徳的人格の内的自由こそ、ソクラテスの活動の最高の目的、彼自身の人格及び運命の最深の意義であつた。(『ソフィストとソクラテス』)

注目すべきは、ここでソクラテスに仮託される道徳性の内省的性格である。前記のとおり、修養派もソクラテスの思想の倫理的性格を理解してはいたが、そこで念頭に置かれたのは「克己」や「節制」、「忠」や「孝」あるいは「遵法服従の精神」といった個々の具体的な徳目、あるいは客観的な行為準則であった。そして国民道徳論者がソクラテスを好んで引照したように、そうした行為準則は国家や「常識」の権威と矛盾するものとは考えられていなかった。しかるに教養派の場合、同じ道徳性でも力点が異なってくる。彼らによると、ソクラテスが示したのは、一切の「外的権威」や「常識」から解放された「道徳的人格の内的自由」である。つまり、ソクラテスは特定の客観的な行為準則ではなく、「魂」の内省にもとづく主体的な道徳的決断の尊さを示したというのである。ソクラテスは諸徳が窮極的にはひとつの根源的な「知識」に収斂するとしたが(『プロタゴラス』361A-C)、教養派はこの根源的な「知識」を道徳的自覚として解釈している。ソクラテスは「人間の内面に絶対価値を認めるものであり、これを人間の人間たる行為――善く正しく生きること――の原理とし尺度とするものであって、初めて真に行為的・道徳的なる人間を発見したのである」（出隆「ソクラテスの哲学とその死」）。この道徳的人格は内省を導く「理性」に従うことで真の「自律」に達することができる。ここから、解釈者をしばしば戸惑わせるソクラテスの「神霊」（daimonion）に関しても、「神の声としての良心の直覚」にして「ロゴスの具体的顕現」（石山脩平『西洋教育史　第一巻　希臘篇』一九三四年）と理解されることとなった。ゆえに教養派にとって、ソクラテスにふさわしい比較対象は孔子ではなく、「人格主義」の哲学者、イマヌエル・カントなのである（朝永三十郎『近世における「我」の自覚史』一九一五年、安倍能成「ソクラテスとカント」一九二三年、紀平正美「ソークラテースのダイモニオンとカントの無条件的命法」一九二四年、三谷隆正『信仰の論理』一九二六年など）。

そして「懐疑」にせよ、信条倫理にせよ、窮極的には自我（「人格」）の問題に帰着する。教養派にとって、ソクラテスはいわば「人格の観念」の最初の解明者であり、彼によって「人格が最高価値として、価値の玉座に据えられた」（河合栄治郎「個人成長の問題」一九三七年）とされるのである。ここでの「人格」とは、「今まで自身であり自己であると想われていた自己のものどもを対話によって次第に除き去り、真の自己を現わにし、自己のものより先きに自己を尊重し、自己の所属物に囚われないで真の自己なる魂の善さに生きる自由自律の自覚的人格」（出隆「ソクラテスの哲学とその死」）にほかならない。大正教養派を代表する思想史家、朝永三十郎もいうように、ソクラテスの「発見」した「人格」は「自然的心理学的個人」ではなく、むしろその内奥にひそむ「普遍的な、超個人的な規範人あるいは理想人」なのである。かくしてソクラテスは「規範的な、自律的な、超個人的理性」に「至上の権威」をあたえた点で、カントを頂点とする近代思想史に「動かすべからざる範」を示した（『近世における「我」の自覚史』）。このように古代哲学史の範囲を超越して屹立するソクラテス像は、まさしく「人類の教師」の称号にふさわしいものといわねばならない。

（3）「人間」か、「市民」か

教養派が直面した最大の難問はソクラテスと政治社会との関係であった。ソクラテスの説く「善」を「市民」としての倫理とみるか、あるいはより普遍的な「人間」としての倫理とみるか。これは彼のアテナイ民主政への態度とも関連して、古代から現代まで研究者を悩ます難問となっている。ソクラテスが一市民としてアテナイに愛着をもっていたことは疑いない。ペロポネソス戦争の戦中世代として、ソクラテスは三度の従軍を経験している。勇敢な兵士だったという。アテナイへの愛着のあまり、外国旅行はおろか、中心市を出ることさえ稀であった。「不正」な死刑判決を受けてもなお、アテナイの「国法」を尊重し、従容として死に赴いた点は理想的な市民のふるまいのようにみえる。

他方でみずから語ったように、彼がアテナイの政治生活から意識的に距離を置いていたこともまた事実である（『ソクラテスの弁明』31C-32A）。ソクラテスが智慧や徳をポリス社会における「名誉」や「名声」から完全に切り離した点については、すでにみた。修養派が称揚する遵法義務論（『クリトン』50Aff.）も無批判的・絶対的なものではなく、あくまでも「国法」との条件付契約という論理構成をとっていた点は見逃されるべきではない。何より、弟子筋にあたる小ソクラテス派の「世界市民」的・脱ポリス的傾向は、ソクラテスの思想にもともとそうした解釈の余地があったことをよく示すものである。かようにソクラテスという人物においては、「人間」の論理と「市民」の論理が渾然一体となっている。

修養派と教養派はともに「人格主義」を唱えた点で共通していたが、両者の「人格主義」の含意の差はそのままソクラテス解釈にも投影されることとなる。修養派はソクラテスを既成秩序の枠内に位置づけ、その教説を体制順応の倫理、いわば「臣民」の倫理として把握していた。対して、「懐疑」や信条倫理を重んじる教養派の場合はこれと異なる。教養派がソクラテスの説く倫理を、「人間」としての普遍的倫理と解釈した点についてはすでにみた。問題は、「人間」の倫理と「市民」の倫理が必ずしもつねに調和するわけではないということである。ソクラテスの教説が「人間」としての普遍的倫理だとして、それが「市民」の倫理と衝突する可能性はないのだろうか。ソクラテスの思想をすべて「臣民」の倫理に回収した修養派にとって、こうした難問は生じえなかった。だが、「人間」の倫理によって外的権威や「常識」の相対化をはかった教養派は、この難問に何らかのかたちで回答をあたえねばならなかったのである。

とくに昭和期の教養派はこの問題に切実な関心を寄せた。昭和教養派はマルクス主義や「日本精神」論との対抗上、政治や実践の問題を忌避するわけにはいかなかったからである。昭和教養派がとった戦略は、「人間」の倫理と「市民」の倫理を「教養」によって接続・媒介するというものであった。ソクラテス解釈に関していえば、昭和期に入っても修養派のソクラテス像は依然として根強いものがあったし、「日本精神」論者のなかには修養派的解釈をより急進化させ、ソクラテスのうちに「祖国主義精神」、すなわち「国体」への絶対服従の精神を読みとる者もいた。

ギリシヤ神話は統一神なき多神教であつたから、彼〔＝ソクラテス〕が「神々よりも」尊貴なるものといつて「祖国」を原理としたものは、彼にとつてギリシヤの神々を統ぶる「一神」であつた。それは我等日本人にあつては八百万神を統べたまふ　天照大御神に相応する理念であつた。〔…〕祖国アテネの誤れる裁判の判決にも服して、「祖国が忍従を命ずるものは……又正義の要求するところである」といひつゝ、従容として毒杯を仰いで逝いたソクラテスの為学の精神は、楠公湊川戦死の七生報国のそれにも比せらるべき「祖国」への「忠」であつた。（三井甲之、蓑田胸喜『真理と戦争』一九三七年）

こうした状況にあって教養派は、ソクラテスのうちに人間的倫理と市民的倫理の人格的統一という理念を読み込むことによって問題を突破しようとした。

とくに出隆のソクラテス解釈はその顕著な例というべきである。出によれば、根無し草のソフィストに対して、ソクラテスは何よりも「正義の市民」であった。ソクラテスは一見すると「神々やポリス的協同体の裡に埋没融合していた国民をこの協同体から離れた個人とするかにも見える」が、それは誤解である。むしろ、ソクラテスの哲学は「既に全き埋没から離れて神々や国家に対しこれらを外化し自己疎外していたところの自己なき個人を真の自己に帰すものであり、その神々や国家を真の自己として自覚せる国家的道徳的人格の発見」にちがいなかったというのである。つまり、ソクラテスにおいて、「真の自己」と「国民の国民としての善さ（ポリス的の徳）に就いての実践理性」は見事に調和している。「人間の人間たり国民の国民たる徳」という語り口からもわかるように、「市民」の倫理は、「人間」としての「道徳的自覚」によって補完されることで、はじめて完全なものとなりうる（「ギリシア人の政治と思想」改稿版一九四三年（初版一九三七年））。出隆はそのように考えた。

第五世紀のアテナィ人ソクラテスでは、その問ひ求めた人間の善さ《アレテー》は、勇気でも敬虔でも正義でも、人間各自の善さであると同時に国民《ポリテース》としての善さであり、これら各々の善さが帰一するところの智慧或ひは自覚の善さは、人間各自の自己なる霊魂の善さであると同時に、まさに彼の対話理論の広がり或ひは普遍性の故に、均しく国民一般に即いて求められたものであつた。彼の問答の哲学は一般に人間の魂の気遣ひであつたが故に殊に主としてアテナィ人の国民としての魂の気遣ひでもあつた。しかしそれは、在来のポリス的伝統のうちに埋もれてわけもなく信奉されてゐた善さが国民各自の内なる霊魂の善さとし各人の真の自己として自覚さるべく問ひ求められたものであつただけに、その多くの弟子たちには国民的の自覚たる以上に個人としての善さとして受け取られた。（「理論とソクラテス」）

出にとって、ソクラテスの偉大さは哲学史の一齣にとどまるものではなかった。むしろ、ソクラテスの「主体的実践的な理論」はこれまでに存在した唯一の「真の哲学」なのである。ソクラテスの特権的地位は、ソクラテス以後の哲学諸派に対する彼の評価からも鮮明に浮かびあがってくる（「哲学は何であったか」一九三二年、「コスモポリテースの倫理思想」一九四一年）。出によれば、小ソクラテス派、エピクロス派、ストア派といった後続諸派も「実践」を重視した点ではソクラテスと共通していたが、彼らはポリスと「政治」に背を向けた点で、ソクラテスとは決定的に異なっていたという。彼らの追求した「世界市民」の倫理は結局、「人々をこの現実の生から彼方の世界へ解脱せしめる説教哲学」、「極めて内気な自由を勧める隠遁保身の心術」に堕するほかなかった。また、出はアリストテレスの「観想」哲学における「国家的政治的熱情」の欠如を痛罵してもいる。そして、この「非実践的な観想主義者」の学風を継承した中世・近代哲学もまた、「真の哲学」の名に値せずと切って捨てられることとなる。こうして出隆は、ソクラテスに体現された「哲学」と「政治」の幸福な結合の再来を夢想するのである。「哲学と政治とは、いつまでも無縁のものであることは許されない。哲学の政治性と共に政治の哲学性が切に要望される。我々の政治はソクラテスを殺しプラトンの直言を封じたようなアテナイのそれではあってはならない」（「哲学を殺すもの」改稿版一九四二年（初版一九四一年））。

しかしながら、出隆に典型的な教養派の論理が問題の根本的解決に迫っていたかどうかは、疑わしい。たしかに「人間」の倫理と「市民」の倫理の調和は、場合によっては実現可能かもしれない。しかし、現実には両者はしばしば鋭い緊張関係に立たざるをえないのであり、二者択一を迫られることさえ少なくない。そもそも本当に両者は都合よく、最終的に調和するものなのであろうか。また、教養派の曖昧な妥協策は場合によっては、既成秩序や暴政の合理化・追認にもちいられることになりはしまいか。

とくに教養派のソクラテス裁判理解には、彼らのソクラテス像の陥穽がよく現れていた。ソクラテス裁判こそ、本来は人間的倫理と市民的倫理の衝突の象徴的事例であった。そもそもソクラテスが真に「正義の市民」であったならば、なにゆえに彼は刑死の運命を逃れることができなかったのか。この点に関して教養派の施した苦しまぎれの解釈は、修養派のそれとよく似ている。つまり、ソクラテスの「不当な死罪」(稲富栄次郎)の責任をすべて、アテナイ民主政の「道徳的頽廃と政治的紊乱」(出隆)に負わせるのである。教養派はたしかにプラトンをはじめとする古典史料を丁寧に読み込んでいたが、彼らのアテナイ社会についての説明は紋切型に終始した。そこには裁判の背景となる、アテナイの政治的・社会的諸制度、文化、観念構造についての考察が完全に欠落しているのである。これでは、ソクラテスがあれほど「多数者」(polloi)を揶揄した含意もつかみ損なってしまう。当時においてもすでに、批評家の林達夫はこの点を鋭く指摘していた。彼によると、ソフィストに体現されたデモクラシーの政治言語——大衆の「情緒や運動神経」といった「人間のより肉体的な方面に訴えて行動を誘致する」「命令の言語」——と、ソクラテスの「理性」と「叙述の言語」は根本的に性質を異にしていたという(「討議について」一九三五年)。重要なことはアテナイの「道徳的頽廃と政治的紊乱」を断罪することではなく、デモクラシーとソクラテスとの本質的な緊張関係に目を向けることであったはずである。ところが、教養派はこの問題を曖昧なかたちで回避してしまった。教養派のアテナイ像が紋切型に呪縛された原因はさまざまに考えられる。彼らの多くが哲学に傾斜し、歴史学を軽視したためかもしれないし、あるいは天皇制国家の知識人としての意識がアテナイ民主政へのまなざしを曇らせたのかもしれない。いずれにせよ、教養派のソクラテス解釈はデモクラシーへの本格的な分析を欠いたものにとどまったこと、またそうであるがゆえに、ソクラテス問題の決定的な一面を見落としたことはたしかだった。

5　戦後日本とソクラテス

大東亜戦争が猖獗をきわめるなか、旧制高校の教養主義文化はかろうじて命脈を保った。匿名のある旧制一高生の回想によれば、戦時中にも一高には「世俗にたいする軽蔑と嫌悪」とでもいうべき反戦気分があったようである。彼もまた、「ともかく戦争をしている世界のことなどほっておいて、もりもり本を読んで求道者的な精進をせねばならぬと考えていた」らしい。彼は敗戦をむかえた当時について、以下のように追想している。

とにかく日本が戦力的に劣っていることは明らかにわかっていましたが、そこから、がんばろうという気持は出てきませんでした。つづめて言えば、…だから敗戦の日の感想といっても、とりわけて言うべきものはありません。さあ、これから遠慮なしに本が読めるという解放感があったくらいです。ですからその翌朝、ある先生が鉄かぶととゲートル巻といういでたちで現れて、「今こそソクラテスが出るべきだ」という演説をやったとき、みんなこれまた、冷笑しました。その言葉の意味は今でもよくわかりませんが、その鉄かぶととゲートルに象徴されているものに

たいして憎しみを感じたのでしょう。（真下信一「学生を駆りたてるもの――学生運動と私」一九五二年）

ここで印象に残るのは、「鉄かぶととゲートル巻」の装いで「冷笑」を買った高校教師が、ソクラテスの再来を訴えたことである。教養主義におけるソクラテスの知名度を改めてうかがわせる逸話といってよいだろう。この教師も教養派的ソクラテス論の読者のひとりだったのかもしれない。

だが、戦後におけるソクラテス人気は戦前に比してふるわなかった。戦後しばらくの間こそソクラテス関連文献は増加したものの、その多くは戦前の著書の再刊であり、新著にも斬新な論点はみられなかった（一例として、山本光雄『ソクラテスの死』一九五六年）。その後、一九六〇年頃を境として、ソクラテス関連文献の刊行数は急激な減少傾向をみせるようになる。もちろん、その根本原因が教養主義そのものの衰退にあったことは疑いない。しかしながら、すでにそれ以前からソクラテスへの関心は相当薄れていたように思われる。

考えられるひとつの理由として、古代哲学・古代史研究における専門化の進展を挙げることができよう。研究の進展にともない、史料批判を駆使した精緻な読解や大量の先行研究の精査がもとめられるようになるにつれて、独創的なソクラテス論の余地は確実に狭まることとなったのである。たとえば、戦後の古代哲学研究を牽引した思想史家、田中美知太郎の新書『ソクラテス』（一九五七年）は、紙幅の多くを時代背景の説明や史料批判に費やしている。また、敗戦にともなう修身科の廃止や国民道徳論の衰滅の影響も大きかった。それによって、戦前においてソクラテス人気の裾野を庶民層にまで広げていた修養派的ソクラテス論が下火となったからである。

だが最大の理由はおそらく、ソクラテスと戦後の流行思想との関係にある。一九七〇年頃まで圧倒的な影響力を誇った思潮はいうまでもなく実存哲学とマルクス主義であったが、ソクラテスと両者の相性は決して良いとはいいえなかった。

まず、実存哲学についてである。不条理な極限状況における主体的決断を重視する実存主義の立場からすれば、「ロゴス」に全幅の信頼を置き、智慧と道徳性の一致をかかげるソクラテスの思想はあまりにも主知主義に毒されたように、またあまりにも楽観的とみられたとしても不思議ではない。もちろん、実際にはソクラテスの実存主義的解釈（キルケゴールやヤスパースなど）も存在しており、ソクラテスと実存哲学を調和させる途が皆無であったわけではない。だがあくまで表面的にみれば、ソクラテスと実存哲学を隔てる距離は大きかった。

さらに問題となるのがマルクス主義との関係である。マルクス主義的唯物論の立場からすれば、ソクラテスは悪しき「観念論」哲学の祖以外の何者でもない。ソクラテスとマルクス主義の相性の悪さをよく示すのが、出隆の事例である。すでに見てきたように、出は昭和教養派を代表する人物であり、三〇年代から戦中期にかけて、くり返しソクラテス論をてがけてきた。また、戦後まもなくの時期には、前記学生の回想中の高校教師のように、ソクラテスの再来をもとめる論説をたてつづけに発表してもいた（『ソクラテスの道』一九四八年）。ところが、出は一九四八年に突如、マルクス主義へと転回し、共産党に入党することとなる。そして入党を境に彼のソクラテス評価は一変する。

ソクラテスの「原因追求」はこの自然学の理論的精神を人間に向けたものです。しかし、自然学者が人間の生存や行為の原因をも物質的原因で機械的に解釈説明したようにでなしに、人間の社会、現実の政治を、より善きものに変革しようとの意図から、この社会の原動力を求めたわけです。ところで、この原動力はあの理論的精神までもがその上に咲いているところの奴隷制社会そのもののうちにあるので、奴隷や貧農の労働のうちにならとにかくアテネの商業資本家や土地貴族の「心」に求められるものではありませんでした。（「哲学と政治」一九五三年）

かつて史上唯一の「真の哲学」とまで絶賛されたソクラテスの思想は、いまや「その後の全被支配階級を精神的に慰めた個人主義的・人格主義的な逃避倫理の淵源」、「零落貴族の精神的自慰」（「ソフィストたちとソクラテス」一九六七年）とまで糾弾されることとなる。ソクラテスは「国民共同の組織的行動や環境的物質的方面の諸条件」に目を向けることなく、「後世「唯心論的」または「観念的」「観念論的」と言われるに至るところの哲学への道をひらいた」、そのように断罪されてしまうのである（「哲学はないか」一九四八年）。こうしたソクラテスに対する批判的評価は出隆の独創というよりは、マルクス主義の公理から導かれる必然的帰結にちがいなかった（古在 一九五二）。戦後思想を席巻したマルクス主義からの激烈な批判は、ソクラテス人気にとって致命的となった。その後も、八〇年代以降のフランス現代思想の流行やポスト・モダニズムの思潮のなかに、ソクラテスの居場所はなかった。かくして七〇年代以降のソクラテス文献の大半は古代哲学・古代史分野の専門研究か、教養派的ソクラテス像の二番煎じ的な評論のいずれかとなり、現在に至っている。

ソクラテスへの関心がこのように長期低落傾向を示すなかで、かろうじてその知名度を支えているのが、学校教育であろう。おそらく現代日本人の大多数にとって、ソクラテスにはじめて接する機会は高等学校の倫理科であるように思われる。高校倫理の教科書を繙いてみれば、ソクラテスの思想にについて一通りの説明がなされていることがわかる。実際にわたし自身もソクラテスの思想にはじめてふれたのは、高校の倫理科であったと記憶している。その倫理科の「目標」は、「人間尊重の精神と生命に対する畏敬の念に基づいて、グローバル化する国際社会に主体的に生きる平和で民主的な国家及び社会の有為な形成者に必要な公民としての資質・能力」の形成とされ、その中核には「他者と共によりよく生きる自己の生き方についてより深く思索する力」が据えられる（『高等学校学習指導要領』平成三〇年度版）。要するに、ソクラテスは倫理科の「目標」に、ひいては現代日本の政治体制の維持に有用な「先哲」のひとりに選ばれたというわけである。

そして、こうした倫理科教科書に登場するソクラテス像は、教養派のソクラテス像と実によく似ている。無論、教養主義そのものはすでに没落して久しく、倫理科教科書にみられるソクラテス像はいわば教養主義の残滓とでもいうべきものであろう。しかしながら、「懐疑が無限の探求にほかならぬことを示した」「真の懐疑家」（三木清「懐疑について」一九三八年）たるソクラテスと教科書の組み合わせからは、いかにも不似合いな印象を受ける。かつてソクラテスは裁判で死刑判決を受けたさい、アテナイ市民に対してある警告をしていた。諸君は自分の死によって「生き方を吟味されることから免れる」と思っているようだが、それは大間違いだ、自分の死を契機として「智慧」の探究者、すなわち諸君の生を「吟味」する者たちは減るどころか、むしろ増えてゆくことだろう、と（『ソクラテスの弁明』39C-D)。その後、数千年を経て自分がアテナイの彼方にある極東の島国、「平和で民主的な国家」――かつて彼を抹殺した政治体制――の守護聖人に選ばれたと知ったら、ソクラテスは何と言うだろうか。自分の予言がはるかな時空を隔てた場所で実現したとすなおに喜ぶだろうか、それとも、やはり「多数者」は無知なものだね、わが友よ、と皮肉な笑みを浮かべるだろうか。

文献一覧

出隆(一九四三)『ギリシアの哲学と政治』岩波書店

――(一九六三-一九七三)『出隆著作集』全九巻、勁草書房

王成(二〇〇四)「近代日本における〈修養〉概念の成立」『国際日本文化研究センター紀要』二九巻

大澤絢子(二〇二一)「修養ブームが生み出した潮流――近代日本の自分磨き」『中央公論』一三五巻八号

岡義武「日露戦争後における新しい世代の成長――明治三八-大正三年」『岡義武著作集』三巻(一九九二)岩波書店所収

苅部直(二〇〇七)『移りゆく「教養」』NTT出版

北畠知量(一九八六-一九八七)「ソクラテスへのアプローチ」『同朋大学論叢』五五・五六・五七巻

古在由重編(一九五二)『哲学史』青木書店

後藤末雄(一九六九)『中国思想のフランス西漸』二巻、平凡社東洋文庫

柴田隆行(二〇一三)「井上円了とソクラテス」『井上円了センター年報』二二巻

高田里恵子(二〇〇五)『グロテスクな教養』ちくま新書

竹内洋(二〇〇三)『教養主義の没落――変わりゆくエリート学生文化』中公新書

筒井清忠(一九九五)『日本型「教養」の運命――歴史社会学的考察』岩波書店

納富信留（二〇一二）『プラトン　理想国の現在』慶應義塾大学出版会
――（二〇一七）『哲学の誕生――ソクラテスとは誰か』ちくま学芸文庫
平川祐弘（一九九八）『マッテオ・リッチ伝』三巻、平凡社東洋文庫
藤井義夫（一九五四）「我国に於けるギリシャ哲学研究の発展」『一橋論叢』三二巻一号
藤田正勝（二〇一八）『日本哲学史』岩波書店
船山信一（一九九九）『船山信一著作集6　明治哲学史研究』こぶし書房
堀池信夫（二〇〇二）『中国哲学とヨーロッパの哲学者』下巻、明治書院
渡辺かよ子（一九九七）『近現代日本の教養論――一九三〇年代を中心に』行路社
渡辺浩（一九九七）『東アジアの王権と思想』東京大学出版会
クセノポン（二〇一一）『ソクラテス言行録1』〔内山勝利訳〕京都大学学術出版会
プラトン（一九九八）『ソクラテスの弁明・クリトン』〔三島輝夫、田中享英訳〕講談社学術文庫
Ch. Moore ed. 2019. *Brill's companion to the reception of Socrates*. Leiden/Boston.

＊　＊　＊

本書の性格上、一次史料の詳細な典拠を示すことはせず、二次文献に関しても最低限の参照にとどめた。史料の引用にさいしては現行常用漢字体を使用し、ギリシア古典からの引用はオクスフォード古典叢書の最新版のテクストから訳出した。出隆のテクストについて、著作集収録作品は『出隆著作集』（出　一九六三－一九七三）から、未収録作品は論集『ギリシアの哲学と政治』（出　一九四三）から引用した。また、明治期の思想については河野有理氏（法政大学）からご教示を得た。ここに深謝したい。

ギリシアが始まり（アルケー）であるということ

上村　剛

世間なみの考えを語るのではなく、むしろ世に背いても、自分自身で本当に考えたことを、再び世に問うというのが、言明としてのロゴスでなければならない。

はじめに

かつて、政治学を読み破る、と題されたゼミがあった。大学一、二年生で政治学を読み破るとはどういうことか、と訳知り顔で議論を交わしてから十数年が経過し、いつしか自らが政治学とつけられた科目を講義する身になった。

筆者の狭義の専門は西洋政治思想史であるため、講義の準備にあたってその分野の教科書をよく読む。いろいろな教科書を読み比べると、どの思想家を取り上げるか、どのような解釈をほどこしているか、実にいろいろなものが読み取れて面白い。教科書とは実は学生以上に講義担当者のためにあるのではないかと思わされるほどである。しかし他方で、共通のことがらもある。それは古代ギリシアから政治学の歴史（政治学史）を始めることが多いということである。

なぜ政治学の歴史は古代ギリシアから始められるのか。筆者の専門でもある一八世紀の思想史叙述を眺めていると、そこまでギリシア（特にアテナイ）→ローマ→中世→…といったフォーマットがきちっと用意されているわけではないためか、少しばかり違和感を覚える。転換の鍵は一九世紀にありそうと筆者はにらんでいる（それについてはもう少し専門的な論文をそのうち書いてみたい）が、いずれにせよ、西洋中心主義として今日では反省を迫られることも多いこの「ギリシア＝始まり」という選択は、なお多くの教科書の意識的ないし無意識的な前提となっている。もちろんこれについての説明はいくつか可能だろう。一つは教科書の歴史における経路依存というものである。二〇世紀はじめの日本語による政治学史あるいは西洋政治思想史の教科書をひもとけば、やはりソクラテス、プラトンから始まる歴史が描かれている。それらの多くはおそらくは同時代の西欧で普及していた学説の輸入であろうから、それを踏襲した、と理解できる。そしてそれ以降もずっと、この流れを継承しているというのが最も有力な説明であろう。

次に、それ以降の思想史に対する影響力を重視する声もある。例えばある教科書は、ギリシア以前の文明の存在に言及したのち、「ギリシアから話を始めるのは不思議なことである。しかし、ここで注意してほしいのは、「政治（politics）」という言葉自体が、古代ギリシアの都市国家《ポリス》からきていることである」と書いている（宇野 二〇一三：二）。このように言葉の関係性から古代ギリシアに政治の成立という発端を求める説明もよくあるものである。だが、言葉の同一性は概念の同一性を担保しないし、さらにはギリシア語と英語と日本語間の翻訳の問題も存在するため、ことはそう簡単ではない。もちろん講義ではこの説明ですませても問題はないだろうし、話がややこしくなるのを避けるため筆者もそうすることが多いが、自分の専門分野に対する疑問が簡単に解けたわけではない。

第三の説明として、ギリシアにユニークな思考方法として、「始まり（アルケー）」を指摘する声がある。国際的なプラトン研究者として知られる納富信留は「「哲学が古代ギリシアで始まった」という限りで、ギリシア哲学は常に特別の、いわば特権的な地位を占めてきた。それは「始まりとは何か」という問いを惹起するからである」（納富 二〇二一：二七）と述べている。たしかに、始まりについては、いつどこが始まりか、という以前に、そもそも始まりとは何か、という次元の違う問題が存在しており、それについてギリシアが思考したことが、ギリシアを端緒に置くことの実質的な意味になると考えられそうである。

つまり、ギリシアが始まりとして置かれるのは、他ならぬギリシアが始まりそのものを思考の主題としたからだ――こう説明可能かもしれない、ということである。さもなくば、私たちが始まりに遡る、というような歴史研究の出発点そのものが存在しないからである。そして始まりとは、原理をも意味するからである。本稿の主人公、田中美知太郎はこう述べる――「ものが成立するための出発点、すなわち「はじめ」（ἀρχή ＝ principium）において、ものの本質（οὐσία ＝ essentia）、あるいは原理（ἀρχή ＝ principium）を認めるのは、既にタレス以来一貫した、哲学的思惟の一方途なのである」（「最も必要なものだけの国家」『田中美知太郎全集』――以下、全集と表記する――第一巻：二九四）、と。

1　田中にとっての時間

ここに、ギリシアと始まりについて考えるにあたって一冊の手がかりとなる書物がある。田中美知太郎『ロゴスとイデア』（一九四七年、なお本稿では一九四七年の岩波書店版と、筑摩書房の田中美知太郎全集を底本とした二〇一四年の文春学藝ライブラリー版を共に参照し、引用にあたっては両方のページ数を／でわけて記した）である。元は雑誌『思想』に一九三八年から一九四三年まで断続的に掲載された八篇の論文が収録されている（筆者が参照した限り、注の追加を除いてほとんど実質的な差異はない）が、それらはすべて緊密な著者の思考の展開を反映しているため、さながら書き下ろしの書物のようである。「現実」「未来」「過去」「時間」「ロゴス」「ミソロゴス」「名目」「イデア」と題されたそれらの論文は、美しく平易な名文によって綴られている。

本稿がとりわけ着目するのは、イデアを中心に読解する通常とは異なり、前半の四篇である。なぜなら、始まりについて考えるという目的に照らして、そしてそれをギリシアの思考に手がかりを得て検討するという手段に照らして、そちらがより注目に値すると考えられるからである。

田中の思考の出発点は、理想と現実という二項対立である。これは二一世紀の我々にもまた、看過できない問題である。例えば筆者が講義後に学生のコメントシートを読む際、不思議なことがある。ある思想家についての反応が、えてしてこの思想家は理想的すぎる、もしくは現実離れしているからよくないと否定的にとらえられ、それに対して現実的であるという場合にはそれが肯定的に、褒め言葉として用いられている、というのがそれである。しかしなぜ現実的であることが肯定的で、理想的であることが否定的なのか、いまいち筆者には理解できないのである。これは学生のコメントだけではない。世間一般から研究者に対してよく向けられる悪口第二位は「現実を知らない」というものであろう（ちなみに第一位は「学者は役に立たない」である）。しかし、現実を知らないということがなぜ悪口になるのか、そしてそもそもそこでいわれているところの現実とはなんなのかが皆目見当もつかないのである。

そんなぼやきはともかくとして、田中はまさにこの「現実」という語の意味から本書を始める。まず取り上げられるのがアリスティッポスの言葉とされる、「自分たちのものとしては、現にあるものしかないのだ」（一／九）という表現である。これは刹那主義の例として取り上げられる。その意味するところとは、「希望によって欺かれるなという思想」である。同時に後先考えずに現在を楽しむという、快楽主義的なものでもあるという。

ただ、これに対して田中は異論を唱える。自分の置かれている状況に対してただ受動的に耐え忍ぶというのは快楽に溺れているわけではない。むしろふつうは苦痛である（具体例としては、コロナ禍におけるオリンピック・パラリンピック開催を思い出せばよい）。これに対してなお現在の快楽を徹底的に追求するというのは、忍び寄る未来に対する憂いを峻拒し、楽しみをひたすら楽しむということであり、「ひとつの断乎たる精神を必要とする」（二三／三二）というのである。皮肉なことに、これはかえってストア主義的ですらある。

このような敗者の現実主義は勝者の現実主義と正反対のものである。勝者にとっての現実とは「他のすべてが自分の思う通りに動き、自分のためにあるのを当然のことのように考えている」（三二／四〇）からである。とはいえ、これはこれで極端なものであり、実は現実が見えていない、ということになる。多くの場合には、勝利は束の間のものに過ぎず、すぐさま破滅と失敗が待ち構えているからである。

ここから現実主義が、今ここ、におさまらないきっかけをもっていることがわかる。現在への執着を突き抜けた、現実の超越性とでもいうべきものが求められるゆえんである。田中はこれを、永遠なるものであるという。

なぜ永遠か――筆者の困惑をよそに、次の論文「未来」に入る。未来については、田中は二つの意味を指摘する。まず、われわれが予想する未来である。対してもう一つは、予想や希望とはまったく異なる未来である。一つ目の未来は「将来」と言い換えられ、死のようにまったく予想すら許さない二つ目こそ、ほんとうの意味の未来であると考えられている。内在的な将来と、超越的な未来である（なお未来と将来についての区別は波多野精一『時と永遠』にも見られるようなものであるが、両者の関係は難解なので割愛する）。

とはいえ、この区別はすぐに相対化される。現在が昔希望していたとおりであることは、人生においてはよくある。その意味で未来とはいくつかの将来のうちの一つであるとも考えられる。ここで考慮しなくてはならないのは、現在（昔にとっての未来ないし将来）と昔とを分けるものである。つまり、現在と過去とは、何によって分けられるのか、ということである。これについて田中は、過去が現在のなかに含まれている可能性を検討する。あくまで現在を起点として、私たちは過去について考える、という意味である。ここで田中は、現在の視点から過去について考えるアナクロニズムに警鐘を鳴らす。

現在を中心に過去をふりかえる時、ひとは過去において始まった現在だけを求めて、むしろ過去にあって現在を否定していたいっそう有力な他の存在を見落としてしまう危険が少なくない。その時すべては現在となり、歴史は見失われてしまう。現在中心の内在論は必然的に歴史を観念化する。しかしながら、過去において将に来らんとしていたものは無数にあり、現在とは逆の端緒も既に与えられていたのである。（五一／六二－六三）

考えてみれば過去といっても私たちは、「今から考えれば、あそこが人生の分岐点だった」というようなかたちで、あくまで現在を起点として考えているにすぎない。同時にまた、「あの時の夢がいま叶った」と思ったとしても、それはその時のたくさんある夢のほとんどを忘れている可能性もある。自伝『時代と私』で田中が自分の人生について、「わたしは、そういう出発点になるものを、特に一定させて、そこからすべてを説明しようとするやり方に疑いをもっている」（全集増補版一三巻：一四一－一四二）と述べるのは、それと似た例かもしれない。しかしいずれにせよそれは現在と独立した昔ではない。これに対して、現在と過去とを相互に独立のものとしてとらえると、本当の意味の現在の始原は少数者による世界の変革に求められるという。だが、「彼等さえもすべての始原ではなかった。われわれは現在のはじめを更に遠く、さらに微細なところに求めることが出来る」（五二－

五三／六四）と田中は述べる。さらに微細なところとは、どこか――二一世紀の私たちにもなお、検討が必要な課題であろう。

さて、ここから田中はもう一つの困難な問いへと立ち向かう（余談だが、本書の特徴は、――とは何か？という問いかけが頻出することである。このシンプルにして究極の問いの作法こそ、本書の魅力の一つであろう）。それが、過去・現在・未来の線引きはどのように可能か、という問題である。いったい、どのようにして過去は現在となり、そうしてまた未来になるのか。この問いに対して田中はプラトンの『パルメニデス』を参照し、変化によってである、と答える。過去から現在に変化し、そして現在から未来に変化する。しかし難しいのは、変化には時間がないことである。時間の観念なしにたちまち変化しなくては、それはなお過去・現在・未来のどこかの時間に含まれてしまうからである。

とはいえ、この断絶は、むしろ肯定的にもとらえられる。現在から未来に対して変化する際に、「現在の終りを待つには及ばない」のであり、「われわれは現在ただ今において、未来へ飛びうつることが出来る」からである（六四／七六）。この未来はさしあたり希望とも言い換えられるが、

未来に生きる者の希望は、必ずしもそのすべてが理想によって支持されているのではない。理想はやがてあるだけでなく、現にあり、また過去にあったものなのである。否、それはむしろ永遠なるものとして、時間のうちにはないと言うべきである。それの把握はイデアの把握なのである。（六九／八一）

このようにして、現実が永遠とつながることの意味が解き明かされ、「未来」は閉じられる。

さて、筆者の関心に沿って最も検討されるべきは続く「過去」である。まず田中は、過去は記憶する限りにおいて存在し、記憶がなければ過去もまたないといった立場を退ける。記憶でなければ、どのような探究によって過去は突き止められなくてはならないか。それは歴史である。もちろんこれは歴史学的な研究に限られるものではない。例えばオイディプスの悲劇——記憶にないばかりに、父を殺し母と関係を結ぶ——を田中は取り上げる。ここまで悲劇的なものでなくとも、人の個人的記憶はみな、思い出すと「思わず顔を赤らめ、馬鹿と罵らなければならないようなものに充ちている」という(九二／一〇五)。個人的にも思い当たるふしがありすぎて思わず引用してしまったが、人は自分の過去の歴史についても探究するものなのである。だが、ここで次の問題が生じる。そのような過去の自分と現在の自分とは、果たして同じ自分なのか、というものである。

これを再び歴史研究に即して考えてみると、過去と現在とをつなぐものとは何であるか、という問題が反復される。過去の歴史は現在とは異なる人間によるものであるから、安易に「歴史は繰り返す」とか「歴史に学ぶ」といったことは不可能である、といったあんばいである。この場合、過去と現在とはばらばらに切り離されているから、その間には「時間的な無」が存在する。ここで「未来」同様に再びプラトンの『パルメニデス』が参照される。「たちまち」の問題である。とはいえ、自己同一性の問題は、なお疑問であり続ける。田中はこう言う。

しかしながら、あらゆる治乱興亡を通じてひとつの主体を認めることは決して容易ではない。

古代ギリシア・ローマ世界の文化と西ヨーロッパ世界の文化とは、果して古代、中世、近世というようにひとつに連続するかどうかは疑問とされるかも知れない。歴史研究がそれぞれの方面に開拓しつつある無限に多様な所与は、いま直ちに同一精神（霊魂）の生死として理解することは困難である。（九九／一一四）

では、ひとつの「世界史」のようなものが困難であるとして、どのような態度が考えられるだろうか。田中は世界という空間のなかで、それをいくつかにわけへだてるための自己同一性の観念に着目する。ここでいう自己同一性は自分と異なるものを否認するという排他的なものではなく、「矛盾的多を通じての自己同一性」（二〇一／一一五）でなくてはならないと述べられる。歴史理解を可能にするためには過去と現在とをつなげる同一性がなくてはならず、さりとてまったくの同一の場合には現在と過去とをわけるものがない。このような緊張関係をもつ自己同一性のもとで、過去、ならびに歴史が存在しうるのだろう（この後、田中の自己同一性の思考は「イデア」に至るが、これ以上の深入りはやめておこう）。

さて、『ロゴスとイデア』の時間論のうち最後に来るのが、「時間」である。これは雑誌掲載順からいえばいままでの三篇よりもはやい。時間について田中はまず、それが天体の運動を基準としていることを、ヘシオドスを参照しつつ示す。しかし、基準は太陽と月といった異なる天体のそれぞれにおいて存在するので、一つではない。それゆえ、ロゴスでもって単位を作り上げるわけだが、その際に現在、過去、未来の時間の分割と、今、ここをどのように考えるべきか、という問題が浮上する。

だからこそ、「時間」ののち田中は「現実」を書いたのだった。しかし「時間」のなかの多くの論点は、その後の「現実」「未来」「過去」においてより深く探究されていることがらであるから、この三つの論文のあとに読むとやや繰り返しのようにも感じられる。したがって、これ以上の内容紹介はひかえるとしよう。

問題はこのような時間論の意味である。それはあくまで、偏狭な現実主義に対して、希望を、そして理想を掲げるものである。過去と未来は、永遠なるものによって現在から往来可能なものとされる。そこにイデアが求められる。したがってこのような議論は田中もあとがきで認めるとおり、「時間論を主とするものではなく」(三三八/三六八)、「イデア」へといたる議論の過程ではある。では、田中にとってこの時間論がただの露払いのような役割しか果たしていないかといえば、そうとばかりも限らない。いうまでもないことだが、戦時中の政治に対する眼差しがそこには含まれているからである。

2　田中にとっての政治

『ロゴスとイデア』所収の諸論文を執筆中の田中が日本を、そして戦争に突入した世界を大きく憂えたことは、よく知られている。彼の当時の日記には、一九四〇年五月一二日に「自分の住む国家社会が自分の道徳感を満足させない方向に動いて行くこと、この離反ほど悲しいことはない」(全集増補版一三巻：二七三)との記述が見える。この時期、前節で論じた四篇のうち最もはやくに書かれた

「時間」が日米開戦の直前、一九四一年の九月から一〇月にかけて書かれた（全集増補版一三巻：二八三）。それ以降の三篇はアメリカとの開戦後に書かれたことになる（なお同じ箇所に着目した『時代と私』論として参照、三谷 二〇一〇：三四三以下）。

一見すると田中の議論には、政治的なものはそこまで読み取れないかもしれない。しかし、それはあくまで表面的なものである。「幸か不幸か私は、年少の頃から政治に無関心ではあり得なかった」（『政治的関心』あとがき、全集一〇巻：一〇八）と述べるように、田中は常に政治に関心を払っていた。その証拠に、この時期に田中はジャーナリズムの仕事をいくつか引き受け、そしてそのなかには政治論も含まれていた。しかし表には出ていない。「公共体国家としてのポリス」は「編集者の心づかいで中止となった」（全集増補版一三巻：二九〇）とあるように、危険なしとはいえなかったからである。

そのような田中が『思想』に執筆した論文にもまた、ひそかな時局批判は透けてみえる。しかし田中はみずから回顧するように「単純な反戦や平和の立場にあったわけではない」（全集増補版一三巻：三〇三）。それよりも、当時の軍閥政治を「カキストクラシー（劣悪者の支配）」（全集増補版一三巻：三〇七）と糾弾する思考をとっていた、と言う。

『ロゴスとイデア』にはこのようなカキストクラシー批判が多々顔をのぞかせる。第一節で論じた現実への受動的な態度もそうであり、そして、事実を直視しようとしない政治家への皮肉も述べられている。例えば「矛盾的多のうちに自己同一性を認め、いかなる事実をも直視する歴史家の勇気は、また難局を打開して、国家の危急を救う政治家の勇気ともなるであろう」（九九／一一三）と述べるとき、田中の真意はその裏返しにあったのだろう。事実を直視しない政治家が国家の危急を救えないことへの不満が。そして現実を見るということは、未来から現在をとらえることでもある。「現実は未来において、しかも過去として示される。かかる現実にわれわれの眼を開かせるものは、所与を越えて推理する探究（ヒストリアー）だけである。ただ遠くを見る者のみが近くを見る。歴史の研究が現在の「かがみ」となるのは、ただこの意味においてである」（一〇四／一一九）。ここでもまた、歴史家の研究の意義が説かれているわけだが、さきほどの歴史家の勇気と政治家の勇気とが重ねられた文章を読んだ直後にこの一文を読むと、政治家もまた現実を遠くから探究する姿勢が求められている、と思えるのは深読みのしすぎだろうか。

このような田中の政治に対する問題意識は、理想の国家とは何かというプラトン的な問題と通底していた。これに正面切って答えようとするのが、敗戦直後に『世界』（一九四六年一、二月号）に掲載された「最も必要なものだけの国家」である。これはもともと一九三三年六月一〇日に法政大学哲学会の公開講演会で「最も必要なもの」との題で話されたものが骨子になっており、戦前戦後を貫いていた問題であるとも言える（全集増補版一三巻：一一一四。「最も必要なものだけの国家」論文と関東大震災の関係などについて苅部 二〇一一：一二四-一二九も参照）。

田中の疑問は、国家が存在するためには国民にどのような必要物があればいいのか、というものである。これはプラトン『国家』と同じ理路である。プラトンは理想の国制を論じるにあたり「最も必要なものだけの国家の成立から始め」（全集第一巻：一八六）、そこから彼の理想とする国家論を導出するからである。この最も必要なものだけの国家は基体国家とも言い換えられて奢侈国家や国防国家と区別され、なにはともあれこれだけは確保されるべき基礎と理解される。この基礎を探究する態度こそ、ここまで議論してきたギリシア的なアルケーに拠るものであることは論をまたない。本稿「はじめに」の末尾に引いた田中の一文からもそれは明らかである。

「新社会の建設が、確実な基礎の上に試みられなければならぬとすれば、最も必要なものだけの国家が、やり直しの出発点に選ばれるのは、けだし当然であると言わなければならない」（全集第一巻：二九二）と田中は言う。だがこれは単に時間的な始まりや、論理的な基礎のみを意味するのではない。むしろ田中はこれを、震災や日本の敗戦と関連づけて思考している。

天災や内乱や戦争によって、社会秩序が混乱に陥るような場合、私たちはこれを実地に経験しなければならないのである。奢侈国家の崩壊に際して、最後に残るものは、自己の食料を自分でつくり出す人々と、直接これらの人々の必要に何らかの仕方で応ずることができて、そのためにこれらの人々から、食物を分けてもらうことのできる人々との共同関係でなければならない。〔…〕戦い敗れても、国が亡びても、この共同関係は依然として存在するのである。（全集第一巻：二九三）

田中の回顧によれば、これを執筆した一九四五年一二月、田中は群馬におり、「飢餓の一歩手前にあり、寒さを防ぐ燃料も、極端に乏しい頃であった」（『善と必然との間に』あとがき、全集第一巻：五一三）と言う。もちろんここからこの叙述と田中の生活を関連づけることは容易であるが、実は田中の主眼はそこにあるわけではなく、「必要から善への転換」（全集第一巻：五一四）こそ、彼の主張である。つまり、必要なるものは、何かの目的に照らして必要であるとされるのであって、無条件に絶対的に必要とされるわけではないということである。田中はここで最も必要なものというアルケーから飛び立って、善という目的の重要性を看取する。

しかし最も必要なものへの関心が、私たちを卑近な目的のみに注目させ、そのための近視眼が、ついには目的を忘れて、手段のみに拘泥するの結果を生むとしたら、私たちは必然に不幸とならねばならぬ。よき生を忘れて、何の幸福があろうか。最も必要なものだけの国家について、いかに改良を加えても、理想国は生れないであろう。〔…〕経済の他にも、なお多くのことが、もっと大切に考えられなければならない。政治というものは、そういうものを、できるだけ多く考えることにおいて成り立つのである。（全集第一巻：三一六－三一七）

プラトン同様にまた田中も、最も必要なものだけの国家を始原としつつ、そこに留まることなく善の希求を主張し、そこに政治の役割を求めているのである。この議論に至ってようやく、田中は政治的・社会的に独立した立場を確立することが可能となったと言う。政治的思考は善との関連において理解されなくてはならない、そんな田中の主張が確立された瞬間であった。

3　戦後にとっての田中

本稿の問いは、なぜギリシアから思想史は始まるのか？というものであった。この点、田中がなぜ「ギリシアに興味をもつようになったのか、はっきりしたことはわからない」（『時代と私』、全集増補版一三巻：一三七）。とはいえ興味深いのは、ギリシア研究者としての田中の始まりの思考が戦後の礎石となったという事実である。

戦中に書かれた諸論文は、一九四七年にほぼそのままのかたちで『ロゴスとイデア』として単行本化された。その理由は有名な事件である。空襲による田中自身の負傷である。「増補すべき個所を書き留めたノートは、戦災によって焼失し、この論集の初校が出た時には、著者は火傷の手術を受ける入院最中だったので、加筆の余裕なく、大体は発表当時の原文のままにしておかねばならなかった」（三四三／三七三）と田中はあとがきで書いている。しかしこれはかえって逆説的に、田中の思考が時局にとらわれない普遍性を有すること、そして戦前戦後にある種の連続性が看取されることを意味する。一九六三年のエッセイ「戦前と戦後の連続」において田中は、「戦後は戦前と断絶するものではなく、これを明暗二色、あるいはプラスとマイナスに分けてしまえるようなものではない」（全集一四巻：四六一）と述べているが、それは田中自身にも当てはまるものではないだろうか（もっとも田中は戦後の反戦思想批判の目的もあってこういうことを述べているのだが）。

いずれにせよ田中にとっての現在は未来と時間において断絶しているがゆえに、かえって未来へとただちにとびうつることが可能であった。これは第一節で見たとおりである。そのような田中は戦中において独り、戦後という未来へととびうつっていたのかもしれない。戦争という現実のなかで、いわゆる歴史的現実という言葉に何らかの意味を認めるとするならば、それはオイディプス的現実のようなものである、と田中は厳しく書いている。

人々が勝利と信じているものが、実はかえって敗北であるような、そういう厳しい現実がそれなのである。人々は自己の記憶をどこまで溯り、自国の歴史をどれだけかえりみたところで、このような現実を見ることは出来ないであろう。ひとは天地と共に広大な自己の記憶をも越えなければならない。その超越の方途がヒストリアー（探究）としての歴史研究なのである。〔…〕その結果がたとい現在の否定となり、人々の光栄を損ねるものであったとしても、ひとはオイディプスのごとく、自己存在の由来を問わなければならない。この意味において、歴史家の仕事は真に良心的でなければならない。（八八／一〇一‐一〇二）

田中がこれを書いていた頃の戦時日本は、わずか（あるいは果てしなく長い）六年ののち『ロゴスとイデア』として刊行された時には、すでに目を背けたくなるような、記憶を改竄したくなるような過去と化していただろう。にもかかわらずそのまま戦中から戦後へとそのまま時を超えた田中のこの一文は、それゆえ強靱な思考の反映と筆者には思われるのである。時を超えた強靱な思考といえば、一九三三年にその始原をもつ「最も必要なものだけの国家」も、おそらくは同様である。田中は『ロゴスとイデア』のあとがきに記している。「今は原文執筆当時の、明日を期し難い危険な市民生活と、あらゆる不幸邪悪にみちた暗黒時代の思い出をそのままに、すべてを当時のままにしておきたいと思う」（三四三／三七三－三七四）と。戦前戦中に思考された、ある戦後のひそやかな出発である。

文献一覧

田中美知太郎（一九六八－一九七一）『田中美知太郎全集』一四巻、筑摩書房
加来彰俊ほか編（一九八七－一九九〇）『田中美知太郎全集　増補版』二六巻、筑摩書房
宇野重規（二〇一三）『西洋政治思想史』有斐閣
苅部直（二〇一二）『ヒューマニティーズ　政治学』岩波書店
納富信留（二〇二一）『ギリシア哲学史』筑摩書房
三谷太一郎（二〇一〇）「反歴史主義的歴史観――田中美知太郎『時代と私』についての一感想」三谷太一郎『近代日本の戦争と政治』岩波書店

来栖三郎のフィクション論
――学問の専門分化の功罪に触れながら

岡田　拓也

一

博士号を取得後、授業や書評で本を紹介する機会が増えた。授業で紹介する際にはその授業科目に関連する著作を紹介し、書評を執筆する際には、自分の専門分野における新刊を紹介する。しかし今回の場合にはそのような本の指定は一切ない。もしこのような機会があれば取り上げたいと常々考えていたのが、来栖三郎著の『法とフィクション』である。

ここで言うフィクション（擬制）とは何か。これについては著者の中でも若干の揺らぎや執筆時期による変遷がある。だが基本的イメージとしては、「フィクションを行わんとする者にとって、正しいと考えられる一定の目的の実現のために、現実から離れ、現実でないことを現実とみなす、すなわち現実に背反すること、ないしは現実に変形が加えられたことを現実とみなすことである」（来栖一九九九：二六九－二七〇）。この説明に見られるように、フィクションには、「みなす」や「かのように」といった言葉がしばしば伴う。法律上のフィクションの例としては、「T'の事実があることをみとめながら、しかもTの事実があるかのように、Tの事実の効果をみとめる」ことが挙げられる（同：一五）。民法学者の著者がフィクションを扱うのには、法典や法解釈など法律の世界においてフィクションが数多く用いられているという事情がある。

本書は著者の長年のフィクション研究の成果である八篇の論文をまとめたものである。だがこれらの論文執筆後、最後に論文集としてまとめ総括を行う前に著者が亡くなってしまった。そこでそれを補うものとして、本書の冒頭に村上淳一による著者のフィクション論への道案内が、そして末尾に木庭顕による、古典古代以来の伝統上における著者のフィクション論の意義を示す論稿が置かれている。また最近では笹倉秀夫がいくつかの著書や論稿でフィクション論を展開しており、その中で著者のフィクション論にも触れ、これを厳しく批判している（笹倉 二〇一二／笹倉 二〇一七：八九－一一九／笹倉 二〇〇二：四一九－四三七）。

本稿はこれらの本格的な議論と肩を並べる意図は無い。また、以上の諸論稿は法学関係者によって書かれているのに対し、本稿は西洋政治思想史が専攻の門外漢の手からなる。門外漢にもかかわらず本書を取り上げるのは、大学院時代に本書に触れた際の個人的な経験による。本書が民法学者によって書かれたということは、私にとって実定法の裾野の広さを見直すきっかけになった。また西洋政治思想史という、最先端の研究が主として欧米諸国の言語で書かれる研究分野に携わる日本人として、本書は、日本語で書かれ読めることをありがたく思う著作の一つだった（なお、本書に対して厳しい批判を行う笹倉も、本書を「愛する者」として批判していることを付記しておきたい（笹倉 二〇二一：六二））。

このような立場から本稿では、本書の特質、そしてそれを通して本書の魅力を示すことを試みたい。というのも、現状において本書が一般の読者の目に触れる機会は多くないと思われるからである。本書は東京大学出版の学術書であり、値段も学術書相当である。文庫などに再録されているわけでもない。またタイトルに法とあり、東京大学出版会のウェブサイトでも「法律」のカテゴリーに置かれていることから、興味を持つ人がいたとしても、それが法学関係者に限定される可能性もある。

しかしながら本書は単なる法学の書ではなく、その魅力は他に類を見ない点にある。第一に、本書は多様な学問分野に触れている。確かに本書の出発点は法学における問題関心である。つまり著者は、法としての判決と法源としての制定法を区別し、両者が異なる（矛盾する）ことがあると指摘した後、「両者が一致するかのように推論するテクニック」が擬制すなわちフィクションだと述べる（来栖　一九九九：三六）。法学的関心から著者が投げかけたのは、「何故、法律家はこの「擬制」をあれほどに愛好するのか」という問いだった（同：三六）。しかしこの問いに答えるために、著者は法学から離れ、各学問におけるフィクションの機能を探求し、政治学、自然科学、文学（論）、神学、哲学など非常に多様な学問分野に触れているのである。本書に掲載されている八篇の論文のうち、実に六篇（「フィクション論序説」を除けば五篇）が法学以外の学問分野におけるフィクションをテーマにしている。その意味で本書は法学に限定されず、さまざまな分野の人の関心を引きうるのである。私は法学の専門家ではないが、ここまで多様な学問分野と関わる「法学」の研究は相当珍しいのではないかと思われる。

また、本書はカントやルソーに触れる等、思想史と重なる側面がある。だが通常の思想史研究とも異なる。思想史では「自由」や「正義」などのテーマや、ホッブズやロックなどの人物に焦点を当てることが多い。だが本書が取り上げるのはフィクションという人間の思考様式（考え方）である。社会契約論や自由意志、自然科学・社会科学におけるモデルなどを取り上げながら、フィクションという考え方が各学問領域でどのように用いられているかを具体的に明らかにしている。

本書はフィクション論の一つとして社会契約論を取り上げているが、ホッブズなどの一七－一八世紀ヨーロッパのいわゆる社会契約論者を研究する私から見ても、本書の視点は珍しく貴重である。社会契約論はしばしばフィクションであると言われるが、現代ではフィクションによって国家設立を考えるということはしない。そこで現代の研究者からすると、当時の人々がこのようにフィクションを通して議論をしていたのが奇異に見える。この疑問を解くための思想史研究の手法として一般的なのは、当時の議論の慣習や歴史的脈絡を広く探ることである。代表的な例として、著者自身が引用しているドラテのルソー研究が挙げられる（ドラテ 一九八六）。ドラテはルソーの社会契約論の前提としてホッブズやプーフェンドルフ、ロックなど当時の自然法論者の議論に触れるのである。これに対して本書は、社会契約論を取り上げる章ではこれがいかなる意味でフィクションなのかを明確にしている。また他の章では、モデルや文学など現在人にも馴染みのものとフィクションとの関連性を明らかにしている。このように本書全体を通してみると、社会契約論のフィクションが現在人にとってもより馴染み深く見えてくるのである。

論文のスタイルにおいても、本書の一連の論文は通常の論文と以下の二点で異なる。第一に、本書の諸論文は注とそこにおける引用の割合が非常に高く、本文が非常に簡潔にまとめられている。これは通常の論文において本文が大部分を占めるのと逆である。第二に、本書の諸論文は著者の謙虚な性格が前面に現れていてエッセー的な面白さがある面でも通常の論文と異なる。特に後年に書かれた論文にその傾向が見て取れる。例えば「フィクション論序説」は、「法律上のフィクションのことを考えると、いつも迷ってしまう」という言葉で始まる（来栖 一九九九：一）。もちろん後年の論文も中身としてはしっかりした学術的な分析がなされている。だが、特に序論や結論部で著者の心情的な迷いや留保がかなり明確に表明されているのである。その点で、本書は読者の頭だけでなく心にも働きかけてくるのである。

二

このように本書はさまざまな点において他から際立っている。以下ではその中でも、本書のように多様な学問分野と関わる射程の広い研究は、日本の知的文化の中において例外的だという点に焦点を絞って論じたい。約半世紀前に丸山真男が指摘したところによると、ヨーロッパの学問は共通の文化的伝統の根があるところに専門化、個別化が進んだ「ササラ型」なのに対し、すでに専門化が進んだヨーロッパの個別の学問を輸入した日本の学問は、共通の知的基盤の無い「タコツボ型」である（丸山 一九六一：一二九－一三八）。このような日本の知的土壌に加え、学問の世界は時代が経つにつれて専門分化が一層と進む傾向にある。最近も、近年の政治学は専門分化が進んで現実に応答できていないのではという懸念を北岡伸一が表明している（北岡 二〇一九：三－四）。専門分化が学問全体の一般的な傾向であり、とりわけ日本において強く当てはまるとすると、学問の垣根を広く超えてフィクションの機能を探求した本書は日本の学問全体から見ても稀有と言えよう。

実際、本書の後続に当たるような研究が今後現れてくるかということを考えると、その可能性は一層低くなっているように思われる。単純に、著者の生きた時代（一九一二－一九九八年）より学問の専門分化がより進んでおり、他の分野の議論に触れることがより難しくなっているということもある。だが、研究環境の変化もある。例えば、現在の研究は科研費の補助を受けたものが増えているが、本書のような研究課題は科研費を申請する際にどの区分で申請するのか疑問である。仮に法学の区分で申請しても採択されづらいのではないだろうか。他にも、近年では日本の人文社会科学においても査読がかなり広まりつつあるが、本書の諸論文は査読論文のスタイルには合っていない。例えば、法学に触れていない各論文は、法学系の雑誌に投稿しても雑誌の射程外として採択されない可能性が高く、異なる分野の雑誌に投稿する必要がある。また序論や結論部で著書の心情が表明されているのも、著者の特定につながることもあり、査読論文には相応しくないだろう。さらに、全体の構想は明らかに独創的だが、各論文単体でみると、それぞれの分野でどれだけ既存の研究に貢献しているのか必ずしも明らかではない。本著の各論文は、その学問的価値にもかかわらず、投稿論文の枠に収まりきらないと言えよう。

ここで興味深いのは、本書のような研究が生まれにくくなった研究環境の変化は、一面で学問の進歩によることである。すなわち研究者の数が増加し知見が増大する中で学問の専門分化が進んできているのである。政治思想史における例としては、二〇二一年に出版された教科書の『よくわかる政治思想』が挙げられる。この教科書では、プラトンやルソーなどのよく知られた思想家のみならず、ディドロやマンハイムなど、既存の政治思想史の教科書ではあまり取り上げられない思想家についても専門の研究者による解説がなされている。このように多様な思想家それぞれについて専門家がいるということは、日本における政治思想史研究の広がりと厚みを示していると言えよう。またこのような研究者の増加と広がりがあってこそ論文の査読が可能になり、査読者の批判を通して掲載論文の質の保障・向上が期待できるようになる。

他方で、学問の専門分化が進み研究の水準が上がる中で、既存の研究にさらなる知見を加えることはより難しくなっているとも言える。そのような状況の中で、ジャンルを広く横断するような問題にまで目を向けるのは難しくなっているのかもしれない。再び政治思想史の例になるが、既存の研究のあり方を見直し政治思想史の方法を改めて考え直すという特集が二〇一九年七月号の『思想』で組まれた。このように「政治思想史とは何か」について改めて考えることは今日でも行われる。だが他方で、政治思想史の枠を超えE・H・カーのように「歴史とは何か」まで掘り下げて考えることは、管見の限りでは少ないように思われる（カー 一九六二）。これについて論じるためには、専門分化が進んだ歴史学の各部門の動向について知悉していることが望ましく、議論のハードルが高いのである。

しかしながらここで、本書が社会契約論や自由意志など多様な学問分野についてどれだけ触れようとも、著者の問題関心の出発点は法学にあったということを想起しても良いかもしれない。すなわち「フィクション論序説」において著者は、「法律上のフィクションとはどういうものかを考えなければならないように思われる」と述べた後、「いや、さらに進んで、一体フィクションとはそもそもどういうものかを考える必要があるのではないか」と続ける（二一）。著者は「法律上のフィクション」についての理解を深めるためにこそ「フィクション」一般にまで考察を広げたのである。この意味で、著者のフィクション論は一種の回り道だった。「思考は回り路をする」という趣旨のことをフィクション理解の鍵として著者は何度か述べている（来栖 一九九九：六、一五一、一六〇、二三一、二八二）。文学におけるフィクションが好例であり、「一旦、現実から離れるが、再び現実に戻り、現実に対して真実を示し、逆に現実に影響を及ぼすのである」（同：一六〇）。著者のフィクション論に見られるように、元来の目的を果たすためにこそ既存の前提を吟味し問い直すという点で、学問も一種の「回り道」と言える。そうだとすると、学問は一方で専門分化を進めると同時に、既存の前提を問い直し「回り道」を求めることで、専門分化を超えようとする方向にも向かうものなのかもしれない。

文献一覧

北岡伸一（二〇一九）『世界地図を読み直す――協力と均衡の地政学』新潮社
来栖三郎（一九九九）『法とフィクション』東京大学出版会
笹倉秀夫（二〇〇二）『法哲学講義』東京大学出版会
――（二〇一七）『法への根源的視座』北大路書房
――（二〇二一）「「フィクション」・「仮象」概念の乱用について――来栖三郎『法とフィクション』と近時の市民社会論」『早稲田法學』九六巻二号
野口雅弘ほか編著（二〇二一）『よくわかる政治思想』ミネルヴァ書房
丸山真男（一九六一）『日本の思想』岩波書店
カー、E・H（一九六二）『歴史とは何か』〔清水幾太郎訳〕岩波書店

ドラテ、R（一九八六）『ルソーとその時代の政治学』（西嶋法友訳）九州大学出版会
「政治思想史の新しい手法」（二〇一九）『思想』一一四三号

あとがき

本書の寄稿者一七人はいずれも、二〇〇三年四月から二〇一二年三月にかけて東京大学先端科学技術研究センターで行われた御厨貴先生（現東京大学名誉教授）のゼミに参加した経歴をもつ研究者である。御厨ゼミでは毎週1冊の本を読み、毎回A4のペーパーにまとめ、自由に議論する経験を通じて、「政治学を読み破る」との問題意識を共有することが目指された。大学入学まもない学部一〜二年生（ときに三〜四年生）の時期に、このように学問（や広く知の営み）への原初的な好奇心をはぐくむ場に出会えたことが、今日振り返っていかに貴重で得がたいものだったかを痛感する。本書は、昨年四月に七〇歳を迎えられ、変わらず旺盛にご活躍されている御厨先生のそうした学恩に捧げられる。

もっとも、東大先端研で「半学問」を標榜されていた御厨先生のご指導方針を反映してか、いわゆる「古稀記念論集」が連想させるアカデミズムの重厚さと、良くも悪くも縁遠いものになっていると思う。寄稿者の出身もさまざまで、「政治学」を銘打っただけあって文科Ⅰ類（多く法学部）が中心だが、編者のように文科Ⅲ類（文学部や教養学部）や理科Ⅰ類・Ⅱ類に在籍した者も加わっている。経緯もずいぶんものぐさであった。編者はいつの間にか「世話人」なる役職に佐藤信氏・越智秀明氏とともに就いており、三々五々集ってきたメンバーの間で二〇二〇年一〇月頃から企画が始まった。そして翌二一年四月、つまり御厨先生が古稀になられる直前になってから、ようやく各自が構想を持ち寄り、報告と議論の場を設けた。編集方針も二転三転した。突貫工事でよくまとまったものだと思う。なお、事前の報告会では、今回論文として収録されたもの以外に現代日本のセクシュアリティと文学をめぐる報告などもあり、大変刺戟を受けた。

本書は、先生に提出する卒業制作代わりとして副題に「読み破った」と付したが、「読み破る」という（おそらくは萩原延壽の藤田省三論に典拠のある）語感には、翻って御厨ゼミの場合ふたつの含意があったように思う。ひとつは、二〇歳前後のゼミ参加者たちに、文字どおりの乱読（そこには文学や美学、精神医学なども含まれた）を通じて、自らの不勉強や専門性の欠如に萎縮することなく、自分の頭で考え自由に想像力を働かせるような解放感である。参加者の間の議論は学問的な手続きをふまえたものとほど遠いし、読み方もずいぶん乱暴だったと思うが、なにか一つの「正解」にむけて全員が誘導されたり、学生からの異論の提示が（未熟さや不精確さを理由に）言下に斥けられたりするようなことは、記憶する限りでは一度もなかった。議論が自律的に進むよう適宜交通整理をされつつ、意見の多元性や遠心性が生じることを大いに多とされる御厨先生の絶妙な差配が、おそらくそれを可能にした。読み破る対象としての「政治学」も、何か打破すべきマスター・ナラティヴを想定したものではなく、通常の政治学が対象としないようなトピックも全く厭われなかった。むしろ「政治学」を再定位する勢いで、意外な未知の沃野をそれぞれで自由に開拓してほしいという意図が込められていたと感じている。

ただ、もうひとつの含意は、以上のことと裏腹の関係にあるが、立場を問わず現状打破や変革の担い手を自認する（知的）共同体につきまといがちな歪みだったかもしれない。少なからぬゼミ生の間では、「駒場の秘境」という呼称（かつ自称）がいつしか強い帰属意識をもって共有されていた。そしてここに好んで集う若く未熟で意気盛んな「秘境」の住人は、とくに「政治学」研究者の志望者は、どうやら男性ばかりになっていったようなのである。その点で一〇年前、御厨先生の還暦・退職記念論集の三冊のうちの一冊で「編者の努力が及ばなかったがゆえの心残り」として記された「ホモソーシャルな雰囲気」という事情（飯尾潤・苅部直・牧原出編『政治を生きる』中公叢書、二〇一二年、二九九頁）は、一見してわかるように、上述の事情が影を落とす本書でも大きく変わっていない。「やがて古稀記念の論集が出たときには、ジェンダー的多様性が華開くことを、ぜひ期待しよう」との前任者（?）のメッセージに、残念ながら応えられなかったことは明白だろう。理系も含む多様な専門家が集まりつつも、本書は多分にそうした非多様性と同質性の産物である。

このことの理由を推察するには、いくつかの前提や比較はふまえるべきかもしれない。たとえば御厨先生がいらした時期（一九七八〜九九年）の東京都立大学からは複数の女性の政治史研究者が輩出されており、退職記念論集（坂本一登・五百旗頭薫編『日本政治史の新地平』吉田書店、二〇一三年）にも三人が寄稿している。同書への都立大出身の寄稿者は計八人で、当時の大学院一般の男女比を考えればかなり多いほうだろう（なお、御厨先生にはヘレン・ミアーズに関する著書もある）。同一教員のゼミにもかかわらず、むしろ女性比率が上がった新しい時代のほうで男性優位が顕著なのである。また、二〇〇〇年代の東大駒場でやはり文系一〜二年生を対象にした別のゼミは、御厨ゼミと同じく研究者や官僚、法曹を多く輩出したが、聞くところでは女性比率がだいぶ高く、社会科学の研究者となった女性も複数いるという。したがって駒場御厨ゼミでは、教員の初任校のゼミとも、同時期に同業種のOB・OGを輩出したゼミとも異なり、研究者志望の学生が男性に偏りやすいメカニズムがおそらくあったことになる。「秘境」の看板や評判がすでに入口の時点で、政治学に関心をもつ女性の足を遠のかせた可能性も否めない。

本書について、内容から離れて、やや知識社会学の素材としての読みどころを語りすぎたようにも思う。ただ、たとえば御厨先生が強く意識し、御厨ゼミ同様に多彩な研究者・実務家を輩出したかつての佐藤誠三郎ゼミについても、私たちはまだよく知らないし、その遺産や影響を歴史上に位置づける枠組みを持っていない。その意味において本書の試みは、大学のゼミ空間がうみだす学知と想像力という、いまだ開拓されていない領域へのひとつの扉となりうるのではないだろうか。

もちろん、ここまで述べた印象もあくまで、草創期の「戦国の遺風」になじんだゼミ三期生の、かつ編者個人のものにすぎないし、また一〇期にわたる本書の寄稿者の間でも在籍期間やコミットメントの度合いにはだいぶ幅がある。それぞれが研究者として自立していく過程で、このゼミがもった意味も当然一枚岩ではない。ただ、ひとつ私たちが研究者を志す上で共通経験となったと思われるのは、卓越した司会者かつコメンテーターとしての御厨先生の膂力の衝撃である。しかも先生は関心を拡張すること、立ち止まらないことを絶えず自身に課しておられた。政治思想史家の河野有理氏は「ぶれる人」と表現したが（『御厨政治史学とは何か』吉田書店、二〇一七年、四頁）、まことに言い得て妙だろう。本書は、多様性と同質性をあわせもつさまざまな「中の人」がこの「ぶれる人」の振幅に振り回されつつ必死についていった記録である。そしてぶれるたびに振れ幅が新しい問いを次々とうみだし、刺戟に富んだ枠組みが次々提出される。かくして「秘境」で私たちは、人間学としての政治の世界を泳ぐための「大人のたしなみ」を、ほのかに（人によっては遠巻きに）学んだのである。

先生の七一歳の誕生日は目前で、あやうく記念論集を名乗る資格を失うところだったが、何とか古稀のうちに本書を出すことができてほっとしている。ともに「世話人」を務めてくださった佐藤氏と越智氏、そして不慣れな編者に戸惑わされつつ、それぞれのご専門から真摯な力作を寄せていただいた寄稿者の皆さんには、心より感謝したい。すべての検討の場に参加され、丁寧なお仕事ぶりで終始伴走してくださった吉田書店の吉田真也氏にも、深く御礼申し上げる。

二〇二二年三月

前田　亮介

編者・執筆者紹介（執筆順）

前田 亮介（まえだ・りょうすけ） **＊編者**
1985年生まれ。北海道大学大学院法学研究科准教授
東京大学大学院人文社会系研究科（日本史学）博士課程修了、博士（文学）
専門：日本政治外交史
主要業績：『全国政治の始動――帝国議会開設後の明治国家』（東京大学出版会、2016年。第39回サントリー学芸賞〔思想・歴史部門〕）、「「制度」と「友敵」――坂野潤治『明治憲法体制の確立』の歴史叙述」（『日本史研究』708号、2021年）

越智 秀明（おち・ひであき）
1990年生まれ。國學院大學兼任講師
東京大学大学院法学政治学研究科博士課程単位取得退学
専門：18世紀フランス政治思想
主要業績：「『寛容論』の戦略――ヴォルテールの共和国再考（一七六〇－一七七四）」（『国家学会雑誌』132巻1・2号、2019年）

藤川 直樹（ふじかわ・なおき）
1987年生まれ。神戸学院大学法学部准教授
東京大学大学院法学政治学研究科修士課程修了、修士（法学）
専門：ドイツ法・西洋法制史
主要業績：「一九世紀ドイツ公法学における『君侯法』（一）～（五・完）――王位継承法理論の展開を中心として」（『国家学会雑誌』131巻7・8号、11・12号（2018年）、132巻3・4号、5・6号、7・8号（2019年））、「ドイツ第二帝政期公法学に「新絶対主義」は存在したか――上山安敏『憲法社会史』の批判的検討」（『神戸学院法学』50巻1・2号、2022年）

村木 数鷹（むらき・かずたか）
1994年生まれ。ピサ高等師範学校・ローマ第三大学客員研究員
東京大学大学院法学政治学研究科博士課程在籍
専門：政治学史（西洋政治思想史）
主要業績：「マキァヴェッリの歴史叙述――『フィレンツェ史』における対立の克服を巡る言葉と暴力」（『国家学会雑誌』132巻9・10号、2019年）、「マキャヴェッリの『ペスト書簡』」（『日伊文化研究』60号、2022年）

白石 直人（しらいし・なおと）
1989 年生まれ。東京大学大学院総合文化研究科准教授
東京大学大学院総合文化研究科広域科学専攻相関基礎科学系修了、博士（学術）
専門：統計力学・特に非平衡系の研究
主要業績："Universal Trade-Off Relation between Power and Efficiency for Heat Engines"（with Keiji Saito, and Hal Tasaki, *Physical Review Letters* 117, 190601, 2016）；"Undecidability in quantum thermalization"（with Keiji Matsumoto, *Nature Communications* 12, 5084, 2021）
東京大学一高記念賞（2017 年）、日本物理学会領域 11 若手奨励賞（2018 年）受賞

澤井 勇海（さわい・いさみ）
1991 年生まれ。日本学術振興会特別研究員（CPD）、ハーバード大学ウェザーヘッド国際問題研究所客員研究員
ロンドン・スクール・オブ・エコノミクス国際関係史学部博士課程修了、PhD in International History
専門：日本政治外交史・東アジア国際関係史
主要業績：「「交際」から「外交」へ――明治初年の外国交際 1868-1869」（『国家学会雑誌』129 巻 9・10 号、2016 年）、「明治元・二年長崎の政治外交と沢宣嘉――東京大学史料編纂所所蔵「九州事件并長崎裁判所御用仮留日記（一・二）」、外務省外交史料館所蔵「諸事心得留」の翻刻と考察（一）・（二）」（『論集きんせい』38・39 号、2016・2017 年）

佐藤 信（さとう・しん）
1988 年生まれ。東京都立大学法学部准教授
東京大学法学政治学研究科博士課程中途退学、博士（学術）
専門：現代日本政治・日本政治外交史
主要業績：『鈴木茂三郎　1893-1970』（藤原書店、2011 年。河上肇賞奨励賞）、『60 年代のリアル』（ミネルヴァ書房、2011 年）、『日本婚活思想史序説』（東洋経済新報社、2019 年）、『近代日本の統治と空間』（東京大学出版会、2020 年）

佐々木 雄一（ささき・ゆういち）
1987 年生まれ。明治学院大学法学部准教授
東京大学大学院法学政治学研究科博士課程修了、博士（法学）
専門：日本政治外交史

主要業績：『帝国日本の外交 1894-1922 ——なぜ版図は拡大したのか』（東京大学出版会、2017 年）、『陸奥宗光』（中央公論新社、2018 年）、『リーダーたちの日清戦争』（吉川弘文館、2022 年）

川口 航史（かわぐち・ひろふみ）
1986 年生まれ。日本学術振興会特別研究員（PD）
東京大学大学院法学政治学研究科博士課程修了、博士（法学）
専門：政治過程論・日本政治
主要業績："Economics, Culture, and Electoral Reform: The Case of Japanese Agricultural Trade Negotiations"（with Jarrod Hayes, *Japanese Political Economy* 41（3-4), 2016)、「農業協同組合の成立と発展（一）～（五・完）」（『国家学会雑誌』134 巻 9・10 号～ 135 巻 1・2 号、5・6 号、9・10 号、2021 ～ 22 年予定）

森川 想（もりかわ・そう）
1986 年生まれ。東京大学大学院工学系研究科講師
東京大学大学院法学政治学研究科博士課程修了、博士（法学）
専門：行政学・政策学・発展途上国のインフラストラクチャーと社会
主要業績：「スリランカ南部高速道路事業における用地取得・住民移転と市民認識の変容」（『土木学会論文集 F4』71 巻 4 号、2015 年）、「保育士が経験する予想と現実のギャップ——フルタイム・パートタイム・離職者に注目して」（関智弘・天野美和子との共著、秋田喜代美編集代表『発達保育実践政策学研究のフロントランナー』中央法規出版、2021 年）

斎藤 幸平（さいとう・こうへい）
1987 年生まれ。東京大学大学院総合文化研究科准教授
フンボルト大学哲学科博士課程修了、PhD
専門：経済思想
主要業績：*Karl Marx's Ecosocialism: Capital, Nature, and the Unfinished Critique of Political Economy*（Monthly Review Press, 2017〔ドイッチャー記念賞〕)、『大洪水の前に——マルクスと惑星の物質代謝』（堀之内出版、2019 年）、『人新世の「資本論」』（集英社、2020 年。新書大賞 2021）

川口 喬吾（かわぐち・きょうご）
1987 年生まれ。理化学研究所 開拓研究本部・生命機能科学研究センター理研白眉研究チームリーダー

東京大学大学院理学系研究科物理学専攻修了、博士（理学）
専門：生物物理・非平衡物理
主要業績："Topological defects control collective dynamics in neural progenitor cell cultures"（with Ryoichiro Kageyama, and Masaki Sano, *Nature* 545, 327, 2017）；"Homeostatic epidermal stem cell self-renewal is driven by local differentiation"（with Kailin R Mesa, Katie Cockburn et al. *Cell Stem Cell* 23, 677, 2018）
東京大学大学院理学系研究科研究奨励賞（2015 年）、日本物理学会領域 11 若手奨励賞（2016 年）受賞

川野 芽生（かわの・めぐみ）
1991 年生まれ。法政大学・明星大学兼任講師
東京大学大学院総合文化研究科博士課程在籍
専門：比較文学・英文学
主要業績：「瀬田貞二訳『指輪物語』における地名の訳し分け――中つ国・イングランド・日本」（『比較文学』第 59 号、2016 年）、歌集『Lilith』（書肆侃侃房、2020 年。第 65 回現代歌人協会賞）、小説集『無垢なる花たちのためのユートピア』（東京創元社、2022 年〔近刊〕）
第 29 回歌壇賞受賞

品治 佑吉（ほんぢ・ゆうきち）
1985 年生まれ。立教大学大学院 21 世紀社会デザイン研究科助教
東京大学大学院人文社会系研究科博士課程修了、博士（社会学）
専門：近代日本の社会学史・思想史
主要業績：「清水幾太郎『流言蜚語』再読――初期メディア研究と形式社会学」（東北社会学研究会『社会学研究』93 号．2014 年）、「戸田貞三における集団概念と社会認識――戸田社会学の歴史的再定位にむけて」（日本社会学史学会『社会学史研究』38 号．2016 年）

熊谷 英人（くまがい・ひでと）
1984 年生まれ。明治学院大学法学部准教授
東京大学大学院法学政治学研究科博士課程修了、博士（法学）
専門：政治学史（西洋政治思想史）
主要業績：『フランス革命という鏡――十九世紀ドイツ歴史主義の時代』（白水社、2015 年。第 38 回サントリー学芸賞〔思想・歴史部門〕）、『フィヒテ 「二十二世紀」

の共和国』(岩波書店、2019年。日本フィヒテ協会賞〔第二部門〕、吉野作造研究賞〔最優秀賞〕)

上村　剛（かみむら・つよし）
1988年生まれ。日本学術振興会特別研究員（PD）
東京大学大学院法学政治学研究科博士課程修了、博士（法学）
専門：18世紀英米の政治思想史
主要業績：『権力分立論の誕生――ブリテン帝国の『法の精神』受容』(岩波書店、2021年。第43回サントリー学芸賞〔思想・歴史部門〕)、「独裁官と憲法改正――ジェファソンにおけるローマとヴァージニア」(『政治思想研究』22号、2022年〔近刊〕)

岡田　拓也（おかだ・たくや）
大東文化大学法学部准教授
東京大学大学院法学政治学研究科博士課程修了、博士（法学）
専門：西洋政治思想史
主要業績：「宗教的自由と権威（一）〜（六・完）――ホッブズ『リヴァイアサン』の聖書解釈とイングランド内戦」(『国家学会雑誌』130巻7・8号〜131巻9・10号、2017〜2018年)、“Hobbes's philological analysis of ‘spirit’ in Leviathan” (*History of Political Thought* 40 (3), 2019)

戦後日本の学知と想像力
〈政治学を読み破った〉先に

2022年4月27日　初版第1刷発行

編　　者　　前田亮介
発行者　　吉田真也
発行所　　合同会社 吉田書店
102-0072　東京都千代田区飯田橋2-9-6 東西館ビル本館32
TEL：03-6272-9172　FAX：03-6272-9173
http://www.yoshidapublishing.com/

装幀　野田和浩　　印刷・製本　藤原印刷株式会社
DTP　閏月社
定価はカバーに表示してあります。

ISBN978-4-910590-03-5